本书为国家社会科学基金"十三五"规划 2017 年度教育学青年课题"中国近代大学章程的创立及其实践研究"（COA170248）的研究成果。

侯佳 著

中国近代大学章程
文本、实践及精神内涵

STATUTES OF MODERN CHINESE UNIVERSITIES: TEXT, PRACTICE AND SPIRITUAL CONNOTATION

中国社会科学出版社

图书在版编目（CIP）数据

中国近代大学章程：文本、实践及精神内涵 / 侯佳著. —北京：中国社会科学出版社，2021.7
ISBN 978-7-5203-8572-5

Ⅰ.①中… Ⅱ.①侯… Ⅲ.①高等学校—章程—研究—中国—近代 Ⅳ.①G649.22

中国版本图书馆 CIP 数据核字（2021）第 110040 号

出 版 人	赵剑英
责任编辑	王　衡
责任校对	王　森
责任印制	王　超

出　　版	中国社会科学出版社
社　　址	北京鼓楼西大街甲 158 号
邮　　编	100720
网　　址	http://www.csspw.cn
发 行 部	010-84083685
门 市 部	010-84029450
经　　销	新华书店及其他书店

印　　刷	北京明恒达印务有限公司
装　　订	廊坊市广阳区广增装订厂
版　　次	2021 年 7 月第 1 版
印　　次	2021 年 7 月第 1 次印刷

开　　本	710×1000　1/16
印　　张	17.5
插　　页	2
字　　数	251 千字
定　　价	98.00 元

凡购买中国社会科学出版社图书，如有质量问题请与本社营销中心联系调换
电话：010-84083683
版权所有　侵权必究

序　言

中国的大学兴起于19世纪末期，历经时代的风雨，经过百余年的发展，不仅成为国家经济与社会发展的利器，而且成为中国文化的有机组成部分。如果要对中国的大学做一个整体的判断，完全可以说其规模和质量均值得称道，不仅类型齐全，而且其运行也形成了一定的特色，在世界高等教育的大家庭中已经确立了自己的独特地位。当然，这也不意味着今天的中国大学已经足够成熟，在新时代的新要求之下，大学也面临着新的挑战，在既有的基础上不断自新现在看来已属必然。与此相应，与大学自身发展相关的研究自然蓬勃进行，在继承中创新，在创新中继承，应是有识者的共同选择。关于大学发展的研究，内容广泛，方法多元，学术体系庞大，任务也很艰巨，但就近年来的研究来看，大学内部的治理问题越来越受到人们关注，这与大学在规模扩大基础上的内涵发展追求是密切呼应的。而谈到大学的内部治理，就无法回避大学章程问题。

回望历史，就会发现大学的创建与大学章程如影随形。进而言之，不仅大学的治理需依循章程，而且其创建也在章程建立之后，此即先立典章制度而后创建大学。大学章程要昭彰办学宗旨，明示专业与课程，规定内部的机构与活动，确立各种权利协调之原则，实为设置规矩，以规范大学的建立与运作，的确无法缺席。但这只是一种理论上的说法，在现实的大学治理中，章程的缺席并不稀奇。即便名义上确立了大学的章程，在实际的大学治理中，章程仍然可能被束之高阁。这种现象从积极的角度理解，也许是大学治理所需的具体规矩皆依据大学章程而定，因而众人只需要见到具体的规矩而无需见到大学章程；从消极的角度理解，也完全可能是因为大学章程自确立之时便立即转为纯粹的文本。如果出现后一种情况，我们也不可草率地以为大学只是拿章程做个样子。即使不能排除章程的确立之于具体一所大学很可能只是为了满足外在的行政要求，我们也得承认大学内部的行政管理人员和教学、研究人员不全知道如何使用大学章程这一事实。对于我国当下的大学来说，大学章程在普遍意义上还只是一个刚刚走进人们意识的名称，平常的治理和教育、研究业务工作与章程实际上尚未建立起什么联系。

这种现象的客观存在已经不是秘密，人们甚至把章程的无用和相互雷同统合起来称之为"大学章程现象"。面对这种现象，人们要么在思维的惯性作用下，批评大学的管理者没有依法治校的意识，要么书生气十足地希望加大大学章程的宣传力度，却未能真正理解"大学章程现象"存在的根由。更少有人去探究在没有大学章程的很长时期中我们的大学是如何有效运行的，又是如何得到有效治理的。理性地看，如果大学章程之于大学不可没有，那在没有章程的时间里，一定有什么东西发挥了相当于章程的作用；进而，当下的各校章程相互雷同且束之高阁，又何尝不是客观存在着可以替代大学章程的东西呢？如果真的如我们所想，那大学章程被束之高阁就很容易被我们理解了。然而，我们对"大学章程现象"的理解对于大学治理的进步并无助益，因为在我们的理解中多多少少隐藏着放弃进一步探究的意图，同时也暴露了我们面对现实问题时在认知和实践能力上的不足。当这种情况发生的时候，突围的策略通常无外乎两种：一种是把目光投向我们外部的世界，看看国外大学的情形如何；另一种是把目光投进历史，看看我们过去的大学是怎样的情形。相对而言，对于我们自己大学的历史回望，其价值应远远大于对异文化地区大学发展的借鉴。

《中国近代大学章程——文本、实践及精神内涵》就是这样一部聚焦于大学章程回望中国近代大学发展的著作。该书从大学章程的文本分析切入，力图揭示蕴含于章程中的教育制度文化；在此基础上，继续探究大学章程的实践过程，以期从整体上把握大学章程在中国近代大学创办过程中所发挥的制度功能和历史价值；有感于中国近代大学创办时期特殊的历史文化背景，该书特别关注了中国近代大学章程的精神内涵，依我之见，这种关注实际上使一种关于大学章程的历史考察立即转化为大学精神文化学的挖掘，其学术的价值至少不亚于对大学章程文本和实践的历史考察。须知中国近代大学尽管的确办在中国，从理念到实践却是模拟西方的。虽然中国自唐朝后期就有了书院的萌芽，并自宋朝起逐渐成熟，但其精神最多能体现在大学章程的文本之中，具体的实践可以说是具有西方特征的。因而，无论专注于章程文本的分析，还是止步于章程实践的考察，对于今天大学治理的促进都是有限的。只有在文本分析和实践考察的基础上抽象、梳理出大学精神文化的元素，才能从思想和思维的角度启发今天的大学治理。该书梳理出的德治礼序、文化融合、爱国救国、大学自治、学术自由、依章治校，无疑有其特定的时代内涵，但其超越历史情境的精神理念对于今天的中国大学治理也不为过时。顺便提及该书所选择的样本大学——晚清三所：北洋大学堂、京师大学堂和山西大学堂；民国五所：北京大学、清华大学、东南大学、交通大学、复旦大学。以上八所大学虽非中国近代大学之全部，却能反映中国近代大学之基本状貌，还是把我们带到了那个中西交汇、古今转型的时代。

该书的作者侯佳副教授是我的同事，年轻有为并有志于学术，既具有教育史专业的研究训练，又具有高等教育学的学科素养，这便形成了她个性化的学术旨趣。她多年来在大学章程的历史和理论研究上用心用力，颇有收获，发表了系列的学术论文，从而为该书的完成奠定了坚实的基础。仅从这本书的写作来看，文本分析和文化阐释的取向显而易见，这在某种意义上反映了作者的内在兴趣和追求。而值得指出的是，这样的学术兴趣和追求是容易让研究者走进人文学科学术研究核心地带的。因为没有分析就没有研究，没有阐释就没有思想，所以分析的和阐释的兴趣和追求，应能把作者引领到更深远的学术领域。话说到这里，我自然想到了学术研究的方法对研究和研究者的影响。就人文学科的研究而言，方法不会是纯粹的技术操作程序，而是与研究者的知识结构和思维方式紧密相连的能力。这个道理反过来就要求研究者须在知识结构和思维方式上做出努力。好的知识结构可以转化为研究者好的认识视野；好的思维方式可以转化为研究者好的认识策略。我常常与年轻人交流学术，乐见他们在学术上的不断进展，在此过程中，自然也希望他们在知识结构和思维方式上能够形成自己的特色和经验。如此，学术研究才能够通过一种接力而不断发展。

一点肤浅的感受，更像是学习的心得，权充为序。

刘庆昌
2021年3月16日

目 录

第一章　中国近代大学章程的初创事实 …………………………（1）
第一节　北洋大学堂章程的初创 ……………………………（1）
第二节　京师大学堂章程的初创 ……………………………（9）
第三节　山西大学堂章程的初创 ……………………………（25）
第四节　《国立北京大学现行章程》的初创……………………（33）
第五节　《国立北京大学组织大纲》的初创（1932年）……（45）
第六节　《国立北京大学组织大纲》的初创（1947年）……（51）

第二章　中国近代大学章程的文本分析 …………………………（59）
第一节　北洋大学堂章程的文本分析 ………………………（59）
第二节　京师大学堂章程的文本分析 ………………………（65）
第三节　山西大学堂章程的文本分析 ………………………（74）
第四节　晚清时期三所大学堂章程文本之比较 ……………（81）
第五节　国立北京大学现行章程的文本分析 ………………（90）
第六节　清华学校组织大纲的文本分析 ……………………（95）
第七节　东南大学组织大纲的文本分析 ……………………（101）
第八节　交通大学大纲的文本分析 …………………………（107）
第九节　复旦大学章程的文本分析 …………………………（111）
第十节　民国时期五所大学章程文本之比较 ………………（116）

第三章　中国近代大学章程的实践考察 …………………（123）
第一节　《大学令》的实践 ……………………………（124）
第二节　《修正大学令》的实践 ………………………（131）
第三节　《国立大学校条例》的实践 …………………（136）
第四节　《大学组织法》的实践 ………………………（143）
第五节　《大学法》的实践 ……………………………（149）
第六节　天津大学章程的实践 …………………………（154）
第七节　北京大学章程的实践 …………………………（161）
第八节　山西大学章程的实践 …………………………（168）
第九节　清华大学章程的实践 …………………………（174）
第十节　复旦大学章程的实践 …………………………（179）
第十一节　交通大学章程的实践 ………………………（183）
第十二节　东南大学章程的实践 ………………………（188）

第四章　中国近代大学章程的精神内涵 …………………（193）
第一节　德治礼序 ………………………………………（193）
第二节　文化融合 ………………………………………（201）
第三节　爱国救国 ………………………………………（209）
第四节　大学自治 ………………………………………（216）
第五节　学术自由 ………………………………………（224）
第六节　依章治校 ………………………………………（231）

参考文献 ……………………………………………………（251）

后　记 ………………………………………………………（272）

第一章　中国近代大学章程的初创事实

西方近代大学起源于欧洲，有从古希腊、古罗马哲学学校演进而来的大学，其文化基础是哲学；有从英国、俄国的教会学校演进而来的大学，其文化基础是宗教；也有在工业革命之后建立起来的大学，其文化基础是科技。而中国近代大学则不同，它是向西方近代大学学习的"后发移植型"产物。中国近代大学起源于制度文化，无论是创建于1895年的北洋大学堂、创建于1898年的京师大学堂，还是创建于1902年的山西大学堂，都是先立典章制度而后创建大学。因此，中国近代大学的文化基础是制度。制度文化所体现出的对中国传统文化的继承，对西方文化的吸收和借鉴，以及中西方文化的碰撞与融合，都在近代大学制定的章程和国家颁布的典章中能够反映出来。

第一节　北洋大学堂章程的初创

晚清时期是中国近代高等教育的初创期，备受压迫的中华民族在无数艰难困苦面前迎难而上，创建了北洋大学堂。在此过程中，学堂创办者学习借鉴欧美和日本等国的先进办学理念，积极探索适合学堂发展的办学模式，拟定了具有自身特色的办学章程。北洋大学堂章程的颁布和施行不仅为中国近代大学的创立提供了重要的制度依据，也为当今中国现代大学的发展带来了优秀的制度文化。

一　北洋大学堂的创建

北洋大学堂是中国近代史上第一所大学,它的创办开启了中国近代高等教育之先河。其办学章程的拟定,推动了中国近代第一个学制的产生,为中国近代大学制度体系的建立起到了示范作用,引领中国近代高等教育踏上了新的征程。

晚清时期,由于西方列强无休止的侵略,中国的国门被迫打开,清政府被迫签订了一系列丧权辱国的不平等条约。随着第二次鸦片战争的爆发和洋务运动的兴起,一批爱国志士逐渐认识到教育的重要性,开始主动兴办新式学堂,"西学"在国内迅速发展起来。相继地,甲午战争的惨败使国人开始思考日本快速发展的原因,并计划效仿日本"明治维新"之举着力兴办教育,遂提出创办一所新式学堂的主张,这便是之后的北洋大学堂。北洋大学堂批办于1895年10月2日,于1895年10月18日至11月16日开办。[①] 北洋大学堂是由李鸿章提议,盛宣怀创办,丁家立协助的,以"西学体用"为办学宗旨,学习美国精英大学的办学模式,为救国、强国之急而创建的带有实用主义色彩的新式学堂。该学堂的创建背景主要基于以下几点。

(一) 战争迫使国人救国心切

晚清时期,中华民族面临着内忧外患的局面,封建制度给劳苦大众带来了沉重的压迫,鸦片战争在打开国门的同时,也给中华民族带来了惨痛的欺辱。与此同时,西方先进的思想、器物、文化也在潜移默化地发挥影响,使得这一被迫开放的国家在备受欺辱与自我摸索中艰难前行,而晚清时期几所大学堂的创建与发展便是其进步的表现之一。

自古以来,一个国家只有自身真正的发展壮大,才能在世界的历史舞台占有一席之地。而此时的清政府却恰恰相反,闭关锁国、懦弱

---

① 张昉、王莉、张泽英:《"北洋大学堂"若干史实百年新考》,《天津大学学报》(社会科学版) 2007年第6期。

腐败使其被迫陷入内忧外患的局面。第一次鸦片战争、第二次鸦片战争、甲午中日战争等残酷的帝国主义侵略战争使中华民族笼罩于巨大的阴霾之中。此时，一批有识之士开始从根源反思中华民族落后的深层原因。面对英国的"坚船利炮"，曾国藩就提出了"师夷之智"的主张，魏源提出"师夷长技以制夷"的主张。到了第二次鸦片战争之后，对于西方文化尤其是物质文化已经有了切肤之痛的认识，从看到与其在器物层面的差距，深入认识到在教育层面的差距，即人的差距。"泰西之强，强于学……然则欲与之争强，非徒在枪炮战舰而已，强在学中国之学而又学其所学也。"[1] 由此，从被动地拒绝西学转而主动地开办西学，第二次鸦片战争到甲午中日战争之前，中国的近代教育得到了前所未有的发展，出现了中国人自己开办西学的第一次高潮。

在国门被打开之后，受西方思想和文化的影响，洋务派的有识之士以学习西方的器物为主，在此基础上建立起了一批学校，如各类电报学校、水师学校、武备学校等。洋务派的主要目的是通过学习西方先进的技术实现自救，以维护、巩固清王朝的统治。但是随着甲午中日战争中北洋水师的全军覆没，有识之士进行了深刻反思，认识到人才对于国家自强的重要性，因此，提出了兴办学堂的主张。甲午中日战争中，日方不论是在机械技术方面，还是在战斗部署方面均占有巨大优势，中方遭遇惨败，甚至危及整个国家的安危。面对残酷的现实，1895年7月21日，清政府开始寻求救国之策，光绪帝发出《强国诏》，面向朝野征求应急策略。此时，任职天津海关道的盛宣怀便提出了兴办学堂的主张，认为只有学习西方的先进文化兴办学堂才能培养可用之才，最终达到自强之目的。他在创建学堂章程中指出："伏查自强之道，以作育人才为本；求才之道，尤宜以设立学堂为先。"[2] 可见，盛宣怀首先认识到人才培养与设立学堂的重要性，并

---

[1] 舒新城编：《中国近代教育史资料》（下），人民教育出版社1961年版，第907页。
[2] 北洋大学—天津大学校史编辑室编：《北洋大学—天津大学校史资料选编》第1卷，天津大学出版社1991年版，第3页。

率先提出设立学堂的主张。之后，盛宣怀与丁家立共同研讨并起草了北洋大学堂章程草案，并向李鸿章请奏，但此时李鸿章被朝廷明升暗降。9月19日，盛宣怀又将《拟设天津中西学堂章程禀》呈与新任直隶总督兼北洋大臣王文韶开办。王文韶将其更名为《津海关道盛宣怀创办西学学堂禀明立案由》，并呈交给光绪帝，光绪帝不久便批准通过，允以成立。①

（二）有识之士发挥重要作用

在北洋大学堂创建的过程中，盛宣怀、丁家立、李鸿章三位有识之士发挥了重要的作用。盛宣怀能有如此前瞻性的目光，主要与他的家庭、学识及个人发展机遇息息相关。盛宣怀之父盛康，与李鸿章十分交好并注重经世致用，出生于士大夫家庭的盛宣怀，从小受到父亲潜移默化的影响，广读孔孟之书，切实关注国家社会实况。盛宣怀曾在考中秀才之后，尝试三次考举人未中，并决定不在科举滞留，转而选择跟随李鸿章走向更加务实的道路。李鸿章也曾对盛宣怀作出极高的评价，认为其属于"亦官亦商"之人。正是这样一位见多识广、思维开阔的实业家，成为推动北洋大学堂创建的核心人物。

此外，北洋大学堂的创建与发展，也离不开丁家立所作出的巨大贡献。美国教育家丁家立，早在山西省太谷县传教时，便力劝当地富绅捐资兴学，但收效甚微，后赴天津为妻治病，从此开始了自己的兴学之路。丁家立，时任天津领事馆副领事，在天津建立了中西书院，其先进的教育理念和对教育的热爱与盛宣怀不谋而合，又因其毕业于美国达特茅斯学院和欧柏林神学院，因此建议盛宣怀在北洋大学堂的创办过程中借鉴哈佛、耶鲁等美国精英大学的办学模式，并与盛宣怀共同起草编制大学堂章程。之后，丁家立被聘任为北洋大学堂总教习，主持该校达11年之久。在八国联军入侵天津之时，北洋大学堂被德军占领，校舍被恶意毁坏。丁家立亲自远赴德国与其交涉，最终

---

① 王杰：《关于北洋大学的几点考证》，《天津大学学报》（社会科学版）2004年第3期。

获得相应的赔偿,将其全部用于校舍的修建。

(三)地理位置具有显著优势

北洋大学堂的成立离不开天津的优势地理位置。作为直隶总督的驻地,天津成为重要的军事重镇,集水陆、工商业、重要港口于一身,也成为李鸿章和袁世凯兴办洋务和发展北洋势力的主阵地。正因为其地理位置的优越,天津亦率先被外国列强所侵略。1858年(清咸丰八年),正值第二次鸦片战争期间,英法俄美胁迫清政府在海光寺正殿签订了《天津条约》。1860年,英、法联军占领天津,列强先后在天津设立租界,致使天津被迫开放。

此外,地处要塞的天津也正是盛宣怀与丁家立创办北洋大学堂时就职的地方。盛宣怀早年便受其父挚友李鸿章的赏识,随侍李鸿章左右,并跟随其发展以资本主义近代工商业为中心的洋务实业。创立北洋大学堂时,李鸿章被调天津任直隶总督,盛宣怀便随其赴津。丁家立本于1882年在山西传教,1886年脱离了本来所属的美国公理会,改以学者的身份来天津从事文化活动,并在天津美国领事馆担任副领事。在此期间,丁家立于天津开办了一所不带宗教色彩的中西书院,自任校长。[①] 正是由于天津优越的地理位置,吸引了盛宣怀、丁家立等有识之士的投资、办学目光,在一定程度上促进了北洋大学堂的创建。

二 北洋大学堂章程的创立

北洋大学堂的办学章程经历了"初具设想""拟定草案""呈交上级官员并请奏统治者""审批得以开办"等一系列过程。

(一)北洋大学堂章程的初创过程

1895年7月21日,光绪帝发出《强国诏》,面向朝野征求应急策略。盛宣怀在丁家立的协助下草拟了章程,并于1895年9月19

[①] 王杰、祝士明编著:《学府典章——中国近代高等教育初创之研究》,天津大学出版社2010年版,第40页。

日，将《拟设天津中西学堂章程禀》呈与新任直隶总督兼北洋大臣王文韶开办，王文韶将其更名为《津海关道盛宣怀创办西学学堂禀明立案由》呈交给光绪帝，不久光绪帝便批准通过，允以成立。①

起初，洋务派始终主张"中学为体，西学为用"，这也是清政府坚持的教育立场。但是由于甲午中日战争的失败，盛宣怀等有识之士开始反思"中体西用"，在看到日本明治维新取得巨大成果之后，决定引进"西学体用"，并按照"西学体用"创办北洋大学堂，即完全按照西方教育制度办"西学"。盛宣怀在创立学堂章程中指出："窃世变日棘，庶政维新，自强万端，非人莫任，中外臣僚与夫海内识时务之俊杰，莫不以参用西制兴学树人为先务之急。"② 由此观之，盛宣怀开始奉行"西学体用"的教育立场。

(二) 北洋大学堂章程的主要内容

这一时期的北洋大学堂在其章程拟定时学习借鉴了美国精英大学的办学模式，其内容主要体现在盛宣怀拟定的《拟设天津中西学堂章程禀》中。该章程主要分为七个部分，在序言中对学堂设立的原因和总体办学规划作了初步介绍，在后面的六个部分对头等和二等学堂的章程、功课及经费等作出了详细的规定。

如在序言中，盛宣怀提出："伏查自强之道，以作育人才为本。求才之道，尤宜以设立学堂为先。""可见创举之事，空言易，实行难，立法易，收效难。""日本维新以来，援照西法，广开学堂书院，不特陆海军将弁皆取材于学堂，即今之外部出使诸员，亦皆取材于律例科矣。制造枪炮开矿造路诸工，亦皆取材于机器工程科、地学、化学科矣。仅十余年，灿然大备。"③ 以上均可看出盛宣怀已深刻地认识到人才培养和发展新式教育对国家的重要性，同时也看到效仿日

---

① 王杰：《关于北洋大学的几点考证》，《天津大学学报》（社会科学版）2004年第3期。
② 王杰主编：《学府史论》，天津大学出版社1999年版，第89页。
③ 王杰、祝士明编著：《学府典章——中国近代高等教育初创之研究》，天津大学出版社2010年版，第127页。

在头等和二等学堂的章程、功课及经费的相关部分，盛宣怀一一作了详细陈述。具体而言，北洋大学堂在设立的学堂等级上，分为二级（头等、二等）学堂，分别相当于现在的本科和预科，学制皆为四年，学生在头等学堂毕业后，优异者可出洋历练。在功课设置方面，头等学堂主要设置工程学、电学、机器学、矿务学、律例学五大专门学，这也正是美国当时最前沿的功课门类；二等学堂在四年的教育中主要以培养学生的英文拼读、翻译及应用能力为主。此外，章程中分门别类地详细规定了头等、二等学堂的教习任用、学生功课和办学经费等内容。

以头等学堂为例，如在教习的任用方面作了以下规定：

头等学堂章程

——头等学堂，因须分门别类，洋教习拟请五名，方能各擅所长。是以常年经费甚巨，势难广设。现拟先在天津开设一处以为规式。

——头等学堂必须谙习西学之大员一人为驻堂总办，尤必须熟习西学教习一人为总教习。所有学堂一切布置及银钱各事均归总办管理。所有学堂考核功课，以及华洋教习勤惰，学生去取，均归总教习管理。遇有要事，总办总教习均当和衷商办。①

在学生功课方面作了以下规定：

头等学堂功课

历年课程分四次第

第一年

---

① 王杰、祝士明编著：《学府典章——中国近代高等教育初创之研究》，天津大学出版社 2010 年版，第 128—129 页。

几何学，三角勾股学，格物学，笔绘图，各国史鉴，作英文论，翻译英文。

第二年

驾驶并量地法，重学，微分学，格物学，化学，笔绘图并机器绘图，作英文论，翻译英文。

第三年

天文工程初学，化学，花草学，笔绘图并机器绘图，作英文论，翻译英文。

第四年

金石学，地学，考究禽兽学，万国公法，理财富国学，作英文论，翻译英文。①

在办学经费方面作了以下规定：

头等学堂经费

第一年

——华总办一员（每月薪水公费银二百两），每年计银二千四百两。

——洋人总教习一名（每月薪水银二百两），每年计银二千四百两。

——格物学化学洋教习一名（每月薪水银二百两），每年计银二千四百两。

——汉文教习一名（每月薪水银四十两），每年计银四百八十两。

——华人洋文教习二名（每人每月薪水银一百两），每年计银二千四百两。

---

① 王杰、祝士明编著：《学府典章——中国近代高等教育初创之研究》，天津大学出版社2010年版，第129页。

——学生膏火（三十名，每名每月四两），每年计银一千四百四十两。

——司事两名（每月共薪水银三十两），每年计银三百六十两。

——总办教习学生司事共三十六人，膳费每年计银一千二百六十两。

——书籍纸张笔墨等费，每年约计银二百两。

——听差灯油炭火杂款等费，每年约银六百两。

共约计银一万三千九百四十两。（遇闰按月照加）①

二等学堂关于教习任用、学生功课及办学经费的相关规定与头等学堂一样详尽，在此不再列出。

综上所述，北洋大学堂产生于"救国强国"之急务中，自创办者萌发设想之日起，其便带有浓厚的实用主义色彩，虽于时局动荡的战乱中萌芽，却坚守其被赋予的救国使命顽强生存。北洋大学堂的创建，开启了中国近代高等教育之先河，是中国近代史上第一所新式大学堂，其办学章程的拟定，不仅促进了中国近代学制的产生，同时结束了中国一千多年的封建教育历史，引领中国近代高等教育踏上了新的征程。

第二节　京师大学堂章程的初创

1898年，清政府创建京师大学堂，继而停办国子监，使京师大学堂"上承太学正统，下立新学祖庭"，转而成为一所具有现代意义的国立综合性大学。为此，自戊戌到癸卯，清政府相继颁布了三个京师大学堂章程，即1898年梁启超起草的《奏拟京师大学堂章程》、

---

① 王杰、祝士明编著：《学府典章——中国近代高等教育初创之研究》，天津大学出版社2010年版，第130页。

1902年张百熙主持编订的《钦定京师大学堂章程》和1903年张之洞主持重订的《奏定京师大学堂章程》。由于三个章程都由最高学务当局主持制定，因而具有高等教育法规的意义。同时，这些章程既是京师大学堂的办学纲领，又是全国大学堂的基本规范，在中国近代高等教育制度体系中居于核心地位。

一　京师大学堂的创建

京师大学堂的创建是"百日维新"运动的产物，也是中学与西学、旧学与新学、科举与学校之间长期斗争的结果。纵观中国高等教育发展史，京师大学堂的创建经历了一段冲破封建保守势力阻碍的艰难历程。随着传统教育制度弊端的不断暴露，先进知识分子极力倡导"废科举、兴学堂"，清政府迫于无奈最终于维新变法期间创办了京师大学堂。

（一）受维新变法运动的影响

鸦片战争结束后，中国逐渐开始沦为半殖民地半封建社会。为了拯救国家和民族的危亡，一些开明的知识分子开始主张学习西方先进科学技术。第二次鸦片战争失败后，为了维护封建统治，清政府开始开展洋务运动，主要是开设一批语言学堂、技术学堂以及军事学堂。如清政府于1862年下令在总理衙门下设立的京师同文馆，既是中国创办近代新式学堂的开始，也是后来京师大学堂的最早组成部分。然而，洋务运动虽然创办了一批具有近代高等教育性质的学堂，但由于洋务派的思想过于急功近利，缺乏整体规划，导致了零星设立且杂乱无章的学堂各自为政，再加上科举制度的存在和阻碍，这些因素都使得新式学堂很难达到办学者的目的[①]，更无法实现教育改革的目标。

1895年，甲午中日战争失败后，空前的民族危机强烈地刺激了

---

① 金以林：《近代中国大学研究（1895—1949）》，中央文献出版社2000年版，第18页。

中华民族的觉醒，爆发了以爱国救国和思想启蒙为宗旨的维新运动。以康有为和梁启超为代表的一批维新派人士试图效法日本的明治维新，对中国的政治、经济、文化和教育进行改革。维新派认为，兴学育才是使国家富强的根本途径和关键所在，并将改革旧教育和兴办新学堂的任务提高到关系国家兴亡的战略高度。[①] 同年8月，维新派在北京组织了"强学会"，作为讨论学术和批评时政的场所。维新派人士在鼓励人们学习西方的同时，介绍和宣传了西方资产阶级的社会政治学说和近代科学知识。在教育方面，维新派主张遵循学以致用的教育原则来培养人才，[②] 以抵御西方列强的侵略，最终达到国富民强的目的。

1896年，刑部左侍郎李端棻在呈清政府的《请推广学校折》中，第一次正式提议设立"京师大学堂"。1898年初，康有为在《应诏统筹全局折》中再次提出了"自京师立大学"的主张。于是，1898年2月，光绪帝发出上谕："京师大学堂，迭经臣工奏请，准其建立，现在亟须开办，其详细章程，着军机大臣，会同总理各国事务衙门王大臣，妥筹具奏。"[③] 然而，在总理衙门的抵触和拖延中，京师大学堂尚未开办。后来，在维新派人士的极力推动下，同年6月，光绪帝颁布了《明定国是诏》，开始实行变法。诏书中重申："京师大学堂为各行省之倡，尤应首先举办。"7月4日，光绪帝正式批准设立了京师大学堂。[④] 由此，酝酿和筹划多年的中国近代第一所大学正式进入了筹办阶段。在康有为和梁启超等维新派思想家的倡导下，1898年初，光绪帝任命大臣孙家鼐为京师大学堂的第一任管学大臣。孙家鼐在《奏筹办京师大学堂大概情形折》中陈列了学校办学的主要内

[①] 王晓秋：《戊戌维新与京师大学堂》，《北京大学学报》（哲学社会科学版）1998年第2期。
[②] 肖东发主编：《官学盛况国子监与学官的教育》，现代出版社2015年版，第47页。
[③] 曲士培：《中国大学教育发展史》，山西教育出版社1993年版，第335页。
[④] 舒新城编：《中国近代教育史资料》（第1卷），人民教育出版社1981年版，第43页。

容,并向光绪帝推荐了许景澄和丁韪良二人,二者分别被任命为中学和西学的总教习。① 此后,在维新派倡导的"中体西用"办学宗旨的影响下,京师大学堂始终坚持中西并重,这较洋务派的新式学堂更近了一步。② 由此可见,维新派开展的教育改革在一定范围内取得了重要进展,标志着中国近代高等教育进入了一个新的发展期。

(二)清政府救亡图存的产物

鸦片战争爆发前,清政府奉行"闭关锁国"的政策,不与西方各国交往,甚至对其抱着鄙夷的态度。随着侵华战争的不断爆发及一系列不平等条约的签订,中国的大门被西方列强用武力打开,此时清政府才开始重新审视中西方的关系与地位,不得不在政治、经济、军事以及外交等方面进行改革。当时,社会矛盾大量涌现,清政府逐渐意识到变法图强的重要性,于是积极推广"变法救亡"③的思想,拉开了清政府救亡图存的序幕。

正当京师大学堂积极筹办之时,1898年9月,顽固派突然发动政变,维新派的改革几乎全被废除,坚持了103天的"百日维新"运动宣告失败。所幸的是光绪帝下了《著停止变法京师大学堂仍行开办谕旨》,这样才使京师大学堂得以继续创办。在皇权问题上,虽然顽固派、保守派与维新派之间存在着不可调和的矛盾,但在教育改革的动机与目的等问题上,还是有一定共识的。④ 光绪帝与维新派希望京师大学堂培养出维新变法的人才,而顽固派也需要学校培养出维护自身统治的人才。⑤ 同时,光绪帝本人对中西学的本质区别也有足够清醒的认识,因此,当御史王鹏运于1898年2月奏请开办京师大学堂时,

---

① 肖东发主编:《官学盛况国子监与学官的教育》,现代出版社2015年版,第49页。
② 王凌皓主编:《中国教育史纲要》,人民教育出版社2013年版,第243页。
③ 周详:《〈京师大学堂章程〉与清末教育制度的变迁》,《中国人民大学教育学刊》2013年第4期。
④ 钱耕森:《京师大学堂:一个世纪前的教改成果》,《探索与争鸣》1999年第2期。
⑤ 王晓秋:《戊戌维新与京师大学堂》,《北京大学学报》(哲学社会科学版)1998年第2期。

光绪帝就立即谕令总理衙门开办学堂并拟定章程。在此后的《明定国是诏》中,光绪帝又明确提出了创建京师大学堂的任务,实际上是把建立一所新型的综合性大学摆在了维新变法"第一仗"的高度,[①] 充分反映了清王朝"变法救亡"的决心。

1900 年,八国联军侵占北京之后,清政府与外国侵略者签订了《辛丑条约》。这种丧权辱国的条约将顽固派封建腐朽的面目彻底暴露,民众对清政府的怨恨情绪迅速增长。为了维护摇摇欲坠的封建专制统治,清政府急需一批既有科学文化知识,又能效忠封建王朝的知识分子,于是提出"兴学育才实为当今急务"的号召,宣布要逐步废除八股取士的科举制度,且命各省开办学堂。在此背景之下,1902 年,清政府正式下令恢复京师大学堂,并将京师同文馆并入,命张百熙为管学大臣。在张百熙掌管京师大学堂的过程中,重用了一些比较开明和进步的学者,引起了顽固守旧势力的仇视和反对。最终,清政府以张百熙"喜用新进"为由,加派荣庆对他进行监督,京师大学堂开始更为紧密地为巩固封建统治服务。[②] 京师大学堂从创办的主体到学堂的性质、从毕业生去处到办学的宗旨和经费,都与当时的其他学堂有所不同。京师大学堂的地位之高、规模之大、经费之多也是其他学堂无法比拟的。[③] 在当时特殊的时代背景下,京师大学堂的创办已经属于清政府国家层面的自觉行动。

(三)改革旧教育制度的需要

自隋朝开始,中国古代教育机构无论是传统的官学还是书院,都依附于科举制度而存在。科举制度是知识分子考取功名与进入仕途的主要途径。从考试内容到考试形式,科举制严重摧残了古代的人才,禁锢和压制了知识分子的思想,致使古代高等教育充满功利色彩。随着"西学东渐"序幕的拉开,以科举考试为首的禁锢思想的旧制度

---

① 余音:《京师大学堂的设立》,《全国新书目》2009 年第 23 期。
② 萧超然等编:《北京大学校史(1898—1949)》,北京大学出版社 1988 年版,第 13 页。
③ 刘岚:《国立大学的角色与职能》,上海三联书店 2013 年版,第 30 页。

受到了开明知识分子的批判。梁启超认为:"科举之制不改,就学乏才也;师范学堂不立,教习非人也;专门之业不分,致精无致也。"①以梁启超为首的知识分子率先开始反思和变革以往的旧教育制度,开始效法西方的先进教育制度。

在教育制度变革中,作为新旧两种教育制度斗争的焦点,"废科举、兴学堂"成为京师大学堂创立的重要社会背景。② 随着维新变法运动的开展,1898年,光绪帝下令设立京师大学堂,同时废除八股取士,改试时务策论,规定以后取士以实学实用为主,这些直接影响了京师大学堂的学科设置,间接促成了京师大学堂培养目标的转变。1905年,清政府又发布上谕,废除了延续一千三百余年的科举制度,进一步扫除了新式教育发展的障碍,解除了钳制人们思想的枷锁,促进了西学的传播。至此,旧教育制度的改革进一步促进了包括京师大学堂在内的中国近代大学的发展。

综上所述,京师大学堂的创建受维新变法运动的影响,是清政府救亡图存的产物,也是改革旧教育制度的需要。作为中国近代第一所国立综合性大学,京师大学堂的创建不仅打破了原有的教育组织形式,而且带来了西方先进的教育理念和制度,标志着中国近代大学教育逐步踏上了现代化进程。

二 京师大学堂章程的创立

从《奏拟京师大学堂章程》到《钦定京师大学堂章程》,再到《奏定京师大学堂章程》,三个章程相互继承。其均有总纲(或全学纲领、立学总义)、功课(科目)、学生入学、学生出身、设官、聘用教习(或教习管理员)等章节。所不同者,"奏拟"有经费、暂章;"钦定"有堂归、建置;"奏定"有屋场、图书器具、通儒院等

---

① 梁启超:《饮冰室合集》,中华书局1989年版,第11页。
② 周详:《〈京师大学堂章程〉与清末教育制度的变迁》,《中国人民大学教育学刊》2013年第4期。

章节。总体上看，京师大学堂章程是在中国高等教育机构历来章程的基础上，参酌日本大学规制而成，体现了"中体西用"的思想。

（一）《奏拟京师大学堂章程》的初创

《奏拟京师大学堂章程》由梁启超起草拟定，是中国近代高等教育最早的学制纲要。1898年7月3日，光绪帝批准章程，委派吏部尚书孙家鼐为管理大学堂大臣，负责京师大学堂的具体筹建工作。

1.《奏拟京师大学堂章程》的初创过程

京师大学堂的创建筹备于"百日维新"之际。维新派的主要思想是倡导学习西方的科学文化，改革政治、教育制度，发展工、农、商业等。早在1895年，新兴的民族资产阶级改良派代表康有为、梁启超在北京开办了强学会（又称强学书局），主要通过集会讲演、译书办报等活动宣传维新思想，但不久，强学会因遭到旧势力的攻击而被封禁，之后，清政府采纳御史胡孚辰的上奏建议，将强学会改为官书局，并设孙家鼐为管理大臣。[①] 1896年2月11日，孙家鼐上奏《官书局奏定章程疏》，其中提出"拟设学堂一所"的设想。1896年6月12日，刑部侍郎李端棻向皇帝上奏据说是由梁启超起草的奏折，即《时事多艰需才孔亟请推广学校以励人才而资御侮折》，正式向清政府提出创办京师大学堂的倡议："人才之多寡，系国家之强弱也。"若能设立京师大学和各级学校，"十年之后，贤俊盈廷，不可胜用矣。以修内政，何政不举，以雪旧耻，何耻不除"[②]。不久，御史王鹏运再次奏请。1896年9月，孙家鼐再向光绪帝上奏《议复开办京师大学堂折》。1898年1月29日，改良派首领康有为在变法纲领《应诏统筹全局折》中又提到设立京师大学堂的设想。[③] 由此可见，创建京师大学堂的设想早已萌发，维新派的代表人物曾多次向光绪帝提出创

[①] 王晓秋：《戊戌维新与京师大学堂》，《北京大学学报》（哲学社会科学版）1998年第2期。

[②] 朱寿朋编：《光绪朝东华录》，中华书局1958年版，第3791—3794页。

[③] 王晓秋：《京师大学堂的成立》，《北京大学学报》（哲学社会科学版）1978年第3期。

建京师大学堂,但该设想一直处于筹议之中,尚未得到光绪帝的正式批准。

直到1898年2月15日,光绪帝发上谕,批准建立京师大学堂的提议,并命令军机大臣会同总理各国事务衙门大臣妥筹具奏。① 然而,由于洋务派与顽固派的阻挠,学堂章程在之后具体制定的过程中历经波折。洋务派与顽固派代表着封建阶级旧文化,二者皆反对代表资产阶级新文化的维新派,尤其是顽固派,其反对学习西方的先进技术,"恶西学如仇",并认为目前天下最大的祸患便是学习西学。因此,京师大学堂章程拟定的进程被守旧的大臣,如洋务派代表人物恭亲王奕䜣、顽固派代表人物军机大臣刚毅等敷衍拖行。

光绪帝一方面为了扩大自身权势,排除"后党";另一方面为了避免做亡国之君,终于在维新派人士和帝党官员的支持下,于1898年6月11日下发《明定国是诏》,宣布实行维新变法。可面对学堂章程的拟定,守旧的大臣依然实行拖延政策,康有为不得已进言光绪帝,督促京师大学堂章程的拟定工作。光绪帝于1898年6月26日再次下令:"迅速覆奏,毋稍迟延。"军机大臣与总理大臣这才开始行动,请康有为、梁启超起草章程。② 后来康有为委托梁启超代拟,这才出现了梁启超起草的《筹议京师大学堂章程》。1898年7月3日,总理衙门上《遵筹开办京师大学堂折》,并附呈了《筹议京师大学堂章程》的文本。至此,章程终于得到光绪帝的批准,定名为《奏拟京师大学堂章程》,并委派吏部尚书孙家鼐为管学大臣,负责京师大学堂的具体筹建工作。光绪帝于7月10日不颁上谕,命令各省府厅州县现有之大小书院一律改为"兼学中学西学之学校""皆颁给京师大学堂章程,令具仿照办理"③。

---

① 朱有瓛主编:《中国近代学制史料 第1辑》(下),华东师范大学出版社1986年版,第633页。
② 王晓秋:《京师大学堂的成立》,《北京大学学报》(哲学社会科学版)1978年第3期。
③ 《光绪朝东华录》,中华书局1958年版,第4126页。

2.《奏拟京师大学堂章程》的主要内容

梁启超秉持着清政府"中学为体,西学为用"的办学宗旨起草了《奏拟京师大学堂章程》,该章程共包含8章内容,分别为总纲、学堂功课例、学生入学例、学成出身例、聘用教习例、设官例、经费及暂章,这些条例主要是对大学堂的课程设置、学生入学及毕业、教习的聘用等作出了规定。此后,管学大臣孙家鼐对总理衙门呈奏的《奏拟京师大学堂章程》不甚满意,遂又在向光绪帝上呈的《奏复筹办大学堂情形折》中开列了8条具体的办学计划[①],对原章程文本的内容进行了一些修改和增设,如表1-1所示。

表1-1 《奏拟京师大学堂章程》颁布后的增修情况

章节名称	修改内容	增设内容
总纲	—	拟立仕学院。招收进士、举人出身之京官编书宜慎也。应令编译局迅速编译西学各功课书,而经书仍以列圣所钦定者为定本
学堂功课例	宜变通中西学分门。拟将理学并入经学;诸子、文学皆不必令一门;裁去兵学	—
学成出身例	学生出身名器宜慎,应严定数额与认真考核	宜定学堂毕业生的出路 学政治者归吏部;学商业、矿务者归户部;学法律者归刑部;学兵制者归兵部及水陆军营;学制造者归工部及各制造局;学语言文字、公法者归总理衙门及使馆参随
聘用教习例	拟设西学总教习。拟聘丁韪良为西学总教习,专理西学	—
	宜厚给西学教习薪水	
经费	膏火宜酌量变通	—

注:表格中"—"代表该章程中无此章节内容。

由此观之,最初由梁启超拟定的《奏拟京师大学堂章程》文本尚

---

① 王学珍主编:《北京高等教育史》(上),中国广播电视出版社2010年版,第137页。

未达到详备，章程对某些事务的规定仅是涉及而已，尚不具体。孙家鼐成为管学大臣之后，针对办学的实际情况对原章程的部分条例规定予以修改，增加了一些具体内容，使章程变得更加完备。

(二)《钦定京师大学堂章程》的初创

《钦定京师大学堂章程》于1902年颁布，由京师大学第三任管学大臣张百熙拟定，慈禧太后钦准颁行，故名《钦定京师大学堂章程》。由于该年为"壬寅年"，所以又叫"壬寅学制"。这是京师大学堂的第二个章程。这个章程首次较全面地反映了中国近代教育史上关于新式学堂的较完整的体系。

1.《钦定京师大学堂章程》的初创过程

尽管光绪帝于1898年7月3日批准了《奏拟京师大学堂章程》，并派孙家鼐负责京师大学堂的具体创建工作，但一切还未就绪，维新运动却如昙花一现，以慈禧太后为首的守旧派势力对以光绪帝为首的维新派势力发动政变。其结果是戊戌六君子被杀、康梁等逃亡国外、光绪帝遭到囚禁，以慈禧太后为首的守旧派势力重新掌权，持续了百余日的戊戌变法宣告失败，这也意味着京师大学堂的创建将要再度被搁浅。

慈禧太后重新掌权后，恢复了旧时的八股取士，废除了维新变法时期改良派提出的各项新政，唯独留下了筹建中的京师大学堂。主要原因有以下两个方面：一方面，此时国人已认识到教育变革对社会发展的重要性，筹办学堂这一事实在各派之间并无过多矛盾，顽固派、保守派、维新派三派对教育变革的重要作用均持统一意见，只是对学堂的内部规制略持不同意见而已；另一方面，慈禧太后身边的亲信虽忠心耿耿，却能力较弱，要想新办各项事业，必须依靠新人支持。① 因此，京师大学堂在危难重重中得以保存。但得以保存并不意味着其可以按照预定的发展模式继续前行，事实上当时大学堂的创建一度陷

---

① 钱耕森：《京师大学堂：一个世纪前的教改成果》，《探索与争鸣》1999年第2期。

于停顿状态。受慈禧太后保守思想的影响，京师大学堂在开办之初仍是旧式封建书院的形式，仅开办了诗书礼易四堂及春秋二堂，每堂十余人，其授课内容为一些理学经籍类。

1899年到1900年夏，随着义和团运动和八国联军侵华，时局残酷，京师大学堂的学生均告假回散。1900年8月3日，慈禧太后下令停办京师大学堂，京师大学堂再次停滞不前。八国联军侵华后，慈禧太后携光绪帝逃往西安。12月24日，李鸿章代表清廷与八国联军签订了丧权辱国的《辛丑条约》，中国完全沦为半殖民地半封建社会。至此，知识分子深感痛心，无数国人愤慨至极，维新之论再次复起，清政府也逐渐认识到具有科学文化的知识分子的重要性。于是，清政府逐渐取消八股取士，废科举、兴学堂，并于1902年1月10日正式宣布恢复京师大学堂，并任命张百熙为管学大臣。①

1902年恢复京师大学堂后，大学堂章程随之更换。一方面，因1898年颁布的《奏拟京师大学堂章程》是由维新派代表人物梁启超所拟定，文本内容渗透着浓厚的维新思想，慈禧太后担心之前带有维新思想的章程影响京师大学堂的发展；另一方面，之前的章程实属草拟，不显完备。张百熙曾在给清政府的奏折中说道："从前所办大学堂，原系草创，本未详备。……大学堂理应法制详尽，规模宏远，不特为学术人心极大关系，亦即为五洲万国所共观瞻。天下于是审治乱，验兴衰，辨强弱。人才之出出于此，文明之系系于此。是今日而再议举办大学堂，非徒整顿所能见功，实赖开拓以为要务，断非因仍旧制，敷衍外观所能收效者也。"② 慈禧太后遂下令要求张百熙重新拟定新的章程加以取代。因此，时任管学大臣的张百熙经过半年多的反复修订，向清政府上奏《进呈学堂章程折》。1902年8月，慈禧太

---

① 萧超然：《京师大学堂创办述略》，《北京大学学报》（哲学社会科学版）1985年第1期。

② 舒新城编：《中国近代教育史资料》（上），人民教育出版社1961年版，第193页。

后钦准,《钦定京师大学堂章程》得以颁布,这是京师大学堂的第二个章程。

2.《钦定京师大学堂章程》的主要内容

八国联军侵华战争爆发后,清政府迫于内外压力实行了"新政",办理新式学堂也是"新政"实施的主要内容之一。1901年,清政府上谕,要求所有书院改为学堂,各地也要大力兴办学堂,这一年,得到改建与重建的所有学堂都统称为"壬寅大学堂"。为了对所有大学堂进行统一规范,清政府要求张百熙拟定《钦定学堂章程》。事实上,张百熙当时拟定的《钦定学堂章程》包括《钦定京师大学堂章程》《钦定蒙学堂章程》《钦定小学堂章程》《钦定中学堂章程》《钦定高等学堂章程》和《考选入学章程》6个章程。这是中国近代以来第一个以政府名义规定的包含完整学制的章程,详细规定了各级各类学堂的目标、性质、年限、入学条件、课程设置、管理体制及相互衔接关系等。其中,《钦定京师大学堂章程》共8章84节,分别对大学堂的办学宗旨、科目设置、课程安排、招生办法、毕业出身、聘用教师和管理体制等作了详细规定,如表1-2所示。

表1-2 《钦定京师大学堂章程》的主要内容

章节名称	主要内容	
第一章 全学纲领 (共十一节)	京师大学堂之设,所以激发忠爱,开通智慧,振兴实业,谨遵此次谕旨,端正趋向,造就通才,为全学之纲领	
第二章 功课 (共二十二节)	预备科	分政、艺两科,学生卒业后升入专门科各科
	专门科	设七科三十五目
	大学院	主研究,不立课程
	仕学馆	设十一科
	师范馆	设十四科

续表

章节名称	主要内容
第三章 学生入学 （共五节）	专门分科学生由预备科升补 预备科与师范馆学生，京师由本学堂招考 速成科仕学馆学生，拟专由京师考取
第四章 学生出身 （共十一节）	高等学堂毕业生，赏给举人 大学堂分科学生毕业后，赏给进士 仕学馆学生毕业后，予以应升之阶，或给虚衔加级，或资送境外各局当差 师范馆学生毕业后，择尤带领引见
第五章 设官 （共十一节）	设管学大臣一员；总办一员、副总办两员；设提调四员等
第六章 聘用教习 （共九节）	设总教习一员；副总教习两员等
第七章 堂规 （共十一节）	教习、学生一律尊奉"圣谕广训，凡开学、散学、每月朔日，由总教习、副总教习、总办各员率诸生到至圣先师位前行礼。"
第八章 建置 （共四节）	对择地建造学堂应所具备的房舍建筑和设施作出规定

1902年10月14日，京师大学堂首次正式举行了招生考试，先诏"速成科"的学生，考试科目为"史论""舆地策""政治策""交涉策""算学策""物理策"及"外国文论"7门，并对考场秩序、成绩评定标准作出了规定。11月25日，京师大学堂再次招生，并于12月17日正式开学。[①] 在拟定《钦定京师大学堂章程》时，张百熙非常注重选用教师，为了引进西学和确定国内大学堂的课程和教材，他

---

① 萧超然：《京师大学堂创办述略》，《北京大学学报》（哲学社会科学版）1985年第1期。

多次通过出使国外的钦差大臣采得国外名校的课程书目。《钦定京师大学堂章程》首次提出了"分科教学",也是第一个以政府名义规定的包含完整学制的法令文件。该章程虽然尚未正式施行便被废止,但对于中国近代大学的学制规定而言具有深远的意义。

(三)《奏定京师大学堂章程》的初创

《奏定京师大学堂章程》于 1904 年颁布,是京师大学堂的第三个章程,标志着中国现代学制雏形的建立,也为延续千年的科举制度敲响了丧钟(科举制度于次年正式废除)。张百熙会同张之洞、荣庆于 1904 年 1 月 13 日上奏所拟初等小学堂、高等小学堂、中学堂、高等学堂、大学堂附通儒院、初级师范学堂、优级师范学堂、任用教员、初等农工商实业学堂(附实业补习普通学堂及艺徒学堂)、中等农工商实业学堂、高等农工商实业学堂、实业教员讲习所的十个章程,实业学堂、各学堂管理的两个通则,学务的一个纲要,共 7 章 72 节。这是大学堂的第三个章程,称为《奏定大学堂章程》。由于该年为"癸卯年",所以又叫"癸卯学制"。这个章程对学校系统、课程设置、学校管理都作了具体规定。它不仅使大学堂办学逐步走向正规,而且改变了原有的官学、私学、书院等旧形式,为中国实行现代的新式学制开了先河。它一直沿用到清朝终结的 1911 年,对后世影响较大。

1. 《奏定京师大学堂章程》的初创过程

在张百熙拟定的《钦定京师大学堂章程》中,尚未将"经学"单独列出,而是作为课程科目放置于文学学科中[①],招致了顽固派的诽谤。此时,由于张之洞坚定的崇尚"中学",将"忠孝"作为立学宗旨,很受慈禧太后的重用。因此,慈禧太后以张百熙"喜用新进"为由,命张之洞、荣庆会同张百熙对章程进行重新修订。张百熙拟定的《钦定京师大学堂章程》不及两年便遭到废止,实际上并未真正

---

① 周谷平、张雁:《中国近代大学理念的转型——从〈大学堂章程〉到〈大学令〉》,《高等教育研究》2007 年第 10 期。

施行。

在张之洞、荣庆会同张百熙对章程进行重新修订的过程中，发生了一系列"新旧观念"之争、"满汉"之争、"权力"之争。[①] 在办学宗旨方面，张之洞主张学习"西政"及"西艺"，推崇"中学为体，西学为用"。在课程设置方面，张之洞主张增加经学、辞章的比重，彰显"中学"的重要地位，这与张百熙在《钦定京师大学堂章程》的规定相违背。此时张之洞提出的观点引起了张百熙及众多官员的不满，大家纷纷递交辞呈。此外，荣庆为满人，其更是注重理学，完全不懂西学，在章程制定的过程中，盲目维护中学的地位，极端排斥西学。可以看出，张之洞、荣庆的观点与张百熙的观点大相径庭，但无奈时局所限，张百熙为了使京师大学堂能够继续开办下去，不得已采取妥协。1903年，由张百熙、张之洞、荣庆共同拟奏《奏定京师大学堂章程》，并于1904年1月颁布施行，一直沿用到清朝结束。

2.《奏定京师大学堂章程》的主要内容

《奏定京师大学堂章程》共7章72节，对大学堂的办学宗旨、招生办法、学制年限和人员管理等都有明确的规定，对各科课程的内容安排也较为详备，如表1-3所示。

表1-3 《奏定京师大学堂章程》（附通儒院章程）的主要内容

章节名称	主要内容
第一章 立学总义 （共7节）	设大学堂，另高等学堂毕业者入焉，内设通儒院，令大学堂毕业者入焉。以谨遵谕旨，造就通才为宗旨
第二章 各分科大学科目 （共13节）	设经学科、政法科、文学科、医科、格致科、农科、工科、商科共8科大学

---

① 张希林：《张百熙与两个〈章程〉——20世纪初中国近代教育改革辨析》，《新疆师范大学学报》（哲学社会科学版）2004年第2期。

续表

章节名称	主要内容
第三章 考录入学 （共5节）	各分科大学，应以高等学堂大学预科毕业生升入肄业
第四章 屋场图书器具 （共9节）	建设大学堂，当择地气清旷、面积宏敞，适合学堂规模之地； 各分科大学当择学科种类，设置通用讲堂及专用讲堂，以便教授； 学堂应用各种器具机器、标本模型，各分科大学均宜全备
第五章 教员管理员 （共24节）	设大学总监督、分科大学监督，教务提调、正教员、副教员，庶务提调、文案官、会计官、杂务官、斋务提调、监学官、检察官、卫生官、天文台经理官、植物园经理官、动物园经理官、演习林经理官、医院经理官、图书馆经理官
第六章 通儒院 （共10节）	通儒院学员之研究学期，以五年为限，以能发明新理、著有成书，能制造新器、足资利用为毕业
第七章 京师大学堂现在办法 （共4节）	京师大学堂为各省学堂弁冕，现暂借地试办，当一面新营学舍，于规模建置力求完善，以树首善风声，早收实效
附条	凡一切施行法、管理法，均另详专章，开办之时，应即查照办理。其有未备事宜，应随时体察考验，奏请通行

《奏定京师大学堂章程》与上一部《钦定京师大学堂章程》相比，有三点不同之处。第一，为了突出经学的地位，大学分科除原七科外，增设"经学科"。在"经学科"下分"周易""尚书""毛诗""春秋左传""春秋三传""周礼""易礼""礼记""论语""孟子""理学"11门。因此，京师大学堂此时共8个专门分科。第二，将"大学院"改为"通儒院"，学制为5年，并以"能发明新理、著有成书，能制造新器、足资利用"为毕业的标准。[①] 第三，大学堂设总监督，分科大学监督，统率全学堂人员，由总理学务大臣管理。

1904年，大学堂从"速成科"中挑选了21人、16人分别赴日

---

① 舒新城编：《中国近代教育史资料》（中），人民教育出版社1961年版，第628页。

本、西洋各国留学,这是京师大学堂自建立起派出的第一批留学生。同年,大学堂"预科"正式招生,并给各省分配相应名额。1907年,第一批"速成科"学生正式毕业,3月13日,学校举行了毕业典礼。同年,学堂增设了"博物实习科简易班",学制为两年。1910年3月,8个专门分科除"医科"外,其余7科13门均正式招生。

由此观之,京师大学堂萌发于百日维新之际,创建于维新变法之后,作为中国高等学府和全国最高教育行政管理机关,几经波折,三次修改章程,并在维新派、洋务派、顽固派的斗争中曲折发展。由于时代的局限性,京师大学堂尽管学习了日本等西方先进国家的大学办学理念与模式,却始终渗透着浓厚的封建主义色彩。但不可否认的是,京师大学堂的创建及其章程的制定,是一个中西方文化相互碰撞的过程,不仅为当时全国的学堂改革作出了示范,而且极大地推动了中国高等教育的现代化进程。

第三节　山西大学堂章程的初创

作为中国近代三所新式大学堂之一,山西大学堂有其创建的独特价值,尤其是其章程的拟定,迎合了当时清政府发布的"书院改大学堂"的上谕,将"中学"与"西学"并存,中西合璧,优胜劣汰,对中国近代高等教育的发展作出了巨大贡献。

一　山西大学堂的创建

山西大学堂创建于1902年,设中学专斋和西学专斋,由山西巡抚岑春煊和英国人李提摩太共同创办。山西大学堂是中国最早的三所国立大学堂之一,和北洋大学堂、京师大学堂一道开启了中国高等教育的新纪元。

(一)办学历史源远流长

春秋末,赵简子家臣董安于筑晋阳城。晋阳在历史上曾一度为太原郡、并州治所。如今的晋阳古城位于山西省太原市晋源镇古城营村，而现今的太原大体为古时的阳曲县。嘉靖九年（1530），山西按察副使陈讲，在侯家巷西段的瓜菜地上（今太原市公安局所在地），辟建院舍，开办了"晋阳书院"，招收城中学士、仕子讲读于此。①

在此不得不提到"三立书院"。据道光《阳曲县志》志，万历初年，山西按察司副使利用巡抚衙门旧址，增建号舍，筑三贤堂，祀奉讲学河汾、生长与河汾的三位先贤——王通、司马光、薛瑄，从此作为士子学习的榜样，更"晋阳书院"名为"河汾书院"。

在明代中叶，书院盛行于各府郡州治地，书院中"讲学自由，议论朝政，裁量人物（评价官员好坏）"的"清议"之风风靡一时，对当时的社会风气和吏制颇有影响。对此，朝廷权贵和地方高官，深怀妒忌。万历帝朱翊钧登基不久，便采纳了执政宰相张居正的奏疏，"诏毁天下书院"。太原的"河汾书院"，亦未能幸免，终于在1579年被废止停办。直至1593年，魏元贞担任山西巡抚时，才托词以建"三立祠"为名，另建了实质上的"三立书院"，并迁址于右所街（今太原市旧城街一带）。

崇祯初年，时任山西提学金事的袁继咸从考生中择录优等生250人进入三立书院，并将三立祠名臣、乡贤计增至71人。1643年，时任巡抚蔡懋德又对三立书院进行整顿，其中两大措施最为著名：一为聘请知州魏权中、举人韩霖、桑拱阳及傅山来院讲学；二为每月三集，集中讲学。初集讲圣谕，由地方绅士和乡老参加；再集讲经济举凡国家大政、地方利害均在讨论之列，从政人员必须参加；三集讲制举，科举应试的士子参加。

明清之际，太原多经战乱，十余年间及至清初三立书院已是颓废不堪。1660年，山西巡抚白如梅鉴于三立祠地势湫隘，又经兵燹，遂在府城东南侯家巷购地，即在书院街原河汾书院故址，新建院舍百

---

① 郝树侯：《源远流长的山西大学——略述明清的晋阳书院》，《山西大学学报》（哲学社会科学版）1981年第2期。

余间，花费白银2130余两。

1733年，诏令各省省会设立书院，并拨银千两作创办经费。此时三立书院遂正式复名为"晋阳书院"，书院遂由地方官办，一跃成为国家创办的晋省最高学府。1748年，山西巡抚唯泰扩建书院。1753年，新任巡抚胡宝，购得学院东面的（今太原师专）开阔空地新盖讲堂、书舍，并新建祀祭前明殉节巡抚的殿舍。1764年，又一任巡抚再建学会40余间以及魁星楼、大照壁等，晋阳书院发展到鼎盛。自顺治十八年直至光绪二十七年（1661—1901）的240年间，晋阳书院一直设在侯家巷。

1902年成立山西大学堂，大学堂总教习兼中学专斋总理谷如墉，即为晋阳书院最后一任山长，晋阳书院的学生也全部并入山西大学堂。1903年，筹办山西大学堂的机构，购得书院东段200余亩瓜菜地和居民住宅（今太原师专），与晋阳书院和令德堂合并，成立山西大学堂。

晋阳书院和令德书院可算作山西大学堂的前身。

（二）办学者的巨大魄力

山西大学堂的创建，除了得益于其悠久的办学历史之外，还要归功于两位特别重要的办学者，一位是岑春煊；另一位是李提摩太。

岑春煊，广西人，在晚清时期的政治舞台上扮演着十分重要的角色，曾与袁世凯齐名，在教育和军事方面取得了诸多非凡的成就，尤其是在兴学与练兵上改革成效最为显著。岑春煊虽受维新变法新思想的影响，但始终坚守"忠君报国"之心，其政治立场是想以资产阶级新思想来巩固清王朝的统治。[1] 不可否认其对于兴办学堂，尤其是为兴办山西大学堂所作出的巨大贡献。

李提摩太，英国浸礼会传教士。1895年，该组织主要来到中国山东、山西、陕西三个地方进行传教。李提摩太于1870年来到中国

---

[1] 罗桂友：《清末岑春煊评述》，《学术论坛》1989年第3期。

传教，在山东、山西传教的同时，也为当地陷于旱灾的灾民募集救灾物资。李提摩太通过传教和为灾民募集救灾物资等活动，频繁地与当地朝廷大臣接触，这在一定程度上获得了当地朝臣与民众的信赖。但李提摩太作为英国总教士，势必会带有某种政治立场，无论是通过传播西方宗教实行文化侵略，还是之后干涉地方内政、侵犯地方司法主权，都是不可取的。后人在对其的评述中，褒贬相加，有人认为李提摩太"传福音于万民"①"诚心爱晋"，也有人认为其空有一副"慈善家"的面孔。② 在此，应客观的评价李提摩太对于山西大学堂的创建所作出的积极贡献。

（三）历史"机遇"作用突出

山西大学堂的创建面临着众多历史"机遇"，这一切还得从"山西教案"说起。

1. "山西教案"的发生与应对

1840年，鸦片战争打开了中国的大门，随后帝国主义发动了残酷又无休止的侵略，使得帝国主义与中华民族的矛盾成为当时中国社会的主要矛盾，这一时期出现了众多极端排外的"爱国之士"。尤其是1856年到1860年第二次鸦片战争后，西方教会更加频繁地来到中国内地设立教堂并进行传教活动，中国民众排外的呼声日益高涨，"义和拳"这一农民起义应时而起。1899年，时任山西巡抚的毓贤对"义和拳"采取安抚政策并将其纳为合法组织"义和团"，利用民心反对外国列强，纵容拳民烧教堂、杀教士。1900年7月，许多传教士及家属在山西巡抚衙门前被毓贤杀害。之后，为了避免西方列强的武力报复，清政府同意进行赔款，山西被要求分担庚子赔款116万两，同时赔偿山西教会损失263万两，这便是"山西教案"的由来。

1901年4月，岑春煊就任山西巡抚，为了解决"山西教案"之事，

---

① 史降云、申国昌：《李提摩太与山西大学堂》，《山西师大学报》（哲学社会科学版）2006年第4期。

② 孙玉祥：《山西大学堂译书院》，《新闻出版交流》1994年第4期。

其制定了《清理山西教案章程十八条》，并电邀当时在上海的英国传教士李提摩太来晋办理相关事宜，主要目的是为了平息入侵山西的英法联军的怒火，对其赔罪并进行补偿。同年5月，李提摩太由上海抵达北京，拟定了《办理山西教案章程七条》上呈李鸿章，章程中详尽地说明了英国教会要求山西政府进行的各项逞凶、赔款、立碑等具体措施。此外，为达到长远的文化侵略目的，改变英国传教会在国人心目中的形象，消解山西民众与英国侵略者之间的矛盾，其提出将山西政府赔付给山西教会的款项中的50万两用于在太原开办一所中西大学堂。① 李鸿章对章程内容表示同意，电告岑春煊予以执行，并把开办学堂中涉及的聘任教习、课程设置、经费管理等任务都妥交李提摩太负责。②

2. 省立书院改为大学堂的上谕

1901年7月，英国教会派出敦崇礼、叶守真等8人来太原商讨创办学堂事宜，但一些涉及教育主权的敏感问题，如"罚款"字眼、校内传教问题令地方官绅不满，双方陷入争执，合同迟迟没有签订。岑春煊为了尽快解决山西教案之事，缓解上次因涉及教育主权等敏感问题造成的矛盾，在与地方各官绅商议之后，于8月派周之骧赴上海与李提摩太谈判，并让周随身携带岑的四点意见，防止二人谈判决裂。经过多次协商，双方于同年10月，在上海签订《创办中西大学堂合同八条》。③

在此期间，恰逢清廷发布上谕（1901年9月14日），命除京师大学堂外，其他各省所设立的书院均改为大学堂。④ 岑春煊与地方官绅本就想在山西设立一所独立自主的大学堂，便立即响应清政府号令，紧抓时机，于1902年正月拟定了《设立晋省大学堂谨拟暂行试

---

① 纪孝庆：《山西大学八十五年（1902年—1987年）》，《山西大学学报》（哲学社会科学版）1987年第3期。
② 罗桂友：《清末岑春煊评述》，《学术论坛》1989年第3期。
③ 崔平生、周伟躬：《山西大学堂西学专斋与中学专斋教育考》，《山西高等学校社会科学学报》2003年第8期。
④ 《光绪朝东华录》，中华书局1958年版，第4719页。

办章程》并上奏清廷，清政府批准成立。同年3月，岑春煊所设想并依据清廷文件创办的山西大学堂如是诞生，学堂以省城原有书院"令德堂"和"晋阳书院"师生为基础，并于5月8日接收了书院的教师和学生，包括部分肄业生。①

3. 地方官绅的坚决立场

1902年4月，李提摩太按签订的合同携众人抵达太原后，却发现官绅已在筹办山西大学堂，且并没有按照李鸿章的相关旨意办事，愤怒的同时也颇感无奈。他曾要求将拟办的山西大学堂并入中西大学堂，但山西官绅坚决不同意。因此，双方又经过多次谈判，于1902年6月7日，签订了《中西大学堂改为山西大学堂西学专斋合同》。②如此一来，由岑春煊之前设立的"山西大学堂"与李提摩太计划设立的"中西大学堂"合并为新的"山西大学堂"，前者改为中学专斋；后者设为西学专斋，两斋并存的办学模式至此开始。

二 山西大学堂章程的创立

《设立晋省大学堂谨拟暂行试办章程》是山西大学百年发展史上第一部办学章程，是规范学堂办学宗旨、办学行为、办学目的纲领性文件。其作为内陆省份的第一部高等学堂章程，以"中学为体，西学为用"的教育方针培养了众多经世济用之才，对教化山西地方民众具有独特的意义，是中国近代大学章程发展的重要组成部分。

（一）山西大学堂章程的初创过程

1901年9月14日，清廷发布上谕，命除京师大学堂外，其他各省所设立的书院均改为大学堂。③岑春煊与地方官绅本就想在山西设立一所独立自主的大学堂，便立即响应清政府号令，紧抓时机，于

---

① 张民省：《山西大学堂的创建》，《党史文汇》2002年第5期。
② 崔平生、周伟躬：《山西大学堂西学专斋与中学专斋教育考》，《山西高等学校社会科学学报》2003年第8期。
③ 《光绪朝东华录》，中华书局1958年版，第4719页。

1902年正月拟定了《设立晋省大学堂谨拟暂行试办章程》并上奏清廷，清政府批准成立。同年3月，岑春煊所设想并依据清廷文件创办的山西大学堂就这样诞生了。① 此便是山西大学堂章程的初创过程。

（二）山西大学堂章程的主要内容

《设立晋省大学堂谨拟暂行试办章程》共分为6章：第一章筹经费、第二章建学舍、第三章选生徒、第四章订课程、第五章议选举、第六章司礼法。此外，还设立了一系列详细的章程实施细则，其中包括《大学堂规则》《考校章程》《奏定章程》《选举章程》《开课章程》等。

1. 学堂成立初期的相关规定

山西大学堂正式成立后，沈敦和任督办，谷如墉任中学专斋总理，高燮曾任中学专斋总教习，李提摩太任西学专斋总理，敦崇礼任西学专斋总教习。为了更加清晰地展示中西两斋成立之初的有关情况，现将其整理为表格予以说明，如表1-4所示。

表1-4　山西大学堂成立初期的相关规定（1902年）

类目	中学专斋	西学专斋
最初设立	高等科	预科
教学方式	与旧式书院相同，为"令德堂"模式	与英国大学相类似，无教本无讲义，外籍教习讲授，中国教习翻译，学生上课记笔记
上课时间、班次	无定时；不分班次	每周36课时，周日休息；分班次
考试制度	每月初八公布"经义"或"史论"一题，考生成绩荣获"超等者"奖银币四元，考生成绩荣获"特等者"奖银币二元	每月考试一次，各门功课均分在八十分以上者，奖银币八元②
教育特色	封建教育特色	西方教育特色

---

① 张民省：《山西大学堂的创建》，《党史文汇》2002年第5期。
② 郝树侯：《山西大学史话（二）（1912—1937）》，《山西大学学报》（哲学社会科学版）1980年第3期。

尽管在这一时期，原有的"书院"已改为"学堂"，且归属于中学专斋，但中国古代的科举制度根深蒂固，取士做官仍是多数知识分子想要通过读书实现的梦想。如在 1902 年 3 月举办的科举考试中，许多中学专斋的学生便请假赴西安赶考。且中学专斋的毕业考试制度依然模仿科举考试进行，如学生毕业考试中各科均分在八十分以上者，给予"拔贡"名义；各科均分在七十分以上者，给予"优贡"名义；各科均分在六十分以上者，给予"岁贡"名义。① 中西两斋的学生本就由于教育思想、教学内容、教学方法等的差异而产生隔阂，彼此相互羡慕的同时又相互不满，加之中学专斋的毕业生还可以授予相应头衔，更使西学专斋的学生感到不公。因此，李提摩太后来亲自向北京学部提出请求，要求同样给予西学毕业生出身资格。具体而言，预科毕业合格者授予"举人"头衔，专门科毕业者授予"进士"头衔。②

2. 新学制颁布后的相关调整

1904 年，山西大学堂根据清政府颁布的新学制《奏定学堂章程》进行相应整改。其中，中学专斋对其科目、课程、上课时间等均作了调整。将最初设立的"高等科"分为"以文为主"和"以理为主"两类，原有的经、史、政、艺四科只保留了经学，又增设了多种外语、数、理、化、史、地、音、图画等科。每周上二十四堂课，周日休息，"高等科"毕业后可升入"大学预科"。西学专斋因保持着西方先进的教学方式、内容和手段等，并无较大变动。

随后，新任学台宝熙对山西大学堂进行整顿，于"督办"下增设"监督"，取消"总理"。1906 年，中学专斋增设"高等预科"，西学

---

① 郝树侯：《山西大学史话（二）（1912—1937）》，《山西大学学报》（哲学社会科学版）1980 年第 3 期。
② 崔平生、周伟躬：《山西大学堂西学专斋与中学专斋教育考》，《山西高等学校社会科学学报》2003 年第 8 期。

专斋增设法律、矿学、格致三个学科，1908年西学专斋再开办工程科，新增设的学科学制均为四年。[①] 直到1909年，李提摩太与岑春煊之前签订的合同到期，依据合同规定，西学专斋应于1909年归还山西政府自办，但是直到1911年2月，李提摩太才正式办理了移交西斋的手续。至此，西学专斋办学权被地方政府完全收回。不久，辛亥革命爆发，山西大学堂又迎来了新的曙光。

由上观之，山西大学堂充分体现了中学与西学的不同，反映了晚清时期"中学为体，西学为用"的教育思想。自1904年后，山西大学堂的中西学专斋逐渐由"分化"走向"融合"，西学在对中学产生深远影响的同时，中学也慢慢在向西学靠拢。[②] 二者相互独立，又渐趋交融，同时并存，又优胜劣汰，显示了不同文化之间的相互较量与相互学习。山西大学堂的成立不仅为当时地方乃至全国培养了大批优秀人才，而且带动了其他类别教育事业的发展，成为中国近代地方高等教育的一面旗帜，对中国近代高等教育的发展产生了深远的影响。

第四节 《国立北京大学现行章程》的初创

北京大学在1917年颁布的《修正大学令》基础之上，组织专门委员会，开始修订学校的组织章程。1920年，《国立北京大学现行章程》颁布施行，并呈报教育部予以备案。《国立北京大学现行章程》不仅是蔡元培先生改革北京大学的重要成果，而且是民国时期第一部由大学自行起草、经评议会通过、教育部备案等一系列合法程序后颁布施行的国立大学章程，在中国近代大学章程建设史上具有示范意义。

[①] 纪孝庆：《山西大学八十五年（1902年—1987年）》，《山西大学学报》（哲学社会科学版）1987年第3期。

[②] 王李金：《山西大学堂对中国近代大学教育的贡献》，《高等教育研究》2003年第6期。

一 民国初期的北京大学

民国时期是中国高等教育发展的重要阶段,尤其是1912年至1929年间,是文化思想界的"自由假期"。正是在这样的背景下成就了大学"思想自由,兼容并包""教授治校"的办学理念,成就了一批不可复得的学术大师,在这样的一个特殊历史时期,大学开始去寻找"学术自由之精神""大学自治之权力"。在这一时期,大学取得了非凡的教育成果,孕育了优秀的教授群体,培养了以获得诺贝尔奖为代表的一批优秀学生,这不禁会使我们想到"钱学森之问",使我们迫切地去探究那段属于中国高等教育的传奇历史。

1912年5月,京师大学堂改名为北京大学校。原大学堂总监严复,继任北京大学首任校长。严复曾翻译过赫胥黎的《天演论》和亚当·斯密的《国富论》,是最早向国人介绍西方政治和社会思想的知名学者,也是向西方寻求真理的先进知识分子之一。然而,他却没有随着时代的潮流前进。辛亥革命后,严复参加了"筹安会",拥护袁世凯称帝,从进步思想家变成了顽固守旧派。严复主管北京大学时,积极开设外语学科和研究西方文化的新课程,在当时产生了较大影响。严复上任伊始,正逢北京大学面临经济危机,因北洋军阀政府停拨教育经费而被迫停课。为节省开支,严复提出归并科目,裁减职员,使北京大学本科预科得以复课,大学得以勉强维持基本运行。复课不久,北洋军阀政府教育部以"经费困难,程度不高,办理未善"为由,提出停办北京大学。严复在给教育部的《论北京大学不可停办说帖》[①]中愤然陈词"北京大学创建十有余年,为全国最高教育机关。……今若将其废弃,是举十余年来国家全力所惨淡经营,一旦轻心掉之,前此所縻百十万帑金,悉同虚掷"。又说,"今世界文明者国著名大学,多者数十,少者十数。吾国乃并一已成立之大学,尚且

[①] 存北京大学档案室。

不克保存,岂不稍过?"关于经费,"说帖"反问教育部道:"国家肇建万端,所需经费何限?区区一校所恃以存立者,奚翅①九牛之一毛。"关于程度,严复认为,北京大学"与欧美各国大学相提并论,固不可同年而语",但仍不失为"全国中比较高之学校"。进而质问,"程度亦何常之有?吾欲高之,终有自高之一日。若放任而不为之所,则永无能高之时"。在全校师生的强烈反对下,教育部只得答复北京大学,声明"解散之事,全属子虚"。同时,又参照严复的意见,在《北京大学结束办法》中,提出对原有学生和外国教师的结束办法9条:

  1. 各分科大学学生一律提前于(民国)元年年底毕业,给予选科文凭,概不授与学位。

  2. 本年下学期各分科主要课应增加钟点讲授,其补助课钟点酌量删减。

  3. 分科学生从下学期起,一律征收膳费,唯学费一项仍归豁免。

  4. 本年年底各分科学生毕业后,选其成绩优美者,每门资派一、二名出洋留学。

  5. 凡合同将满之外国教员应按约辞退。其未满诸员亦酌量辞退,以节经费。

  6. 各分科学长应兼充教员。惟文科学长既兼署校长,事务较繁,毋须担任教科。

  7. 法科、商科两学长应以一人兼充。

  8. 文科及预科教务长均应裁撤。

  9. 本年下学期,各分科大学一律不招新生。②

---

① 翅,同"啻"。
② 王学珍主编:《北京高等教育史》(上),中国广播电视出版社2010年版,第250页。

为了节省经费，严复采取了归并科目、精简机构等措施，裁减了20多名职员。8月，又向华北银行借银20万两，除偿还银行借款本息外，其余充作下学期费用。这样，教员薪水才得以照常发放。经过两个多月的积极筹备，1912年5月，北京大学本科和预科都开始复课。

1912年10月，严复因同教育部存在矛盾，辞职出京，章士钊和马良相继被任命为校长和代理校长。同年底，何燏时继马良辞职之后任校长。后由于何燏时对学生实行高压政策，遭到师生反对。1913年秋，教育部忽又以"校中费用过多，风纪不正，学生程度尚低"为由，提出停办北京大学分科。同时，又认为京津距离太近，不能设两所大学，拟将北京大学并入天津北洋大学。此议又遭到北京大学师生的普遍反对。学生们给袁世凯上书说："唐虞三代以来，凡在国都，莫不修起大学，以树风声。今东西各国，其著名大学亦多在首都。……岂宜背古今中外之通例，而反以首都大学归并省会？"[①] 后教育部又拟将北洋大学并入北京大学，也遭到北洋大学师生的坚决反对。官方只好作罢。

这一时期，北京大学进行了学制改革。1914年1月，原工科学长胡仁源继何燏时之后任北京大学校长。9月，胡仁源拟订整顿大学计划书——《北京大学计划书》，对本科和预科分别进行调整充实。这些措施包括改进教学方法，添购教学设备，增聘中外教员，整理图书，加强对预科的管理和培养专门学者等。就培养专门学者问题，胡仁源解释道："大学设立之目的，除造就硕学通才以备世用而外，尤在养成专门学者。""我国创立大学垂十余年，前后教员无虑百数，而其能以专门学业表见于天下者，殆无人焉，不可谓非国家之耻矣"。他认为造成这种状况的原因首先是社会以为官为时尚，教员"鲜能久于其任"；其次是因与外域隔绝，"学问日退"。因此，他提出三条措施："1. 延聘教员，务宜慎选相当人才，任用以后，不可轻易更换。

[①] 朱有瓛主编：《中国近代学制史料 第3辑》（下），华东师范大学出版社1992年版，第56页。

国家对于教员尤宜格外优遇,以养成社会尊尚学术之风。2. 各科功课由教员按照所学分别担任,至多不过三四科目。认定以后,每年相同,非有必要情形,不复更易。3. 于各科教员中每年轮流派遣数人,分赴欧美各国,对于所担任科目有专门之研究。多则年余,少则数日。"① 在采用以上措施之后,北京大学的办学规模逐步扩大。1913年全校学生有 781 人,1914 年增至 942 人,1915 年又增至 1333 人,到 1916 年秋季开学时,全校学生人数已增至 1503 人。

二 蔡元培与北京大学改革

1912 年 1—7 月,蔡元培担任南京临时政府和北京政府的教育总长。受蔡元培教育思想的影响,这一时期的国内高校普遍获得了巨大的自主发展空间。同年,蔡元培主持制定了《大学令》,更是中国近代高等教育史上的第一个国颁法令。鉴于北京大学在国内大学中的特殊地位,《大学令》实际上成为规范北京大学的办学方针和组织原则。尔后,南京临时政府教育部又陆续颁布了《专门学校规程》(1912)、《大学规程》(1913)、《私立大学规程》(1913)等。北京政府教育部颁布了《修正大学令》(1917)、《国立大学校条例》(1924)等。南京国民政府相继颁布了《大学组织法》(1929)、《大学规程》(1929)、《大学法》(1948)。由上可知,虽然民国时期政府战事繁忙,但仍然比较重视大学的法制建设。这些都促使了中国近代大学章程的迅速发展,并达到一个高峰。无论是国立大学,还是私立大学,绝大多数学校都拥有各自的章程。虽然这些章程在名称上有"章程""组织大纲""大纲"等差异,但它们都具备了现代大学章程的基本特征。

北京大学的前身是京师大学堂,即使在辛亥革命之后,北京大学的发展仍趋于保守,官僚气息浓厚。1916 年 9 月 1 日,远在法国的蔡

---

① 吕林编:《北京大学》,河南教育出版社 1989 年版,第 23 页。

元培接到北京政府教育总长范源濂邀请他担任北京大学校长的电报，蔡元培作出积极回应，并于同年11月18日，从游学三年多的法国回到上海。①"我从少数友人的劝，往北京。"② 蔡元培在众多友人反对声中决定出任北京大学校长，并于1917年1月赴北京大学就职。到任之后，蔡元培全身心地投入北京大学的改革之中。在蔡元培提出的"思想自由，兼容并包"的办学理念指导下，北京大学进行了师资队伍、管理体制、学科建设、社团建设等全方位的改革。

在师资队伍改革中，聘请了具有激进思想的资产阶级民主派和马克思主义者进入北京大学任职，陈独秀和李大钊就是当时由蔡元培聘请而来的。其目的在于改造这所守旧思想严重、官僚气息浓厚的高等学府。

在管理体制改革上，建立了一系列必要的机构和规章制度。首先，设立评议会作为全校最高的决策机构。评议会由各科学长和教授中选举产生的评议员组成，每5名教授得选评议员1人，一年一次。校长是评议会议长，负责评议会的召集。事实上，在北京大学内部，教授群体通过评议会掌握了学校大政方针的制定权，能够影响学校发展的主要方向，成为学校发展的实际"掌舵者"，即使是教务长、庶务主任等行政人员也曾一度被排除在评议会之外，不享有任何表决权。③ 评议会负责制定和审核学校的各种章程和条令；决定学科的废立；审核教师的学衔和学生的成绩；提出学校的预算决算等费用。其次，设行政会议，由各专门委员会的委员长、教务长和总务长组成，校长兼行政会议议长。评议会决定的事项，一般交由行政会议施行。1919年4月，废各科学长，成立教务处，统一领导全校的教学工作。

在学科建设改革上，废门改系，各系成立教授会。具体改革措施有扩充文、理两科，停办工科、商科（工科合并到北洋大学，商科停招学

---

① 汤广全：《教育家蔡元培研究》，山东人民出版社2016年版，第126页。
② 中国蔡元培研究会编：《蔡元培全集》第十七卷，浙江教育出版社1998年版，第476页。
③ 刘强：《民国初期国立北京大学内部治理结构研究——基于〈国立北京大学现行章程〉与〈国立北京大学组织大纲〉的分析》，《教育与考试》2015年第5期。

生)。1917年，文科增设了史学门，理科增设了地质学门。1918年，文、理、法三科都成立了研究所，所内又附设编译处。次年又废文、理、法科之名，改门为系。全校共有14个系，即数学系、物理系、化学系、地质学系、哲学系、中文系、英文系、法文系、德文系、俄文系、史学系、经济系、政治系、法律系。1919年，北京大学施行的选科制，要求本科生须学满80个单位（每周一学时，学完全年为一单位）方可毕业。在80个单位中又规定一半为必修课，一半为选修课。选修课不仅可选修本系课程，也可选修外系课程。在学习年限上，原来预科3年、本科3年，现改为预科2年、本科4年。本科毕业后，成绩优异者还可进研究所深造。1920年，北京大学增设地质研究所，文科研究所内又设立了编译室、考古研究室、歌谣研究会、方言调查会和明清档案整理会等。

三 《国立北京大学现行章程》的创立过程

在改革的过程中，为改变北京大学的官僚作风，蔡元培提出建立规章制度，改革管理体制就是其中的一个重要措施。1912年颁布的《大学令》规定："大学设校长一人，总辖大学全部事务"，"大学设评议会，以各科学长及各科教授互选若干人为会员；大学校长可以随时齐集评议会，自为议长。"[1] 大学设立评议会、教授会、行政会议等组织机构，负责厘定大学的办学宗旨、规章制度、学科设立与废止、课程设置、学位授予、人事聘任等方面。大学内部管理事务一般由大学自主决定，拥有较大的自主权。在一定程度上体现着"大学自治"和"教授治校"的理念，政府并未进行过多干涉。1917年《修正大学令》的出台，为中国专门化高等教育的发展创造了条件。[2] 1920年，在《修正大学令》的基础之上，北京大学开始修订组织章

---

[1] 璩鑫圭、唐良炎编：《中国近代教育史资料汇编：学制演变》，上海教育出版社1991年版，第663—664页。

[2] 张国有、胡少诚：《中国大学章程建设的历程与形态》，《北京大学教育评论》2012年第2期。

程。为保证章程的合法性与合理性，章程的制定经过了严格的程序。同年11月5日，北京大学评议会决定设立组织委员会起草章程，希望章程能够"内察事势之转移，外觇各国大学现行制度之短长，量为变通，以图尽善"①。起草完毕后经评议会进行审议及修正，之后开始在全校试行。1920年5月以后，马叙伦②领衔组织委员会对章程进行了多次修订，经评议会确认后于10月5日呈报教育部"鉴核备案"后正式施行。10月26日，教育部指令，准予备案。③至此，《国立北京大学现行章程》被确立下来。

四 《国立北京大学现行章程》的主要内容

《国立北京大学现行章程》共有7章内容，分别是：第一章学制、第二章校长、第三章评议会、第四章教务会议、第五章行政会议、第六章教务处、第七章事务。

第一章 学制

本校学制分预科、本科、研究所三级。

（一）预科

预科现设甲乙两部。

（二）本科

本科现设五学组分为十八学系。

组一数学系、天文学系、物理学系。

组二化学系、地质学系、生物学系。

组三哲学系、教育学系、心理学系。

组四中国文学系、英国文学系、法国文学系、德国文学系、

---

① 《本校布告》，《北京大学日刊》1919年12月6日第505号。
② 马叙伦（1895—1970），时任北京大学教授、组织委员会委员长，1949年任政务教育部部长。
③ 王学珍、郭建荣主编：《北京大学史料》第2卷，北京大学出版社2000年版，第82页。

俄国文学系。

组五史学系、经济学系、政治学系、法律学系。

凡学系遇必要时得增设或裁减之。

（三）研究所

研究所为各学系本科之三年级以上学生及毕业生专攻一种专门知识之所。

第二章　校长

（四）校长

校长总辖本校校务。

（五）校长办公室

校长办公室设秘书一人，办理校长之往来函件。

第三章　评议会

（六）评议会

评议会以校长及教授互选之评议员组织之，校长为议长。凡左例之事项须经评议会之议决：

（1）各学系之设立废止及变更。

（2）校内各机关之设立废止及变更。

（3）各种规则。

（4）各行政委员会委员之委任。

（5）本校预算及决算。

（6）教育总长及校长咨询事件。

（7）赠予学位。

（8）关于高等教育事件将建议于教育部者。

（9）关于校内其他重要事件。

第四章　教务会议

（七）教务会议

教务会议以教务长及各学系主任组织之，其职权如左：

（1）增减及支配各学系之课程。

（2）增设或废止学系建议于评议会。

（3）荐举赠予学位之候补人于评议会。

（4）关于其他教务上之事件。

（八）学系教授会

各学系教授会由各学系之教授组织之，规划本学系教科上之事务。

第五章　行政会议

（九）行政会议

行政会议以校长及各常设行政委员会委员长组织之，校长为议长，教务长为当然委员，总务长为当然委员兼书记，行政会议之职权如左：

（1）规划本校行政事宜建议于评议会。

（2）审查及督促各行政委员会及各事务机关之任务。

（3）评议各行政委员会相关或争执之事件。

（4）审查各行政委员会及各事务机关之章则。

（十）行政委员会

各行政委员会，协助校长规划推行各部分事务，各委员会委员由校长从职员中指任，征求评议会同意。每委员会人数自七人至十三人（但临时委员会及有特别情形者亦得酌量增加人数），设委员长一人，由校长于委员中指任之，以教授为限。各委员任期一年。凡校长出席委员会时，校长为当然主席。

（甲）常设委员会。

（1）组织委员会。协助校长调查及编制大学内部之组织。

（2）预算委员会。协助校长编制大学预算案。本委员会须包含下列各委员会委员一人：（一）组织、（二）审计、（三）图书、（四）庶务、（五）仪器、（六）出版。

（3）审计委员会。协助校长稽核用途、审查决算及改良簿记法。

（4）聘任委员会。协助校长审查将行聘任之职员之资格（事务部职员以各部主任及校医为限），委员以教授为限，本委员会非校长或其代表人列席不得开会。

（5）图书委员会。协助校长谋图书馆之扩张与进步（图书部主任为当然委员）。

（6）庶务委员会。协助校长谋庶务之推行与进步（庶务部主任为当然委员）。

（7）仪器委员会。协助校长谋仪器之扩张与进步（仪器部主任为当然委员）。

（8）出版委员会。协助校长审查编译之图书，规划推行出版事务（出版部主任为当然委员）。

常设委员会于每年九月终时须报告经过情形于校长兼行政会议议长，但亦得因事务之便利随时报告之。

（乙）临时委员会。临时委员会以所任事务定其名称，事毕即行撤销。

第六章　教务处

（十一）教务处

教务处以教务长与各学系主任组织之，执行教务。

（十二）教务长

教务长为教务处之领袖，由各学系主任互选之，任期一年，但不得续任。

（十三）学系主任

每学系设主任一人，由本系教授会选举之，执行本系教课上之事务，任期二年，但得续任。

凡系中只有教授一人者即为主任，二人者按期轮值，以先入校者为始。

第七章　事务

（十四）总务处

总务处管理全校之事务，设总务长一人总掌事务，总务委员若干人分掌各部事务。

（十五）总务长

总务长为总务处之领袖，兼总务部主任，由校长于总务委员中委任之，以教授为限（不得由教务长兼任），任期二年，但得续任一次。

（十六）总务处总务委员（各部主任）及各项事务

总务处设总务委员若干人，由校长委任，凡由教授兼任者任期三年，但得续任。

总务委员于下列各部中各掌一部或数部之事务，由校长指定之。掌某部之总务委员，称某部主任。

分部如下：

总务部：文牍课、会计课、日刊课。

注册部：注册课、编志课、询问课、介绍课。

图书部：登录课、购置课、编目课、典藏课。

仪器部：登录课、购置课、编目课、典藏课。

出版部：印刷课、售书课、讲义课。

庶务部：斋务课、卫生课、杂务课、收发课。

遇必要时得增设或裁减部课，但须经评议会之通过。

（十七）校医室

校医室以校医及助手组织之，隶属于总务处，办理治疗疾病事务。

右各机关之规则别定之。①

由上可知，《国立北京大学现行章程》不仅是蔡元培改革北京大学的重要成果，而且是民国时期第一部由大学自行起草，经评议会通

---

① 中国蔡元培研究会编：《蔡元培全集》（第18卷·续编），浙江教育出版社1998年版，第349—353页。

过，教育部备案等一系列合法程序后颁行的国立大学章程。这在中国近代大学章程建设史上具有示范意义。正如当时《申报》评论说："北大合欧美两洲大学之组织，使效能与德谟克拉西（Democracy）并存，诚为世界大学中之最新组织。"

第五节 《国立北京大学组织大纲》的初创（1932年）

蒋梦麟出任北京大学校长后，对北京大学原有的治理结构进行了调整，重新主持制定学校章程。《国立北京大学组织大纲》于1932年正式颁布，确立了北京大学"校长治校，教授治学"的治理结构。

一 北京政府时期颁布的《国立大学校条例》

1924年2月，北京政府颁行《国立大学校条例》及附则[①]，重申《修正大学令》和"壬戌学制"中的有关规定。从条例编制的内容看，依据当时中国国情，继续参考日本、德国的经验，同时开始注重借鉴美国的经验。《国立大学校条例》对大学内部组织机构作出调整：一是增加大学董事会的设置，与评议会平行，作为学校行政管理的核心组织。"国立大学校得设董事会，审议学校进行计划及预算决算暨其他重要事项。"董事会由例任董事（校长）、部派董事（由教育总长从部员中指派）和聘任董事（由董事会推选呈请教育总长聘任，第一届董事由教育总长直接聘任）组成，其议决事项由校长呈请教育总长核准施行。二是增设教务会议，必要时得设教务长，审议学则及关于全校教学、训育事宜，由各科各学系及大学院主任组织之。三是大学教员设正教授、教授两级，由校长聘任；国立大学校得延聘讲师。同时，恢复民初大学教授会的设置。"国

---

① 此条例后于1925年4月16日修正。第十一条修改为："国立大学校设校长一人，总辖校务，由教育厅长陈请简任或聘任之。"

立大学各科、各学系及大学院，各设教授会，规划课程及其进行事宜，各以本科本学系及大学院之正教授、教授组织之。各科系规划课程时，讲师并应列席。"四是改各科学长为各科、各学系及大学院主任，由正教授或教授兼任。五是在附则中恢复了"壬戌学制"取消的预科，规定在高级中学未遍设以前国立大学校得暂设预科。同时规定私立大学校也参照本条例办理，并废止了《大学令》和《大学规程》。①

1924年12月，教育部发布的布告第13号通咨各省，在高级中学未遍设以前，各专门学校拟照部定国立大学暂设预科办法，暂仍增设预科，收受旧制中学及初中毕业生。②

《国立大学校条例》实质上取消了教授治校制度，建立了董事会制度。该条例规定设立的大学董事会，"是国立大学向所未有的机关"③。在校长为例任董事之外，教育总长还额外指派部派董事和聘任董事，其实也是国家对国立大学的一种控制和干预。④ 因条例规定国立大学施行董事会制度，与《国立北京大学现行章程》确立的教授治校原则相抵触，后遭到北京大学等高等学校的质疑。

二 南京政府时期颁布的《大学组织法》

1929年7月26日，南京国民政府颁布《大学组织法》⑤，规定国立大学由教育部审察全国各地情形设立之。省、市私立大学之设立、变更及停办，需经教育部核准。大学分文、理、法、教育、农、工、商、医各学院。凡具备三学院以上者始得立为大学。不合上项条件者

---

① 中国第二历史档案馆编：《中华民国史档案资料汇编 第3辑（教育）》，凤凰出版社1991年版，第173—175页。
② ［日］多贺秋五郎：《近代中国教育史资料》（民国编中），文海出版社1976年版，第418页。
③ 何炳松：《三十五年来中国之大学教育》，商务印书馆1931年版，第105页。
④ 斯日古楞：《中国国立大学近代化的宏观考察》，《高教探索》2011年第3期。
⑤ 此法于1934年4月28日由国民政府修正公布，主要由蒋梦麟牵头主持制定。

为独立学院,得分两科。大学各学院或独立学院各科,得分若干学系。大学各学院及独立学院得附设专修科。大学得设研究院。《大学组织法》等相关法规条例对民国高等教育体制的完善发挥了积极的作用。

三 《国立北京大学组织大纲》的创立过程

1930年12月,蒋梦麟出任北京大学校长,根据《大学组织法》提出了"校长治校,教授治学,职员治事,学生求学"的主张,国立北京大学开始形成"校长治校,教授治学"的内部治理结构。[①] 1932年12月,北京大学颁行《国立北京大学组织大纲》,进一步使大学内部的学术权力和行政权力趋于平衡,学院制和研究院制在这一时期也随之确立。

四 《国立北京大学组织大纲》的主要内容

《国立北京大学组织大纲》全文共二十五条。如下所述:

第一条 本大学根据中华民国教育宗旨及其施行方针以(一)研究高深学术,(二)养成专门人才,(三)陶融健全品格为职志。

第二条 至第六条是关于学校院系的设置。

第二条 本大学设理文法三学院。

第三条 本大学理学院设左列各学系:

一、数学系

二、物理学系

三、化学系

四、地质学系

[①] 张国有、胡少诚:《中国大学章程建设的历程与形态》,《北京大学教育评论》2012年第2期。

五、生物学系

六、心理学系

第四条　本大学文学院设左列各学系：

一、哲学系

二、教育学系

三、中国文学系

四、外国语文学系

五、史学系

第五条　本大学法学院设左列各学系：

一、法律学系

二、政治学系

三、经济学系

第六条　本大学设研究院，其组织另定之。

第七条　本大学置校长一人，综理校务，由国民政府任命之。

校长办公室置秘书若干人，由校长聘任之。

第八条　本大学各学院各置院长一人，商承校长综理各院院务，由校长就教授中聘任之。

第九条　本大学各学系各置主任一人，商承院长主持各系各科教学实施之计划，由院长商请校长就本系教授中聘任之。

第十条　本大学各学系置教授、副教授、助教若干人，由各院院长商请校长聘任之；遇必要时得聘请讲师。

第十一条　本大学设课业处，置课业长一人，商承校长并商同各院院长综理学生课业事宜，由校长就教授中聘任之。

课业处设左列各组：

一、注册组

二、军事训练组

三、体育组

课业处各组设主任一人，注册组主任由课业长兼任，军事训练组及体育组主任，由校长聘任之。注册组置事务员若干人，军事训练组及体育组置导师及助理员若干人，均由校长聘任之。

第十二条　本大学设秘书处，置秘书长一人，商承校长处理全校事务上行政事宜，并监督所辖各机关，由校长就教授中聘任之。

秘书处分设左列各组：

一、庶务组

二、出版组

三、文牍组

四、会计组

五、仪器组

六、卫生组

秘书处各组置主任一人，事务员若干人，均由校长聘任之。

第十三条　本大学设图书馆，置馆长一人，商承校长处理本馆事务，由校长就教授中聘任之；并置事务员若干人，均由校长聘任之。

第十四条　本大学设校务会议，以校长、秘书长、课业长、图书馆长、各院长、各学系主任及全体教授副教授选出之代表若干人组织之，校长为主席。

第十五条　校务会议决议左列事项：

一、大学预算；

二、学院学系之设立及废止；

三、大学内部各种规程；

四、校务改进事项；

五、校长交议事项。

第十六条　本大学设行政会议，以校长、院长、秘书长、课业长组织之，校长为主席，其职权如左：

一、编造全新预算案；

二、拟定学院、学系设立及废止案；

三、计划全校事务及教务改进督促事项；

四、拟具其他建议于校务会议之方案。

第十七条　本大学设左列各委员会：

一、考试委员会；

二、图书委员会；

三、仪器委员会；

四、财务委员会；

五、出版委员会；

六、学生事业委员会。

第十八条　本大学设教务会议，以校长、各学院院长、各学系主任及课业长组织之，由校长为主席，课业长为秘书。

教务会议之职权如左：

一、审定全校课程；

二、计划教务改良事项；

三、决议学生试验事项；

四、决议学生训育事项；

五、审定毕业生成绩；

六、决议校长交议之事项；

七、建议提出校务会议之事项。

第十九条　本大学各学院设院务会议，以院长、系主任组织之，院长为主席，计划本院教学事项，审议本院一切教务进行事宜。

第二十条　本大学各系设系务会议，以系主任、教授、副教授组织之，系主任为主席，计划本系教学事项。

第二十一条　本大学设事务会议，以秘书长及所辖各组主任组织之，秘书长为主席，其审议事项如左：

一、关于事务之进行及改良事项；

二、关于秘书处与本校其他各机关联络事项；

三、关于秘书处各组间联络事项；

四、建议提出校务会议之事项。

第二十二条　本大学学则及各种会议并各种机关之规程，另定之。

第二十三条　本组织大纲未规定者，适用大学组织法之规定。

第二十四条　本组织大纲经校务会议议决后，由校长公布施行。

第二十五条　本组织大纲之修订，以校长或校务会议会员五人以上之提议，经校务会议决议后，由校长公布之。[①]

第六节　《国立北京大学组织大纲》的初创（1947年）

"卢沟桥事变"之后，日本帝国主义发动全面侵华战争。为保存中华民族教育精华免遭毁灭，华北及沿海许多大城市的高等学校纷纷内迁。抗战期间，迁入云南的高校有十余所，其中最著名的是国立西南联合大学。

一　抗战时期的北京大学

1937年全面抗战爆发后，日本肆无忌惮地破坏中国的学校教育，北京大学亦被肆意洗劫。中国政府和北京大学开始组织学校进行迁

[①]　王学珍、张万仓编：《北京高等教育文献资料汇编（1861—1948）》，首都师范大学出版社2004年版，第656—657页。

移。同年11月1日，北京大学、清华大学、南开大学在湖南长沙共同组建长沙临时大学。1938年2月学校开始西迁昆明，4月改称西南联合大学。5月4日开始上课，设立文、理、法商、工、师范5个院26个系，2个专修科和1个选修班。西南联合大学成立期间，北京大学、清华大学、南开大学三所高校在昆明各自设立办事处，并保留着各高校原有的行政和教学组织机构，负责处理各校的日常事务。北京大学与其他两所高校保存了中华民族高等教育之精华，培育出一大批优秀人才，成就了抗战时期中国高等教育弦歌不辍的佳话。

二 抗战后《国立北京大学组织大纲》的创立过程

抗日战争结束后，西南联合大学解散，3校分别迁回北京、天津复校。1946年7月，胡适由美回国，9月正式就任北京大学校长。胡适以威望，延揽名师，可谓济济多士，萃集一堂。同年，北京大学聘任汤用彤为文学院长，饶毓泰为理学院长，周炳琳为法学院长，马文昭为医学院长，俞大绂为农学院长，马大猷为工学院长，樊际昌为教务长，陈雪屏为训导长，郑天挺为秘书长，设33个学系（其中医学系下设18科）、2个专修科及独立的文科研究所。据1946年12月的统计显示，北京大学有注册学生3420人。复校后，北京大学的文、理、法学院得到加强，医、农学院处于中国顶尖水平。胡适还拟设立原子能研究中心，但因局势动荡未能实现。

1947年4月18日，北京大学教授会通过了新的《国立北京大学组织大纲》。当时，北京大学拥有文、理、法、医、工、农6个学院，抗战胜利后各学院急需恢复发展，新组织大纲的颁布为加快学校发展提供了重要的制度依据。

三 《国立北京大学组织大纲》的主要内容

大纲沿袭了之前《国立北京大学组织大纲》的名称，共分为26条。

第一条　本大学根据中华民国教育宗旨及其施行方针，以（一）研究高深学术，（二）养成专门人才，（三）陶融健全品格为职志。

第二条　本大学现设理、文、法、医、农、工六学院。

第三条　本大学理学院现设左列各学系：

一、数学系

二、物理学系

三、化学系

四、地质学系

五、动物学系

六、植物学系

第四条　本大学文学院现设左列各学系：

一、哲学系

二、史学系

三、中国语文学系

四、东方语文学系

五、西方语文学系

六、教育学系

第五条　本大学法学院现设左列各学系：

一、法律学系

二、政治学系

三、经济学系

第六条　本大学医学院现设左列各学系：

一、医学系

二、药学系

三、牙学系

医学系现设左列各科：

1. 解剖学科

2. 生物化学科

3. 生理学科

4. 药理学科

5. 病理学科—法医学

6. 细菌学科

7. 寄生物学科

8. 公共卫生学科

9. 医史学科

10. 内科

11. 外科

12. 眼科

13. 妇产科

14. 放射学科

15. 皮肤花柳科

16. 神经精神科

17. 小儿科

18. 耳鼻咽喉科

本大学医学院附设医院及护士学校。

第七条　本大学农学院现设左列各学系：

一、农艺学系

二、园艺学系

三、畜牧学系

四、兽医学系

五、森林学系

六、昆虫学系

七、植物病理学系

八、农业化学系

九、土壤肥料学系

十、农业经济学系

第八条　本大学工学院暂设左列各学系：

一、机械工程学系

二、电机工程学系

第九条　本大学设研究院，其组织另定之。

第十条　本大学置校长一人，综理校务，由国民政府任命之。校长办公室秘书若干人，由校长聘任之。

第一一条　本大学各学院，各置院长一人，综理各院院务，由校长就教授中聘任之。

第一二条　本大学各学系及医学院医学系各科各置主任一人，主持各系各科教务实施之计划，由院长商请校长就本系本科教授中聘任之。

第一三条　本大学各学系置教授、副教授、讲师、研究助教、讲员、助教若干人，由各学院院长商请校长聘任之。

第一四条　本大学设教务处，置教务长一人，综理全校教务及学生课业事宜，由校长就教授中聘任之。

教务处设注册组，置主任一人，由校长聘任之。

第一五条　本大学设秘书处，置秘书长一人，处理全校行政事宜，由校长就教授中聘任之。

秘书处设左列各组各室：

一、事务组

二、出纳组

三、文书组

四、工程组

五、人事室

六、计核室

秘书处各组各室各置主任一人，由校长聘任之。

第一六条　本大学设训导处，置训导长一人，综理学生训导事项，由校长就教授中聘任之。

训导处中设体育委员会、学校卫生委员会，置委员若干人，由校长就教职员中聘任之。

训导处设生活指导组、课外活动指导组、斋务组，各组置主任一人，由校长聘任之。

第一七条　本大学设图书馆，置馆长一人，处理本校图书事务，由校长就教授中聘任之。

第一八条　本大学设行政会议，以校长、各学院院长、教务长、秘书长、训导长、图书馆馆长、本校医院院长组织之，校长为主席。

必要时主席得请本校教授或校内外专家列席。

行政会议特设置各种委员会。

行政会议之职权如左：

一、编造全校概算草案；

二、拟定学院学系之设立及废止案；

三、拟定大学各种规程；

四、议定全校教务事务及训导之重要事项；

五、议定校舍之建筑与分配事项；

六、审议校长提交关于教职员之聘任与待遇事项；

七、拟具其他建议于校务会议之方案。

第一九条　本大学设校务会议，以下列人员组织之。

一、各学院教授代表（每学院教授十人选举一人，其零数足五者亦举一人，但每学院至少有一人，每年改选一次）；

二、校长；

三、各学院院长；

四、教务长；

五、秘书长；

六、训导长；

七、图书馆馆长；

八、本校医院院长；

九、各学系主任；

十、医学院护士学校主任。

校务会议校长为主席。

校务会议决议左列事项：

一、大学预算；

二、学院学系之设立及废止；

三、大学各种规程；

四、校务改进事务；

五、校长交议事项。

第二十条 本大学设教务会议，以教务长、训导长、各学院院长、各学系主任、医学院医学系各科主任、大一主任及医院院长组织之。

教务长为主席。

教务会议之职权如左：

一、审定全校课程；

二、计划教务改进事项；

三、决议学生试验事项；

四、决议学生训导事项；

五、审定毕业生成绩；

六、决议校长交议之事项；

七、建议于校务会议之事项。

第二一条 本大学教授、副教授全体组成教授会，由校长召集，审议校长或校务会议交议事项。每学期至少开会一次。

第二二条 本大学各学院设院务会议，以院长、系主任（医学院医学系各科主任）组织之，院长为主席，计划本院教学事项，审议本院一切进行事宜。

第二三条　本大学各系设系务会议,以系主任、教授、副教授组织之,系主任为主席,计划本系教学事项。[①]

[①] 王学珍、张万仓编:《北京高等教育文献资料汇编(1861—1948)》,首都师范大学出版社2004年版,第907—908页。

第二章　中国近代大学章程的文本分析

中国近代高等教育始创于19世纪末期，这是中国教育史上发生的一次重大变革，对于历经了数千年的封建教育而言是一个全新事物。[①] 与西方近代大学的起源不同，中国近代大学起源于制度文化，是在"先立典章，后建大学"的原则指导下，借鉴西方近代大学的产物。作为近代大学的制度性规范，章程在近代大学不同的发展时期，既发挥了重要的功能和作用，也体现出不同的价值与意义。章程的文本分析即从文本的表层深入内部，进而发现那些不能为简单阅读所把握的深层含义。本章将分析晚清和民国两个时期颇具代表性的大学章程文本，对其特征进行概括，以期理解章程文本中所蕴含的制度文化。

第一节　北洋大学堂章程的文本分析

1895年，清政府推行"强国"之策，洋务派代表盛宣怀上奏《拟设天津中西学堂章程禀》，其中所附的《天津中西学堂章程》即是中国近代第一个大学章程。盛宣怀于9月19日上呈王文韶后，王文韶将其择要改拟为《津海关道盛宣怀创办西学学堂禀明立案由》并上奏光绪帝，光绪帝则于同年10月2日朱批。该章程获批之后，

---

① 侯佳：《中国近代大学章程文本的基本要素分析——以〈交通大学大纲〉和〈复旦大学章程〉为例》，《山西大学学报》（哲学社会科学版）2018年第3期。

盛宣怀和丁家立即按照章程文本中的相关规定建立了北洋大学堂,且立校章程仍然沿用奏请时的《天津中西学堂章程》。[①] 因此,该章程即北洋大学堂的建校章程。通过对《天津中西学堂章程》文本的要素构成进行分析,可见其作为中国近代第一所大学的开创性意义。

一 北洋大学堂章程文本的要素构成

《拟设天津中西学堂章程禀》分为两部分,其一是呈请事宜的说明,其二是《天津中西学堂章程》。《天津中西学堂章程》之下又分头等学堂章程和二等学堂章程。该章程虽然没有相对明确的、层次性的结构形式,但仔细分析其文本要素后,可发现章程具有严格的逻辑性和层次性,已基本具备现代大学章程的要素。通过对《天津中西学堂章程》的文本进行梳理和分析,笔者将其文本的要素构成和内容进行了归纳整理,如表2-1所示。

表2-1 《天津中西学堂章程》文本的要素构成及内容概览

要素构成	内容概览
头等学堂章程	学堂职能;校址、校舍;管理机构及职能;招生及升学分科制度;教职员工管理;汉文课程管理;头等学堂四年功课,专业设定及课程;教学岗位数及岗位职责设定;经费预算等十条分则
头等学堂功课	四年专业设定及课程计划;教习人数安排
头等学堂经费	四年各项开支预算
二等学堂章程	学堂职能;校址、校舍;管理机构及职能;招生及升学分科制度;教职员工管理;汉文课程管理;二等学堂四年功课,专业设定及课程;教学岗位数及岗位职责设定;经费预算等十条分则
二等学堂功课	四年专业设定及课程详列;教习人数安排
二等学堂经费	只列第二年预算
附则	经费预算制度、经费使用报批制度、经费使用每月申报制度、学堂发展情况年度公示制度以及未尽事宜开办过程中的权变事宜

---

① 马璐瑶:《中国近代大学初创时期立校章程文本研究》,硕士学位论文,四川师范大学,2016年,第21页。

二　北洋大学堂章程文本的特征分析

《拟设天津中西学堂章程禀》作为中国近代大学的首部章程与规划性文件，受盛宣怀与丁家立两位学堂创办者办学理念的影响，秉持"西学体用"的办学宗旨，具体体现在章程关于办学方针、课程设置以及管理机构等相关规定中。

（一）章程中体现了"西学体用"的办学宗旨

北洋大学堂创办人盛宣怀长期置身于洋务运动的第一线，被称为"中国近代实业之父"[①]。他对"西学"有着深刻的认识，如《天津中西学堂章程》的序言所述："伏查自强之道，以作育人才为本；求才之道，尤宜以设立学堂为先"，且"窃世变日棘，庶政维新，自强万端，非人莫任，中外臣僚与夫海内识时务之俊杰，莫不以参用西制兴学树人为先务之急"[②]。盛宣怀在章程中关于办学目的和办学方针的描述，体现了他主张按照西方的教育模式办"西学"，并在此基础上确立了北洋大学堂创办时"西学体用"的办学宗旨。

北洋大学堂作为中国近代第一所以西方大学为蓝本建立起来的国立大学，其章程中关于课程的设置也受到"西学体用"办学宗旨的影响。章程将课程分为基础课和专业课，对头等学堂和二等学堂的课程分别作了规定。其中特别单列一条强调"汉文不做八股试贴，专做策论，以备考试实在学问经济"[③]，即汉文作为一门课程不列在课程规定中，而列在章程总则中，表明了北洋大学堂是在"西学体用"办学宗旨的指导下，以教授西方先进科学技术、培养具有真才实学的学生为目标的。

学校创办之初即聘请美籍著名教育家丁家立担任总教习，盛宣怀在《拟设天津中西学堂章程禀》中明确提出："所有学堂事务，任大

[①] 陈生元、田磊编著：《盛宣怀与上海交通大学》，山西教育出版社1999年版，第1页。
[②] 王杰主编：《学府史论》，天津大学出版社1999年版，第124页。
[③] 北洋大学—天津大学校史编辑室编：《北洋大学—天津大学校史资料选编》第1卷，天津大学出版社1991年版，第7页。

责重，必须遴选深通西学体用之员总理，方不致有名无实。"此外，头等学堂章程和二等学堂章程中有关管理机构中人员设置的规定也体现出"西学体用"的办学宗旨。其中，头等学堂章程中指出："必须谙习西学之大员一人为驻堂总办，由必须熟习西学教习一人为总教习。"① 二等学堂章程中也指出："必须谙习西学之员一人为驻堂总办。"② 由此观之，北洋大学堂对总办的任职要求是比较高的。"深通西学，体用兼备"的要求也符合学校在"西学体用"办学宗旨的指导下，培养新式人才的办学目的。

总体来看，作为革新近代大学章程要素的规制典范，《天津中西学堂章程》对"西学"的采纳和吸收保持了开阔的视野和果断的勇气。"西学体用"的办学宗旨与"中体西用"相比虽不免偏颇，但在当时的历史环境下无疑是思想变革的先锋，为此后近代大学堂章程对待西学态度的转变带来了开拓性价值。"西学体用"办学宗旨的实施不仅为近代有识之士探索西方科学技术打开了大门，而且使北洋大学堂成为早期培养近代高级科技人才的发源地，在中国近代教育史上发挥了重要的作用。③

（二）章程中借鉴了"美国精英式"的办学模式

晚清时期，受西方外来文化和先进理念的影响，西方大学的办学模式作为一种新事物被引入中国。在这样的背景之下，丁家立作为北洋大学堂的创办者与《天津中西学堂章程》的制定者，在参照美国哈佛、耶鲁等大学模式的基础上，将北洋大学堂的办学模式确立为"美国精英式"，主要体现在章程中有关学制的规定、学科和课程设置以及留学教育等方面。

盛宣怀在《拟设天津中西学堂章程禀》中首先确立了北洋大学堂

---

① 北洋大学—天津大学校史编辑室编：《北洋大学—天津大学校史资料选编》第1卷，天津大学出版社1991年版，第6页。
② 北洋大学—天津大学校史编辑室编：《北洋大学—天津大学校史资料选编》第1卷，天津大学出版社1991年版，第12页。
③ 李义丹主编：《天津大学北洋大学校史简编》，天津大学出版社2002年版，第3—4页。

的学制,即"职道之愚,当赶紧设立头等、二等学堂各一所"①。其中,头等学堂相当于大学本科,二等学堂相当于大学预科,学制各4年,二等学堂的学生毕业后升入头等学堂,再经4年的学习方正式毕业,学生在头等学堂毕业后"分赴出洋分途历练",即去国外留学接受研究生教育。由上可知,二等学堂的学生在毕业后可升入头等学堂继续学习深造,这种在大学中设立本科和预科的做法与当时美国大学的三个层次相类似。此外,章程中还写到"头等学堂第一年功课告竣后,或欲将四年所定功课全行学习,或欲专习一门,均由总办总教习察看学生资质,再行酌定"②。由此可见,章程文本中有关学制的规定借鉴了美国大学"专才"与"通才"的培养理念。

在学制确定后,学科和课程的设置成为重点。《天津中西学堂章程》为不同层次的学堂设置了各自的学科和课程。经分析可知:其一,章程中有关头等学堂专门学的工程学、电学、机器学、矿物学以及律例学这5大学科的设置,借鉴了当时美国大学最前沿的新兴学科,目的是培养高级工程技术人才。其二,章程中规定的课程采取按年设课,分别是:基础学科,专门学科,理论课程,应用课程。这一安排也体现出当时美国大学培养"通才"与"专才"的教育理念。其三,章程中关于课程名称和课程内容的设置同样借鉴了美国大学,如表2-2所示。

北洋大学堂创办之初,就将资送毕业生留学作为学堂的主要任务之一。盛宣怀在章程中规定学堂学生毕业后"准给考单,挑选出堂,或派赴外洋分途历练;或酌量委派洋务职事"③。由此可见,北洋大学堂以当时美国的精英教育为榜样,不仅将资送留学生作为本科教育的继续,而且追求较高的办学质量,并确立了与西方大学相似的办学目标。此外,在留学教育方面,学校还任用了丁家立为留美学堂监

---

① 舒新城编:《中国近代教育史资料》,人民教育出版社1981年版,第136页。
② 北洋大学—天津大学校史编辑室编:《北洋大学—天津大学校史资料选编》第1卷,天津大学出版社1991年版,第7页。
③ 北洋大学—天津大学校史编辑室编:《北洋大学—天津大学校史资料选编》第1卷,天津大学出版社1991年版,第4页。

督,并在头等学堂章程中规定"头等学堂年经费——所节省之经费,除另造二等学堂及每次考试花红外,其余积存升息,以备四年后挑选学生出洋川资经费"[①]。由此可见,北洋大学堂借鉴了"美国精英式"的办学模式,开创了近代中国大学生出国留学之路。

表 2-2　　　　《天津中西学堂章程》中的课程设置

学堂	基础课				专业课
	第一年	第二年	第三年	第四年	
头等学堂	几何学、三角勾股学、格物学、笔绘图、各国史鉴、作英文论、翻译英文	驾驶并量地学、重学、微分学、格物学、化学、笔绘图并机器绘图、作英文论、翻译英文	天文工程初学、化学、花草学、作英文论、翻译英文、笔绘图并机器绘图	金石学、地学、考究兽学、万国公约、理财富国学、作英文论、翻译英文	工程学包括演习工程机器、测量地学、重学、汽水学、材料性质学、桥梁房顶学、开洞挖地学、水力机器学等;电学包括深究电理学、讲究用电机理、传电力学、电报、德律风学、电房演习等;矿务学专业包括深奥金石学、化学、矿务房演试、测量矿苗、矿务、机器工程学等;机器学包括深奥重学、材料势力学、机器、汽水机器、机器绘图、机器房演试等;律例学包括大清律例、各国通商条约、万国公约等
二等学堂	英文初学浅言、英文功课书、英文字拼法、朗诵书课、数学	英文文法、英文字拼法、朗诵书课、英文尺牍、翻译英文、数学、量法启蒙	英文讲解文法、各国史鉴、地舆学、英文官商尺牍、翻译英文、代数学	各国史鉴、格物学、英文尺牍、翻译英文、平面量地法	

资料来源:《天津中西学堂章程》中的"头等学堂功课"和"二等学堂功课"部分。

---

① 北洋大学—天津大学校史编辑室编:《北洋大学—天津大学校史资料选编》第1卷,天津大学出版社1991年版,第7页。

(三)章程反映了"兴学强国"的办学目标

晚清时期,北洋大学堂的诞生肩负着"兴学强国"的使命,在其章程文本中也反映了这一特点。在《天津中西学堂章程》中,盛宣怀和丁家立根据"中国智能之士,何地蔑有,但选将才于侍人广众之中,拔使才于诗文帖括之内。至于制造工艺皆取材于不通文理不解测算之匠徒,而欲与各国挈长较短,断乎不能"的国情,提出了"自强首在储才,储才必先兴学校"的"兴学强国"主张。① 可见,北洋大学堂的创建是为了挽救国家的危亡和人才的匮乏,在西方坚船利炮和文化侵略的环境下应运而生。

从章程文本的要素构成可以看出,北洋大学堂的办学宗旨、课程设置以及教学目标等都是以西方先进的科学技术为主要内容,培养目标是造就适应社会与时代需求的专门人才。如章程中所述,根据社会的需要设立了法律、土木工程、采矿冶金以及机械工程4个学门,满足了当时国家在对外交涉中急需新型人才的需要。此外,鉴于当时人民负债沉重、国库拮据,北洋大学堂的办学经费出现短缺。为此,《天津中西学堂章程》还将办学经费作为一项单独列出,进行详细的规定,确保了办学经费的合理使用。

第二节 京师大学堂章程的文本分析

1898年,光绪帝发出谕旨:"京师大学堂,迭经臣工奏准,准其建立。"同年6月,光绪帝下《明定国是诏》,开始变法。诏书中重申:"京师大学堂为各行省之倡,尤应首先举办。"② 京师大学堂是清

---

① 马璐瑶:《中国近代大学初创时期立校章程文本研究》,硕士学位论文,四川师范大学,2016年,第3—4页。

② 朱有瓛主编:《中国近代学制史料 第2辑》(下),华东师范大学出版社1989年版,第633页。

末维新变法的产物,其创办具有重要的意义,它不仅是当时中国的最高学府,同时也兼任了国家最高教育管理机构的职能。伴随着学堂创建产生的"京师大学堂章程",实际上是由1898年至1904年间先后颁布、相互衔接的3部章程组合而成,分别是1898年梁启超起草的《奏拟京师大学堂章程》、1902年张百熙主持制定的《钦定京师大学堂章程》以及1903年张之洞会同张百熙、荣庆厘定的《奏定京师大学堂章程》。这3部章程版本接连更替,内容繁杂,其演变过程中所蕴含的教育理念的变化,成为清末教育制度变迁的集中反映。

一 京师大学堂章程文本的要素构成

1898年7月3日,光绪帝批准了由梁启超代为起草、总理衙门呈奏的《奏拟京师大学堂章程》,这是京师大学堂的第一个办学章程,共8章54节,体现了维新派的教育改革思想。1902年8月15日,张百熙参考欧美日本诸国之成法,结合中国千余年的封建旧制,制定出从小学到大学各级学堂的《钦定京师大学堂章程》,奏请清政府批准颁行。该章程共8章84节,这是中国近代第一次以政府名义颁布的完整的学堂纲要。1904年1月12日,清廷批准了张百熙等人奏报遵旨重订的《奏定京师大学堂章程》(附通儒院章程)。共7章72节。该章程是京师大学堂3部章程中最为完备的学堂章程。3部章程的具体要素,如表2-3所示。

表2-3　　京师大学堂3部章程文本的要素构成

章节	章程名称		
	《奏拟京师大学堂章程》	《钦定京师大学堂章程》	《奏定京师大学堂章程》
第一章	总纲	全学纲领	立学总义
第二章	学堂功课	功课	各分科大学科目
第三章	学生入学	学生入学	考录入学

续表

章节	章程名称		
	《奏拟京师大学堂章程》	《钦定京师大学堂章程》	《奏定京师大学堂章程》
第四章	学生出身	学生出身	屋场图书器具
第五章	聘用教习	设官	教员管理员
第六章	设官	聘用教习	通儒院
第七章	经费	堂规	京师大学堂现行办法
第八章	暂章	建置	—

注：表格中"—"代表该章程中无此章节内容。

综观京师大学堂章程的演变历程及其要素构成，这3部章程之间有着紧密的联系，均设有总纲、功课、学生入学及出身、设官和聘用教习等章节。其不同之处在于《奏拟京师大学堂章程》有经费和暂章等章节，《钦定京师大学堂章程》有堂规和建置等章节，《奏定京师大学堂章程》有屋场图书器具、通儒院以及京师大学堂现行办法等章节。总体来看，京师大学堂章程的体例结构已经具备现代大学章程的基本特征，与早期其他学堂章程相比，其规范性和完整性则更为突出，并且彰显出现代大学章程的制度性特征，对今后其他大学章程的制定起到了示范作用。

二 京师大学堂章程文本的特征分析

京师大学堂章程文本体现了"中体西用"的办学宗旨，初具了规范性的管理制度，彰显了开放性的制度探索等特征。

（一）章程中体现了"中体西用"的办学宗旨

京师大学堂的3部章程皆体现了"中体西用"的办学宗旨，只是"西用"的程度有所不同，这与当时多变的社会历史背景以及不同的章程制定者的办学理念有关。在维新变法和兴学强国的时代背景下，"中体西用"虽为当时主流的教育指导思想，但不同派别和身份背景的学者所代表的利益不同，因此，才会在同一时期出现3部不同的京师大学堂章程。梁启超等人起草的第一部《奏拟京师大学堂章程》具有宣言的性质，改变了以往学堂不能培养政治人才的现状，力图通过"中体西用"的办学宗旨来指导清政府的人才培养方略。① 在第二部《钦定京师大学堂章程》中，张百熙对待西学的态度更加开放和大胆，甚至威胁到"中体"的地位。第三部《奏定京师大学堂章程》在张之洞等人的先进教育理念渗透下，章程中既有"西学"的近代教育特征，也夹杂着"中体"的封建残余思想。

《奏拟京师大学堂章程》在第一章"总纲"中就开宗明义地指出："各省近多设立学堂，然其章程功课皆未尽善，且体例不能划一，声气不能相通。今京师既设大学堂，则各省学堂皆当归大学堂统辖，一气呵成。一切章程功课，皆当遵依此次所定，务使脉络贯注，纲举目张。"② 以上明确了京师大学堂是全国最高教育管理机构的地位。此外，第二章"学堂功课"中指出："中国学人之大弊，治中学者则绝口不言西学，治西学者亦绝口不言中学。此两学所以终不能合，徒互相诟病，若水火不相入也。夫中学，体也，西学，用也。二者相需，缺一不可，体用不备，安能成才。"③ 由此观之，梁启超起草的这部章程明确地将"中体西用"作为京师大学堂乃至其他各大学的办学宗旨。

与《奏拟京师大学堂章程》里"中体西用"的办学宗旨相比，《钦定京师大学堂章程》对"西学"的吸收则更为明显，表现在章程第二章"功课"的规定中，将学科整合为政治科、文学科、格致科、农学科、工艺科、商务科、医术科七门。这种近代西学的科学知识体系，使得"中西"的知识结构不复存在，虽以读经、修身等科目形态存在，但所占比例逐渐减少，中学之体已难副其实，西学逐渐占据主导地位。④ 但是，章程中有关京师大学堂性质与学生出身等方面的

---

① 周详：《〈京师大学堂章程〉与清末教育制度的变迁》，《中国人民大学教育学刊》2013年第4期。
② 朱有瓛主编：《中国近代学制史料 第2辑》（下），华东师范大学出版社1989年版，第654页。
③ 朱有瓛主编：《中国近代学制史料 第2辑》（下），华东师范大学出版社1989年版，第656页。
④ 周详：《〈京师大学堂章程〉与清末教育制度的变迁》，《中国人民大学教育学刊》2013年第4期。

规定，仍体现出受"中体西用"办学宗旨的影响。其一，章程在第一章"全学纲领"中规定"京师大学堂主持教育，宜合通国之精神脉络而统筹之"①，这表明京师大学堂已取代国子监成为最高学府和主管全国教育的机构，对各级学校具有监管职能。其二，章程第四章"学生出身"中指出，"凡原系进士者，不必再入高等学堂肄业，概归仕学馆学习。卒业后照章办理"②。由此可见，在当时科举制度尚存的背景下，学校仍给予科举出身的学生特殊照顾。诸如此类继承和维护"中体"的规定，都体现出章程的制定仍是以"中体西用"的办学宗旨为主。

《奏定京师大学堂章程》在对"西学"，特别是日本学校章程的借鉴程度方面，上至分科大学的设想，下及课程译名的比照，均注明日本是什么样的做法以及如何做的规定。③ 此章程中虽以日本学制为模仿对象，但其指导思想和教育宗旨都是"中体西用"，主要体现在科目与课程的设置中。其一，章程在第二章关于"各分科大学科目"的规定中，提出了"八科分学"的方案，并将"经学"置于各分科大学之首，保留了一些中国传统的读经、修身等内容，可以看出其保守的一面。其二，章程所规定的课程中没有诸如哲学、政治学等科，这表明当时清政府对于课程设置是严格管控的，唯恐西方的自由学说传入国内，再次反映出其封建保守的特征。

综合以上3部章程，从其办学宗旨的变化可以观察到不同章程文本要素之间的差别。京师大学堂章程文本中办学理念的不断变化和调整，既是清末教育制度变迁的集中体现，也反映了中国传统中央集权

---

① 朱有瓛主编：《中国近代学制史料 第2辑》（下），华东师范大学出版社1989年版，第770页。
② 王学珍、张万仓编：《北京高等教育文献资料选编（1861—1948）》，首都师范大学出版社2004年版，第112页。
③ 王李金：《从山西大学堂到山西大学（1902—1937）》，博士学位论文，山西大学，2006年，第61页。

的政治文化面临新教育急剧变迁的冲击时,对教育管理模式探索的尝试、创新与超越,反映出清政府在当时对西方先进教育思想与理念的吸收、借鉴与改造的变化过程。[1] 但其办学宗旨的内容无论如何变化,总体都是以中国封建思想为主的"中体西用"。

(二) 章程中初具了规范性的管理制度

京师大学堂的管理制度在清末经历过三次变更,体现在学校接连更替的3部章程之中。京师大学堂章程文本中所规定的一整套管理制度,规范了当时京师大学堂的组织活动和管理行为,成为近代大学管理制度化的一个重要标志。

《奏拟京师大学堂章程》在第一章"总纲"中开宗明义地指出:"今京师既设大学堂,则各省学堂皆当归大学堂统辖,一气呵成。一切章程功课,皆当遵依此次所定,务使脉络贯注,纲举目张。"由此可见,京师大学堂作为清末全国最高的教育管理机构,负责规范和管理全国的教育。但是,该章程并没有将学生管理和教学管理纳入章程的文本之中,而是另行订立了两个相关的内部规定,即1899年1月的《京师大学堂规条》和1899年3月的《京师大学堂禁约》。[2] 这与当时学堂章程的立法体例有所不同,致使后来的《钦定京师大学堂章程》和《奏定京师大学堂章程》对学生事务管理的规定进行了补充,以符合近代行政管理的成例,而且揭示出对新式教育机构的管理模式,清政府一直在进行制度化的探索。[3] 此外,章程也对学校内部的管理体制进行了明确的规定,具体体现在第六章"设官"中,如表2-4所示。

---

[1] 周详:《〈京师大学堂章程〉与清末教育制度的变迁》,《中国人民大学教育学刊》2013年第4期。

[2] 陈元晖主编:《中国近代教育史资料汇编:戊戌时期教育》,上海教育出版社2007年版,第243—248页。

[3] 周详:《〈京师大学堂章程〉与清末教育制度的变迁》,《中国人民大学教育学刊》2013年第4期。

表 2-4　　《奏拟京师大学堂章程》第六章设官内容

机构	人员						
	管学大臣	总办	提调	供事	誊录	总教习	分教习
大学堂	1	1	8	16	8	1	24
藏书楼	—	—	1	10	—	—	—
仪器院	—	—	1	4	—	—	—

注：表格中"—"代表该章程中无此章节内容。

《钦定京师大学堂章程》在第一章"全学纲领"第四节中详细阐述了京师大学堂对全国教育进行管理的行政权力，将大学堂的行政权限与实施途径通过章程的方式加以固化。此外，京师大学堂的内部管理体制在张百熙出任管学大臣后作出调整，集中体现在章程第五章关于"设官"的规定里。其一，管学大臣为京师大学堂的最高领导人，由大学士、大臣兼任，不需常驻学堂。其二，行政事务的具体领导权由总办行使，其下有 3 个最主要的行政部门，分别是负责财务（支应）、教务及学生事务（稽查学生功课）、总务（杂务）。其部门负责人为提调，下有供事、誊录等具体工作人员，另有图书馆（藏书楼）和实验室设备（仪器院）。其三，教学工作由总教习负责，主抓教师和教学。与上一部章程相比，该章程所规定的学堂初期的管理框架较为清晰，并初具中国近代教育行政管理的雏形，管理机构的设置更趋于规范化。

《奏定京师大学堂章程》中关于京师大学堂管理机构和官员设置的规定发生了较大变化，管理制度也进一步健全，具体体现在第五章"教员管理"的规定中。其一，"大学总监督受总理学务大臣之节制，总管全堂各分科大学事务，统率全学人员"[1]。由于《学务纲要》中规定"京师设总理学务大臣，统辖全国学务"[2]。因此，该章程中设

---

[1] 朱有瓛主编：《中国近代学制史料 第 1 辑》（上），华东师范大学出版社 1983 年版，第 817 页。

[2] 王学珍主编：《北京高等教育史》（上），中国广播电视出版社 2010 年版，第 152 页。

置总监督的规定,将《钦定京师大学堂章程》赋予京师大学堂的教育行政管理权限和功能重新划分,并将总理学务的权力从大学堂机构剥离出来赋权给"总理学务大臣",还为1905年设立专门管理教育的行政机关——学部,排除了制度性障碍,这意味着清政府对于新教育管理模式的探索取得了突破性成就。[1] 其二,第五章第二十一节和第二十三节中规定了大学堂会议所和召开会议的事宜,该会议机构的职能相当于之后民国时期北京大学的评议会。此外,第二十二节规定"各分科大学亦设教员监学会议所",从描述其职能的文本来看,该会议所已具备西方大学教授会的雏形,这在中国高等教育管理制度史上可谓是开创性的。

从京师大学堂章程文本中管理制度的演变历程来看,一方面,晚清时期的京师大学堂正处于传统教育体系向近代教育体系的转变和过渡阶段,并且在"中体西用"的办学宗旨指导下,章程中有关管理制度的规定仍有强烈的中国传统学校管理制度的印记;另一方面,京师大学堂也鲜明地体现出晚清时期大学对近代高等教育管理制度的探索。京师大学堂章程明确规定了包括行政管理、教师管理以及学生管理等在内的一整套学校管理制度,并且体系完备、内容充实。因此,京师大学堂章程成为近代中国第一部完整的教育典章管理制度,具有国家制度的法律性质,为后来各个学堂的建立订立了必须遵循的规则,体现出其权威性和规范性特征。

(三)章程中彰显了开放性的制度探索

清末西学的传入和洋务学堂的兴起,为新式教育制度的探索创造了条件。作为中央教育管理机构的京师大学堂,其章程不仅具有特殊的行政立法性质,还对旧的制度发起了挑战。在京师大学堂3部章程的更替过程中,其文本在学制规定和课程设置等方面体现出鲜明的开放性特征。

---

[1] 周详:《〈京师大学堂章程〉与清末教育制度的变迁》,《中国人民大学教育学刊》2013年第4期。

《奏拟京师大学堂章程》对"西学"的开放性探索主要体现在第二章"学堂功课例"中,第二节指出"今略依泰西日本通行学校功课之种类,参以中学"。其一,在课程设置上,章程将京师大学堂的学科分为普通学(溥通学)和专门学,普通学是全体学生的公共必修课,专门学则是普通学学习完毕之后可供选择的选修课,这种模式完全是对西方大学课程设置的借鉴。其二,专门学的课程设置中无一门是传统的中学课程,这表明京师大学堂开始接受了"西学"的某些因素,逐渐表现出开放性的特点。由此可见,该章程不仅确立了"西学"在国家教育中的地位,而且为此后其他学堂及其章程有关课程的制定提供了典范。①

《钦定京师大学堂章程》第二章"功课"开篇即规定"今定大学堂全学名称:一曰大学院,二曰大学专门分科,三曰大学预备科。其附设名目:曰仕学馆,曰师范馆。除大学院为学问极则、主研究不主讲授、不立课程外,兹首列大学分科课程,次列预备科课程;其仕学、师馆二馆课程,亦以次附焉"。通过分析章程中对以上各科各馆设置的课程,发现《钦定京师大学堂章程》在"西学"的影响下,既注重国民教育,又注重实业教育,虽然仍保留科举制度的痕迹,但对《奏拟京师大学堂章程》中的学制体系与课程设置都进行了细化,并在此基础上推动了清末国家学制体系设计的完善。总体而言,《钦定京师大学堂章程》作为国家颁布的章程范本,是清末众多大学堂章程中内容最为详备的一部,其对"西学"的借鉴具有积极的意义,不仅推动大学堂成为近代学制体系构建的重要组成部分,而且也将京师大学堂的开办作为国家中央集权教育模式的一种新的探索。

《奏定京师大学堂章程》属于国颁典章《奏定学堂章程》的一部分,在学制规定、学科体系以及课程设置上体现出更加开放的特征。其一,在学制规定上,该章程的独特之处是增加了通儒院一级以进行

---

① 王杰、祝士明编著:《学府典章——中国近代高等教育初创之研究》,天津大学出版社2010年版,第95页。

高深学问的研究，完善了高等教育的内部体系结构。其二，该章程还将大学分设八科，并规定"规模建置，当力求完善"，而这种关于分科大学的设立及其相应的管理制度的提出，开创了"校—院"两级管理体系的雏形，这与当时各地学堂相比，不失为一种开放性的探索。其三，该章程还效仿西方大学的办学模式分设学科和专业，类似于现代大学的一级学科和二级学科，并且学科涉及范围广泛，除经科以外，其余的7个学科均脱离了传统封建式的教育内容，这体现出该章程在当时的独创性和开放性的特征。西方学科体系和课程设置的引入，极大地开阔了人们的视野。

综上所述，京师大学堂章程的开放性主要表现在学制规定、学科体系和课程设置等具体内容中，这不仅使大学堂的管理逐步走向正规，而且通过章程文本的形式，改变了原有的官学、私学、书院等旧形式，为中国近代施行新的教育模式创立了典范。由此可见，京师大学堂章程在沿袭中国古代大学传统的基础上，参考了西方进步国家，特别是日本的办学经验与教育制度，在当时的社会背景下，体现出制度开放性和时代进步性的特征。

第三节　山西大学堂章程的文本分析

山西大学堂是清末实行"新政"后，书院改学堂的产物。1901年9月，清廷发布上谕："除京师大学堂切实整顿外，著各省所有书院，于省城均改设大学堂。"[1] 据此，山西巡抚岑春煊将原令德书院与晋阳书院撤销，合并成立了山西大学堂，并于翌年正月，向清政府上报了《设立晋省大学堂谨拟暂行试办章程》。但是，1901年5月，英国传教士李提摩太已将起草《上李傅相办理山西教案章程》上谕朝廷，并且李鸿章也代表清政府同意并核准按此章程开办学堂。因

---

[1] 郭贵春、倪生唐主编：《山西大学百年校史》，中华书局2002年版，第4页。

此，双方经谈判后于 1902 年 6 月签订了《中西大学堂改为山西大学堂西学专斋合同》，取代了 1901 年 11 月山西巡抚代表周之骧与李提摩太签订的《晋省开办中西大学堂合同八条》，并将合并后的山西大学堂设成中学与西学专斋，由此开创了山西省高等教育的新纪元。作为中国近代最早建立的新式大学堂之一，山西大学堂中西合璧，取长补短，在当时学界负有盛名，这与其建校章程的对外包容性特征密不可分。

一 山西大学堂章程文本的要素构成

山西大学堂的诞生既有改造传统书院的背景，又肩负着创立新式学堂的使命，赋予了山西大学堂章程特殊的表现形式与文本要素，具体体现在 1901 年的《晋省开办中西大学堂合同八条》、1902 年的《设立晋省大学堂谨拟暂行试办章程》和《山西大学堂西学专斋第一年课程表》中另议的《中西大学堂改为山西大学堂西学专斋合同》中，如表 2-5 所示。

表 2-5　　　　　　　　山西大学堂章程的要素构成

条目	章程		
	《晋省开办中西大学堂合同八条》	《设立晋省大学堂谨拟暂行试办章程》	《中西大学堂改为山西大学堂西学专斋合同》
第一条	办学经费	筹经费	学校名称及办学形式
第二条	办学目标	建学舍	西斋办学经费及来源
第三条	总管设置	选生徒	西斋其他办学经费及来源
第四条	教习设置	订课程	西斋教员等职员薪水
第五条	经费使用	议选举	西斋仪器购买及管理
第六条	学生录用	司礼法	西斋来源及课程
第七条	学校名称	—	西斋学科
第八条	人员设置	—	西斋办学建筑及房屋

续表

条目	章程		
	《晋省开办中西大学堂合同八条》	《设立晋省大学堂谨拟暂行试办章程》	《中西大学堂改为山西大学堂西学专斋合同》
第九条	—	—	西斋学生杂费管理
第十条	—	—	西斋教习聘任
第十一条	—	—	西斋学生名额
第十二条	—	—	西斋课程商改程序
第十三条	—	—	西斋学生开除
第十四条	—	—	章程生效及效力
第十五条	—	—	普通学与专门学毕业
第十六条	—	—	西斋教习任期
第十七条	—	—	西斋往来文件管理
第十八条	—	—	总教习任命与接替
第十九条	—	—	合同作废
第二十条	—	—	其他合同效力
第二十一条	—	—	合同效力
第二十二条	—	—	合同签署
第二十三条	—	—	合同留存

注：表格中"—"代表该章程中无此章节内容。

从表2－5所列内容分析来看，1901年11月签订的《晋省开办中西大学堂合同八条》中写道：令晋省筹银五十万两，分期交付李提摩太，开办中西大学堂，十年以内学堂订课程、聘教习、选学生均由李提摩太主政。十年期满，学堂房屋书籍仪器交回晋省管理，并不估价。1902年2月岑春煊拟定的《设立晋省大学堂谨拟暂行试办章程》中，章程文本要素主要体现为六条大纲，包括筹经费、建学舍、选生徒、订课程、议选举、司礼法的规定。此外，章程开篇阐明办学缘由，并在奏折末尾处表明，除六条大纲外还拟定办法、课程、考校诸条另缮清单恭呈。1902年6月，《山西大学堂西学专斋第一年课程表》中另议的《中西大学堂改为山西大学堂西学专斋合同》共二十三条,该章程只有条例而没有分章节。鉴于特殊的历史背景以及地方大学堂的初创性,山西大学堂章程虽不及京师大学堂章程系统与规范,尤其是文本要素存在很大差异,对于地方大学堂而言,山西大学堂的建校章程无不体现着对中国近代大学制度建设的积极探索。

二 山西大学堂章程文本的特征分析

山西大学堂章程文本凸显了"一校两制"的办学模式,体现了"英式风格"的办学特色,彰显了"中西合璧"的办学理念等特征。

(一)章程中凸显了"一校两制"的办学模式

山西大学堂"一校两制"的办学模式主要源于《设立晋省大学堂谨拟暂行试办章程》中将学堂分为备斋、正斋和专斋三个层级的规定,其中专斋又分为中学专斋和西学专斋。《中西大学堂改为山西大学堂西学专斋合同》的开篇提出,山西大学堂自开办起十年之内,中学专斋由中人主持、西学专斋由西人经理,即一校以两种办学体制或两种办学模式运作,这在当时中国高等教育的办学体制中并无先例。[①]

山西大学堂"一校两制"的办学模式主要体现于章程关于两斋办学目标和课程设置上。一方面,体现在两斋办学目标的阐述中。其一,中斋的办学目标可见于《设立晋省大学堂谨拟暂行试办章程》开篇关于"括欧美浡兴之要道,作人盛世,光启中兴"这一办学缘由的描述,也见于章程第三条"选生徒"的描述中,即"上备论官下供教习",还体现于该章程末"昌明正学,救敝扶颠"以及"宗圣尊王"的意图中。[②] 这表明中斋的办学目标是进行"通才"教育,以培养为封建统治服务的"忠君爱国"之栋梁。其二,西斋的办学目标体现在"专为开导晋人知识,设立学堂,教导有用之学,使官绅庶子学习,不再受迷惑"的描述中,还体现在《晋省开办中西大学堂

[①] 王李金:《从山西大学堂到山西大学(1902—1937)》,博士学位论文,山西大学,2006年,第51页。

[②] 行龙:《山大往事》,商务印书馆2017年版,第211—215页。

合同八条》"开建学堂,考究中西有用之学"以及"为开启民智联合中西起见"的表述中。[①] 由此可见,西斋的办学目标主要是进行"专才"教育,且以西学为主。

另一方面,"一校两制"的办学模式还体现在章程关于两斋课程设置的规定中。其一,《设立晋省大学堂谨拟暂行试办章程》在"订课程"中指出"盖以与其多设皮毛之西学,劳神旷日,不如令注重根底之中学,由源及流……张百熙《奏办大学堂折》内原有议定通章编发课本之说,容俟张百熙将通章课本奏经钦定颁行到晋后,再当更正"[②]。由此可见,在西斋并入之前的山西大学堂,课程内容将"注重根底之中学"。其二,相对于中斋,西学专斋的课程设置更显科学化,《中西大学堂改为山西大学堂西学专斋合同》第六条规定:"作为西学专斋,既拟并入大学堂,即系中国之国家学堂专斋,课程只讲求各种有益之新学"[③],并在第七条表明西斋拟开设文学、法律、格致、工程、医学5门学科,许多课程如物理、化学等科目还开设实验课,大部分的课程都受到了西学的影响。

总体而言,"中斋是旧学制旧官制,西斋是新学制旧官制"[④]。山西大学堂章程从办学目标到课程设置等其他方面,都体现出山西大学堂中学专斋和西学专斋之间办学模式的差异,这种"一校两制"的独特办学模式不仅为"西学"和"中学"在山西大学堂后期办学中的融合创造了条件,而且对中国近代大学的发展作出了有益的探索。

(二) 章程中体现了"英式风格"的办学特色

山西大学堂的设立是清末书院改学堂教育改革背景下的产物,后又因山西"庚子事变"和英国人李提摩太的加入而融入了特殊的"英国背景",推动山西大学堂在此后的办学和发展历程中逐步形成

[①] 行龙:《山大往事》,商务印书馆2017年版,第206—209页。
[②] 行龙:《山大往事》,商务印书馆2017年版,第214页。
[③] 行龙:《山大往事》,商务印书馆2017年版,第217页。
[④] 山西大学历史文化学院编:《山西大学历史文化学院学术论文集 历史卷》(下),北岳文艺出版社2008年版,第800页。

了独特的"英式风格"。这种情形在中国近代大学的起步阶段独具一格,而这种办学特色也体现在李提摩太参与签订的一系列章程文本中。

西学专斋的教学内容效仿了英国。作为西学专斋的创始人之一,李提摩太在与岑春煊签订的《中西大学堂改为山西大学堂西学专斋合同》中,表明了西斋的课程"只讲求各种有益之学",章程中关于文学、法律、格致、工程和医学这5门课程的设置充分考虑了当时山西经济社会对人才的需求,这也与李提摩太"教导有用之学"的办学目的是一致的,表明了李提摩太试图用西方的思想观念来塑造和培养学生,使他们成为认同西方价值的人才,体现出鲜明的英式风格。[①]此外,章程关于专斋学科、建造事项、学生名额与管理、教习任命、商改课程、学生违规、考校章程事宜、学生毕业以及教师奖励等办学事项的详细规定,均体现了山西大学堂"英式风格"的办学特色。

章程中有关西斋办学体制的规定也为山西大学堂"英式风格"的办学特色创造了条件。《中西大学堂改为山西大学堂西学专斋合同》第十条指出:"各教习西人则由李提摩太荐举,商明巡抚缮立合同,由李提摩太签字,所有教习西人等与学堂一切交涉均由李提摩太或敦崇礼商办。"并于第十九条说明:"此次议将晋省大学堂西学专斋归西士经理。"这些有关西斋办学体制的规定均表明西学专斋将交由李提摩太管理,为其按照"英式风格"进行办学创造了有利的条件。

(三)章程中彰显了"中西合璧"的办学理念

山西大学堂自建立之日起,就受到中西方两种教育思想的影响,充斥着新文化与旧文化之间的较量,并在新教育与旧教育的斗争调和中不断发展,这种特殊的时代背景与历史渊源也造就了山西大学堂章程的独特性。一方面,山西大学堂是在西方列强逼迫下,为"师夷之

[①] 王李金:《从山西大学堂到山西大学(1902—1937)》,博士学位论文,山西大学,2006年,第65页。

长技以制夷"而创立的,因此"中体西用"成为当时章程制定的主导思想;另一方面,山西大学堂的办学理念又是通过李提摩太从西方引进的,必然渗透着西方的文化思想与价值理念。在此背景下,山西大学堂章程的文本要素中无不渗透着中西方文化,这主要源于创办人岑春煊与李提摩太等人"中西合璧"的办学理念,具体体现在章程关于中西两斋的管理体制和教学内容的规定之中。

山西大学堂创建之初有关管理体制的规定体现在《晋省开办中西大学堂合同八条》中的第三条:"总管学堂一切事务,应用中西各一员必须熟悉中外情形者,意见方能融洽。"以及第八条"总管学堂中西各一员",并规定"教习学生华洋各一人"①。从章程文本可以看出,西学专斋在山西大学堂的办学中享有较大的独立性,可见山西大学堂在开办之初,中西两斋的管理相对比较独立,相互影响较小。

山西大学堂有关教学内容的规定体现在《设立晋省大学堂谨拟暂行试办章程》"订课程"的表述中:"中学课程华人自能妥订,至于西学,将以华人拟定则仅得皮毛,难求实际,将倚洋员拟定,则专门各种只有偏端","是以臣此次拟定晋省学堂课程,西学除算译及普通学中之格物外,余多从阙。专斋虽亦立有格化门类,然亦冀作后图,非敢略西详中,仍为不达实务之学"。此外,在该章程制定之前,已签订的《晋省开办中西大学堂合同八条》的第七条还对"中西大学堂"的名称缘由作了说明,"此学堂即名为中西大学堂,原为开启民智联合中西起见"②。由此可知,山西大学堂初期关于教学内容的规定已经涵盖"中学"与"西学"两个方面,这不仅受当时国家"中体西用"办学宗旨的影响,而且来源于岑春煊与李提摩太等创办者"中西合璧"的办学理念。

综上所述,山西大学堂建立之初的官办身份,使其必然与"中体

---

① 行龙:《山大往事》,商务印书馆2017年版,第209—210页。
② 行龙:《山大往事》,商务印书馆2017年版,第210—214页。

西用"的指导思想发生联系，章程中关于办学模式、办学特色和办学理念的规定也无法摆脱"中体西用"的束缚。然而，山西大学堂中西两斋不同的办学理念，使其管理体制和教学内容等方面均彰显出"中西合璧"的包容性特征。山西大学堂章程不仅规范了大学堂初创期的办学和管理，更赋予了山西大学堂在清末与其他大学堂不同的办学特色。这种中西两斋共同办学的大胆尝试，是在当时中西方文化碰撞的背景下，对中国近代大学章程的创立进行的一种艰辛而有益的探索。

第四节 晚清时期三所大学堂章程文本之比较

中国近代大学诞生于晚清时期，建立在中西方文化不断冲突与融合的时代背景之下，这种复杂性也渗透到清末各大学堂章程之中。通过对晚清时期三所大学堂章程文本的要素及特征分析，在"中体西用"教育思想的指导下，各大学堂基于不同的办学背景，结合自身的办学条件，作出了不同的制度选择。从表面上看，首先反映在各大学堂章程文本中关于学制规定、课程设置以及管理体制等方面。从深层次分析，还体现在各大学堂章程所具备的独特办学模式、办学特色以及办学理念之中。因此，对晚清时期北洋大学堂、京师大学堂和山西大学堂这三所近代大学的立校章程进行比较，有助于找出不同章程文本要素的独特之处，能够更加深入挖掘章程文本所蕴含的独特价值，如表 2-6 所示。

表 2-6　　　　晚清时期三所大学堂章程的文本概览

学堂名称	大学堂章程	文本要素的特点
北洋大学堂	《拟设天津中西学堂章程禀》	章程分头等学堂章程和二等学堂章程两大部分，具备了较为规范的框架体系和较为完整的要素内容

续表

学堂名称	大学堂章程	文本要素的特点
京师大学堂	《奏拟京师大学堂章程》 《钦定京师大学堂章程》 《奏定京师大学堂章程》	章节和条例的规定较其他章程更为详细和具体，不仅分列出章和节，而且其规范性和时代性更加突出
山西大学堂	《晋省开办中西大学堂合同八条》 《设立晋省大学堂谨拟暂行试办章程》 《中西大学堂改为山西大学堂西学专斋合同》	只有条例而没有分章节，章程结构还不够完善，尚未形成稳定的章节体系

一　办学理念

晚清时期，在中国近代大学堂章程的创立过程中，"中体西用"并不是唯一的选择。在不同建校背景和办学条件的影响下，各大学堂章程中体现出的办学理念也具有明显的差异，这些差异主要源自大学堂创办者所持的不同理念。洋务运动后，"中体西用"既是清政府坚持的教育立场，也是晚清时期大学教育的客观现状。随着洋务运动的不断发展，一些先进的爱国知识分子逐渐意识到"中体西用"的局限性。甲午战争失败后，有识之士开始反思洋务运动所奉行的"中体西用"是否可行的问题，并掀起了广泛的论辩。这场论辩的结果也反映在晚清时期三所大学堂章程文本的办学理念之中。北洋大学堂章程主张学习美国，奉行"西学体用"；京师大学堂章程主张借鉴日本，恪守"中体西用"；山西大学堂章程主要效仿英国，主张"中西合璧"。

北洋大学堂是中国近代第一所按照西方大学模式开办的大学，北洋大学堂章程之所以会引入"西学体用"的理念，并对中国传统教育进行比较大胆的改革，一方面源于"中体西用"为理念的洋务运动在甲午战争中的失败。盛宣怀开始反思"中体西用"理念存在的正确性与合理性问题，进而促使他在开办北洋大学堂并拟定章程的同时，寻找另外的办学理念来面对"中学"和"西学"的关系问题。

另一方面，丁家立参与了北洋大学堂章程的拟定，并主张效仿哈佛、耶鲁进行办学，直接引进西方大学的办学理念和办学模式。因此，"西学体用"就作为北洋大学堂的办学理念渗透在章程文本之中。与京师大学堂章程和山西大学堂章程相比，北洋大学堂章程在学习借鉴"西学"的道路上，既没有采用"中学为主，西学为辅"的办学模式，也没有坚持"中学为体，西学为用"的办学模式，而是采用了"西学体用"全盘西化的做法。这是近代大学办学模式上的一种新突破，也为中国学习西方科学技术打开了通道，培养了大批近代高级科技人才。其后开办的学堂多以北洋大学堂为榜样，章程的制定也学习借鉴北洋大学堂章程的主要做法，奠定了北洋大学堂在新式学堂中的重要地位。

京师大学堂章程既是晚清政府打造新式官学教育体系的一次重大探索，也是官学教育在新的时代背景下转型的大胆实践。梁启超起草的《奏拟京师大学堂章程》明确将"中学为体，西学为用"作为京师大学堂乃至全国高等教育的办学理念，该理念也成为京师大学堂创办者所秉持的办学理念。此后颁布的《钦定京师大学堂章程》和《奏定京师大学堂章程》中所体现出的办学理念也都是围绕"中体西用"制定的。在该办学理念的指导下，章程不仅强调以中国传统儒家文化作为立国和立身的根本，而且主张采用西方近代科学技术来富国强兵。与北洋大学堂章程相比，京师大学堂章程及其制定者表现出一种保守的心态。[1] 京师大学堂章程所蕴含的"中体西用"的办学理念，一方面遵循传统，确保了政府对新式教育的控制；另一方面也为新式教育的发展提供了必要空间，[2] 也促使京师大学堂章程成为中国近代第一部完整的大学堂章程典范。

---

[1] 祝士明、王世斌、王杰：《清末国立大学章程的差异性及其影响》，《天津师范大学学报》（社会科学版）2013 年第 6 期。
[2] 周详：《〈京师大学堂章程〉与清末教育制度的变迁》，《中国人民大学教育学刊》2013 年第 4 期。

山西大学堂章程中规定将山西大学堂分为中学专斋和西学专斋，并且两斋在办学目标、办学模式以及教学内容等方面都迥然不同。山西大学堂的创办是山西根据晚清政府所下诏书，将原令德堂书院和晋阳书院合并改建而成，是改建和新建并举，继承和创新的结合。山西大学堂具有鲜明的"英式风格"，西斋的教学内容和方法均与英国大学相同，主要学习西学课程，采用英文原版教材，由外籍教师任课。由此可见，山西大学堂采取了"中西合璧"的办学模式，这不仅是中国近代大学教育史上的一个创举，也是中国近代大学教育处理中西学关系的有益探索。山西大学堂章程主要借鉴了英国大学的办学模式，北洋大学堂章程与京师大学堂章程则主要分别取法美国和日本，在文本要素中较多地借鉴了这些国家先进的教育思想和教学内容。[①]由此观之，晚清时期三所大学堂章程的制定对中国近代大学章程的出台作出了艰辛而有益的尝试，为近代大学制度的发展作出了重要的贡献，开辟了处理中西学关系的多样化革新之路，如表2-7所示。

表2-7　　　　晚清时期三所大学堂章程办学理念之比较

章程名称	办学理念	主要思想来源
北洋大学堂章程	"西学体用"	美国
京师大学堂章程	"中学为体，西学为用"	日本
山西大学堂章程	"中西合璧"	英国

二　办学目标

晚清时期三所大学堂章程在特殊的历史背景和办学条件下运用而生，在"中体西用"的教育宗旨以及各学堂独特的办学理念影响下，找到了适合自身发展需要的办学目标。

盛宣怀在北洋大学堂章程中强调所要培养的人才是适应社会与时

[①] 周详：《〈京师大学堂章程〉与清末教育制度的变迁》，《中国人民大学教育学刊》2013年第4期。

代需求的专门人才。一方面，在"西学体用"办学理念的指导下，要将"西学"和"中学"相结合，并提出学习"西学"要以"中学"为根底，在此基础上学好西方近代自然科学以为我所用。因此，该章程中办学目标的最终落脚点是培养高级专门人才。此外，在晚清时期重农抑商的传统思想影响下，盛宣怀在章程中提出培养商务类人才的倡导无疑是中国教育史上的一次创举。① 另一方面，章程提出"兴学强国"的办学目标，主张将人才培养与社会需要相结合，强调学生要有真才实学，为国家和社会作出贡献。与京师大学堂章程和山西大学堂章程相比，北洋大学堂章程中的办学目标更具首创性和实用性。

张百熙在京师大学堂章程的开篇指出："立此章程的目的是为了国家的富强而求取人才。"可见，京师大学堂的办学目标是"致用"。这也体现出中国近代的大学教育开始从以人的通达、明理等精神内涵的追求，逐渐转为以经济建设、国家富强为目标。张之洞在章程中将办学目标指向"造就通才"，并认为"通才"是指掌握西学并通达时务的人才，要求"明体达用"，这与张百熙提出的办学目标相一致。② 由此可见，京师大学堂章程中"造就通才"的办学目标具体指教育要培养当时社会需要的各种专门人才，主要体现为掌握技艺的才能。然而，该目标并未体现出统治者的政治需求，因而章程又特别强调"激发忠爱""端正倾向"，凸显其德行的目标，这不仅构成了"中学为体"的政治文化基础，同时也为章程获得社会认同建立了思想基础。③ 与北洋大学堂章程中的办学目标相比，京师大学堂章程对"中体西用"办学理念的贯彻更为深入。鉴于京师大学堂是全国最高教育管理机构，其章程规定要将京师大学堂办成全国各省之表率。因此，

---

① 寻舒珊、邓李梅：《盛宣怀教育思想的剖析及其启示——以北洋大学堂和南洋公学教育模式为视角》，《湖北师范学院学报》（哲学社会科学版）2016 年第 2 期。
② 康全礼：《刍论清末大学教育理念》，《现代大学教育》2008 年第 6 期。
③ 邓璐：《清末基础教育课程政策决策研究》，博士学位论文，华东师范大学，2018 年，第 80 页。

京师大学堂"以中学为主,西学为辅;培养通才,首重德育;并以忠君、尊孔、尚公、尚武、尚实诸端,定其趋向"的办学目标,也成为后来各省开办学校的榜样。

山西大学堂章程开创了中西合璧的先河,使得山西大学堂成为中国近代高等教育史上中西教学共为一体之先例。① 由于中西两斋的办学背景不同,章程中关于两斋办学目标的描述也有显著不同。如中斋要秉持清廷颁布的京师大学堂章程中规定的"无论何学校,均以忠孝为本、以中国经史之学为基"的办学宗旨,遵循"学堂以中学为主,西学为辅;培养通才,首重德育;并以忠君、尊孔、尚公、尚武、尚实诸端,定其趋向"的办学目标,以期培养出为封建统治服务的"忠君爱国"之栋梁。② 西斋的办学目标则是"专为开导晋人知识,不再受诱惑",通过"考究中西有用之学"以"为开启民智联合中西起见"③。由此可见,西斋的办学目标与中斋完全不同,中斋依旧是"通才"教育,即以培养行政官吏为办学目标,而西斋进行的则是以西学为主的专才教育。然而,中西两斋也有共同的办学目标需要遵守,都是在"中体西用"的办学理念下,通过培养人才为清廷的统治以及山西地方教育经济的发展作出贡献。

综上所述,北洋大学堂章程受其制定者"西学体用"办学理念的影响,以"兴学强国"为目标去培养人才,在当时充满民族危机的历史时代,无疑具有首创性和实用性价值。京师大学堂章程与其他两部章程相比,有更多的规制作用与保守倾向,是标准的"中体西用"办学理念的延伸和体现,其办学目标主要为"忠君、尊孔、尚公、尚武、尚实"。山西大学堂章程在"中西合璧"办学理念的影响下,将

---

① 梁雷斑:《岑春煊在清末新政时期的教育实践及其理念研究》,硕士学位论文,东北师范大学,2011年,第27页。
② 北京高等教育志编纂委员会编:《北京高等教育志》(上),华艺出版社2004年版,第211页。
③ 山西大学纪事编纂委员会编:《山西大学百年纪事(1901—2002)》,中华书局2002年版,第1—5页。

办学目标定位于中西两斋不同的"通才"与"专才"教育,既开创了山西高等教育的新纪元,也较早地引进和传播了西方先进文化,并培养了一批利用"西学"振兴中国的有识之士,如表 2-8 所示。

表 2-8　　　晚清时期三所大学堂章程办学目标之比较

章程名称	办学目标	特点
北洋大学堂章程	"兴学强国"的办学目标,将人才的培养与社会实际需要相结合,使学生掌握实际才能,具有真才实学,为国家和社会作出贡献	首创性和实用性
京师大学堂章程	学堂以中学为主,西学为辅;培养通才,首重德育;并以忠君、尊孔、尚公、尚武、尚实诸端,定其趋向	规范性和保守性
山西大学堂章程	中学专斋是"通才"教育,以培养行政官吏为办学目标,西学专斋则是以西学为主的"专才"教育	包容性和灵活性

三　办学模式

晚清时期的大学堂在创建之时,制度文化所产生的张力既制约了大学章程的文本要素与内容,也影响了大学堂的办学模式。中国近代大学是移植西方大学的产物,晚清时期的大学堂在新建或改制时,在办学模式上也借鉴了西方不同国家的大学模式,同时受学堂创办者和章程制定者的办学理念影响。从晚清时期三所大学堂的章程文本来看,北洋大学堂章程的诸多条例显示出其主要采用了美国的大学模式,京师大学堂章程的章节条款体现出其借鉴的是日本的大学模式,而山西大学堂作为书院改学堂的产物,其反映于山西大学堂章程中的办学模式则主要来源于英国的大学。

根据北洋大学堂章程中关于头等学堂和二等学堂的规定,在"西学体用"办学理念的指导下,北洋大学堂呈现出美国大学的办学模式。如章程中指出:"职道与曾充教习之美国驻津副领事丁家立考究再三，酌拟头等二等学堂章程。"① 并且二等学堂（预科）、头等学堂（本科）、留学教育（研究生）三级办学模式也是借鉴于美国。北洋大学堂头等学堂和二等学堂的学制均为4年，这与美国大学的学制相同。此外，章程还引入了当时美国大学中"专才"与"通才"的人才培养理念。由此可知，北洋大学堂的办学模式着眼于当时世界高等教育前沿，② 这也为在中国开办西式大学提供了宝贵的经验。北洋大学堂章程中对西方大学办学模式的借鉴，在中国近代高等教育的变革中更具首创性。

在京师大学堂章程中，梁启超曾提出"今略依泰西日本通行学校功课之种类，参以中学"③。京师大学堂的办学模式主要借鉴了日本的大学，其中仍包含着大量的传统成分，"中体"的办学理念始终未变。事实上，京师大学堂在借鉴日本大学的办学模式方面也取得了很大的进步，主要体现在三个方面：其一，从办学层次来看，京师大学堂章程明确分为大学院、大学专门分科和大学预备科三个层次，参照了日本大学的研究生、本科、预科三级。其二，从学科分类来看，章程划分了具有不同学科性质的十个专门学科。其三，从课程设置来看，京师大学堂的课程分为三类，且完全引自西方，表明学堂已经接受了近代西方大学的课程设置模式。因此，京师大学堂章程虽然主张"中学"为体，但也接受了近代西方大学的办学模式，由此确立了西学在中国大学教育中的一席之地，并为此后其他学堂办学模式的构建树立了典范。

山西大学堂章程文本规定了山西大学堂采用中斋和西斋相对独立的办学模式，十年之内中学专斋由中人主持，西学专斋由西人经理，

---

① 朱有瓛主编：《中国近代学制史料 第1辑》（下），华东师范大学出版社1986年版，第491页。
② 王杰、祝士明编著：《学府典章——中国近代高等教育初创之研究》，天津大学出版社2010年版，第44页。
③ 朱有瓛主编：《中国近代学制史料 第1辑》（下），华东师范大学出版社1986年版，第657页。

即"一校两制"模式,这在当时中国大学办学模式中史无前例。其中,中学专斋的办学模式较多沿用了传统的"中学"进行教学,课程设置为经、史、政、艺四门,且开办之初的学生多来源于原晋阳书院和令德堂书院的毕业生。而西学专斋则由李提摩太总理,专学"西学",初办时只设有预科,教学内容与教学方法与英国相同,形成了不同于中斋的全新的办学模式。[①] 山西大学堂这种极具特色的"分斋"办学模式,不仅表明中斋和的西斋能够在"中西合璧"的办学理念中并存,也可看出晚清时期大学堂在处理中西学办学模式关系中所作出的创新性探索,如表2-9所示。

表2-9　　　晚清时期三所大学堂章程办学模式之比较

章程名称	办学模式	意义
北洋大学堂章程	二等学堂(预科)、头等学堂(本科)、留学教育(研究生)三级办学模式	为中国开办西式高等教育探索出了宝贵的经验
京师大学堂章程	大学院、大学专门分科、大学预备课三个层次	确立了西学在国内教育中的一席之地,为以后大学办学模式的构建树立了典范
山西大学堂章程	中学专斋和西学专斋相对独立的办学模式	实现了晚清时期近代大学堂对中西学办学模式的有益尝试

通过对晚清时期三所大学堂章程文本中关于办学理念、办学目标和办学模式的比较,可以深入了解各大学堂建立的特殊背景及其创办过程。晚清时期大学堂章程承载着各自大学堂的办学理念,彰显着各自的办学目标和办学模式。这些章程中所呈现出的差异,正是各大学堂在面对西方外来文化入侵之时,其创办者们对章程如何制定、学堂如何创建等进行的深刻思考与大胆尝试。这些创办者们的思考与尝试

---

① 王杰、祝士明编著:《学府典章——中国近代高等教育初创之研究》,天津大学出版社2010年版,第102页。

对今天大学章程的制定更显珍贵，其中所蕴含的宝贵经验值得后人反思和借鉴。

第五节　国立北京大学现行章程的文本分析

1912年5月，京师大学堂改称北京大学。民国初期的北京大学面临着许多危机，教育经费严重不足，封建保守气息浓厚，甚至步入停课停学的境地。为节省经费开支，时任北京大学校长的严复采取了归并科目、精简机构等措施。后来继任的几位校长也进行了一系列改革，但效果并不明显。1917年，蔡元培出任北京大学校长之后，为改变北京大学的封建保守气息，开始对北京大学发起改革。在"思想自由、兼容并包"的办学理念指导下，蔡元培对北京大学的师资队伍、管理制度、学科分类、社团建设等多方面进行了改革。在改革的过程中，以建立规章制度、革新管理体制为主要抓手，如《国立北京大学现行章程》就是其改革的成果之一。从此，北京大学的面貌焕然一新。

一　国立北京大学现行章程文本的要素构成

北京大学的前身是京师大学堂，研究北京大学章程不得不从研究京师大学堂开始。京师大学堂被视为中国近代最早的一所国立综合性大学。设立之初，梁启超受总理衙门委托拟定初期章程，即《奏拟京师大学堂章程》，成为当时最为系统的一部大学章程，其体例已经近似于今天的大学章程。1902年，兴学热潮再度兴起，管学大臣张百熙主持制定《钦定京师大学堂章程》。1904年，作为癸卯学制组成部分的《奏定京师大学堂章程》（附通儒院章程）颁布实施。《奏定京师大学堂章程》是京师大学堂已颁布的章程中最为完备的，与《奏定高等学堂章程》相互衔接，从制度上规制了中国近代高等教育的三级体系,即大学预科、分科大学、通儒院。① 民国初期,京师大学堂改称为北京大学,成为当时大学的代表。1917 年,蔡元培出任北京大学校长之后进行了一系列改革,于 1920 年领导制定并颁布《国立北京大学现行章程》。章程共 7 章 17 条,其中对北京大学的学制、内部组织机构等进行了规定,如表 2-10 所示。

表 2-10　《国立北京大学现行章程》文本的要素构成②

要素构成	具体内容
学制	本校学制分预科、本科、研究所三级。本科设数学、化学、哲学、中国文学、史学五学组共十八大学系
校长	校长总辖本校校务;校长办公室设秘书一人,办理校长之往来函件
组织机构	设评议会,以校长及教授互选之评议员组织之,校长为议长;决议学系废设或变更、机关废设、规则、预算、学位授予等其他学校重要事务 设教务会议,以教务长及各学系主任组织之,管理学校教务事宜 设行政会议,以校长及各常设行政委员会委员长组织之,校长为议长,教务长为当然委员,总务长为当然委员兼书记;主要职权为规划、审查学校行政事宜;行政委员会负责协助校长规划推行各部分事务,分常设委员会和临时委员会 设教务处,以教务长与各学系主任组织之,执行教务;教务长由各学系主任互选产生,任期一年不得续任;学系主任由教授会选举产生,管理本系教课上的事务 设总务处,学校事务由总务处管理,并规定总务长、总务委员及相关事宜;校医室隶属于总务处,办理治疗疾病事务

二　国立北京大学现行章程文本的特征分析

国立北京大学现行章程文本的内容与《大学令》相似,体现了严格的制定程序,凸显了完善的组织机构,彰显了"教授治校"的办学理念等特征。

---

① 马洪正:《我国近代大学章程的历史存在及其价值目标》,《江苏高教》2017 年第 11 期。
② 此表内容来源于笔者对《蔡元培全集》(第 18 卷·续编)中有关内容的归纳。

(一) 章程内容与《大学令》相似

1912年颁布的《大学令》规定:"大学设校长一人,总辖大学全部事务","大学设评议会,以各科学长及各科教授互选若干人为会员;大学校长可以随时齐集评议会,自为议长"①。《大学令》中规定由校长统一管理大学内部各种事务,大学设立评议会、教授会、行政会议等组织机构,负责大学的办学宗旨、各项规章制度、学科设置与废止、课程设置、学位授予、人事聘任等方面的确定和执行。大学内部管理事务一般由大学自主决定,有较大的自主权,比较独立,这在一定程度上体现着"大学自治""教授治校"的理念,政府并未有过多干涉。1917年,《修正大学令》的颁布为中国专门化高等教育的发展创造了条件。

仔细研读《国立北京大学现行章程》可知,章程的内容与《大学令》和《修正大学令》中的内容大致相同。事实上,在《国立北京大学现行章程》颁布实施以前,北京大学就将《大学令》作为自己的办学准则。在后来制定章程时,也是按《大学令》中的内容予以编纂的。因此,有学者认为,虽然《大学令》是一部全国性的高等教育法,实际上也成了国立北京大学的章程。② 在学制规定方面,则略有不同。《修正大学令》中将大学学制分为预科和本科两级,而在《国立北京大学现行章程》中,本着大学应该研究高深学问的理念,提出设各学系研究所。如:"研究生为各学系本科之三年级以上学生及毕业生专攻一种专门知识之所。"③ 研究所与现在的大学研究生院相类似,主要以培养研究生为主。

(二) 章程体现了严格的制定程序

1920年,在《修正大学令》的基础上,北京大学开始修订组织

---

① 中国蔡元培研究会编:《蔡元培全集》(第18卷·续编),浙江教育出版社1998年版,第349—353页。
② 马洪正:《我国近代大学章程的历史存在及其价值目标》,《江苏高教》2017年第11期。
③ 中国蔡元培研究会编:《蔡元培全集》(第18卷·续编),浙江教育出版社1998年版,第349—353页。

章程。为了保证章程的合法性与合理性，章程的制定经过了严格的程序。11月5日，北京大学评议会议决设立组织委员会起草章程，希望章程能够"内察事势之转移，外觇各国大学现行制度之短长，量为变通，以图尽善"，要求"从事修改大学内部组织章程，并推定梦麟为起草员，先后开会讨论了四次，于12月1日通过试行章程"。起草完毕后经评议会进行审议及修正，而后开始在全校试行。1920年5月，马叙伦领衔组织委员会对章程进行了多次修订，经评议会确认后于10月5日呈报教育部"鉴核备案"施行。10月26日，教育部颁布指令，准予备案。至此，《国立北京大学现行章程》被确立下来。

（三）章程凸显了完善的组织机构

章程中明确了北京大学内部组织机构的设置和权责分配。在组织机构的设置上，《国立北京大学现行章程》规定设立评议会、教务处、行政会议、总务处，并对机构的权限和人员组成进行了规定。其中，评议会是全校最高权力机构，其成员由教授互选之代表组成，享有对行政委员会委任、学系的设立与废更等学校重大事务的决策权。教务会议作为全校教学管理机构，协助校长领导全校的教学工作，教务长由教授推选。行政会议作为全校最高行政机构，依据评议会决议，"推行学校大政"，校长为当然议长，总务长与教务长为当然会员，各行政委员会委员长也均由教授推选。总务处主要负责处理全校庶务，类似于今天的后勤管理处，总务长兼总务部主任，由校长在总务委员中委任，总务委员在教授中产生。

（四）章程彰显了"教授治校"的办学理念

蔡元培在对北京大学进行改革时，特别推崇的办学理念就是"教授治校"。受蔡元培思想的影响，教授治校的理念也体现在章程中。教授不仅掌控着管理学术事务的权力，实际上也掌控着管理学校行政事务的权力。在对学校机构设置进行规定时，明确规定各机构的主要负责人"以教授为限"。在学校的学术事务处理方面，均由教授群体负责。根据《国立北京大学学科教授会》（1917年）和《国立北京大学现行章程》（1920年）中的规定，各系科教授会作为学校学术事务管理的核心机构，管理本系科所有的学术事物，包括学科教学的规划、课程设置、教科书选择、教学方法的改进、学生成绩考核等事项。① 在对学校机构设置进行规定时，明确规定各机构的主要负责人"以教授为限"。教授群体还可以通过各行政委员会对学校行政事务行使咨询与建议的权力。作为全校最高权力机关和立法机关的评议会，掌握着学校重要事项的决议权，其主要成员也是由教授群体组成。原文如下所述：

第三章　评议会

（六）评议会

评议会以校长及教授互选之评议员组织之，校长为议长。凡左例之事项须经评议会之议决：

（1）各学系之设立废止及变更。

（2）校内各机关之设立废止及变更。

（3）各种规则。

（4）各行政委员会委员之委任。

（5）本校预算及决算。

（6）教育总长及校长咨询事件。

（7）赠予学位。

（8）关于高等教育事件将建议于教育部者。

（9）关于校内其他重要事件。②

由此可见，教授群体除了掌握学术权力和行政权力之外，还拥有

---

① 刘强：《民国初期国立北京大学内部治理结构研究——基于〈国立北京大学现行章程〉与〈国立北京大学组织大纲〉的分析》，《教育与考试》2015年第3期。

② 中国蔡元培研究会编：《蔡元培全集》（第18卷·续编），浙江教育出版社1998年版，第349—353页。

学校的立法权。以教授群体为主要成员的评议会，作为全校最高的立法机构，大学章程制定与修改必须经过学校评议会审议通过之后，再送教育部进行核准、备案予以施行。教授群体通过评议会，掌握着学校大政方针的制定权，成为学校发展的掌舵者。

第六节 清华学校组织大纲的文本分析

1909年，晚清政府借美国所退还的"庚子赔款"设立"游美肄业馆"。1911年，游美肄业馆改名为清华学堂，于4月29日在清华园开学，其学制参照清政府《奏定学堂章程》与当时的美国学制，采用相当于美国六年制中学和二年初级学院的八年一贯制，兼有中等、高等教育性质。唐国安、周诒春、金邦正、曹云祥等人先后担任校长。1910年，唐国安任校长时，就有了开办大学的设想。周诒春执掌校务时期，扩充招生规模，增设校园建筑，为后续改革奠定了坚实的基础。1912年，清华学堂更名为清华学校，由北京政府外交部管辖。1916年，清华学校开始筹备开办大学的计划，当时的社会舆论也成为清华改革的动力之一。1920年初，随着国内民主思想的高涨，教育独立的呼声日益高涨，对清华留美预备部的教育亦有"青年出国，不谙国情，且易丧失国性"，"在国外所习知识学术，因不合中国社会，不能应用"等批评。[①] 1925年，学校在基础设施、师资队伍、学制规定、管理制度等各方面的条件已经成熟，设立了大学部，即"纯以在国内造就今日需用之人才为目的，不为出洋游学之预备"。同时，设立了国学研究院，开始向真正意义上的大学过渡。到1926年，大学部已开设17个学系，在当时国内的大学中占据着重要地位。

[①] 清华大学校史研究室编：《清华大学史料选编（第1卷）清华学校时期（1911—1928）》，清华大学出版社1991年版，第292页。

一 清华学校组织大纲文本的要素构成

1926年初，旧制部兼大学普通部主任张彭春的辞职，在清华上下掀起了关于学校组织的讨论，"自张教务长去职，教授治校之声浪，振动一时"，"余责张君以二年半之久，而未能置学校于稳固之根基；此所谓个人一去，而学校有动摇之劳也"，而"余所谓学校于稳固之根基者，即谓置校务于有组织的教授团体之上也"[①]。与此同时，在因张去职所引起的"挽张去恶"过程中，清华少壮派的势力得以扩展，越来越影响到清华校务的改革。在少壮派的促使下，1926年初，时任校长曹云祥组织成立了"清华学校改组委员会"，由全体教职员经大会推举曹云祥为主席，梅贻琦、戴超、陈达、钱端升、孟宪承、吴宓六人为委员（陈、钱、孟、吴皆为少壮派主将）。后于当年3月1日至8日共召开7次会议，历时40小时，制定了《清华学校组织大纲》草案，修正后，于4月15日经清华教职员会议三读通过，交由校长执行。[②]

《清华学校组织大纲》"系适应民治教育之潮流，依据教授治校之原则，同时不得不顾及本校特殊之实况，兼谋补救已往之阙失"[③]。通过梳理《清华学校组织大纲》，其内容首先是规定了清华学校的性质、修业年限。其中，学校学制由大学部、留美预备部以及国学研究院三部分组成，其中留美预备部是作为学校改革进程中的过渡学制而存在的。《清华学校组织大纲》对学校的校务组织机构进行了规定，包括校长、评议会、教授会、教务长、学系、行政部等，并对各个组织机构的人员构成、职能范围予以说明，如表2-11所示。

---

① 陆懋德：《清华之改革问题》，《清华周刊》1926年第4期。
② 苏云峰：《从清华学堂到清华大学（1911—1929）》，生活·读书·新知三联书店2001年版，第42页。
③ 清华大学校史编写组编著：《清华大学校史稿》，中华书局1981年版，第22页。

表 2 - 11　　《清华学校组织大纲》文本的要素构成

要素构成	具体内容
指导思想	清华学校自革新以来,组织方面采用教授治校之原则
学制总则	设大学部及留美预备部;大学部分本科及大学院,本科修业年限至少四年,毕业给予学士学位;学程以学系为单位
校长	统辖全校事务
机构设置	设评议会,以校长、教务长及教授会互选之评议员七人组织之,主要职权为学系及机关的废设和变更、制定规则、预算决算的审定、重要人事任免等学校重要事件 设教授会,以全体教授及行政部各主任组织之,主要职权为选举评议员及教务长、审定全校课程、议决向评议会建议事件、议决其他教务上公共事项 设行政部,每部设主任一人（或酌设副主任）,事务员及助理员等若干人,分掌各该部事务,概由校长委任之。细则另定
教务长	设教务长一人（名誉职）,综理全校教务,由教授会选举之,任期二年,于五月改选。主要职权为召集各系主任会议办理编制全校课程、考核学生成绩、主持招考及毕业事项、汇审各系预算等事项,施行学生训育,指导学生学业
学系及学系主任	本校得依课程之性质设立若干学系以本系教授、讲师、教员组织之 学系主任（名誉职）由该系教授、教员于教授中推举之,任期二年,于五月改选。学系主任之权为召集学系会议,办理编制本系课程、本系预算、推荐本系教授、讲师、教员及助教,审定本系设备购置、保管,本系教学及学生训育问题
附则	大纲之修正得由评议会以三分之二之通过,提出于教授会讨论决定之。大纲自公布之日施行

资料来源：笔者对王杰、祝士明编著的《学府典章——中国近代高等教育初创之研究》中有关内容的归纳。

此外,由于当时学校董事会尚处于改组期内,董事会与外交部关系尚未确定,大纲中暂没有涉及学校董事会的内容。

二 《清华学校组织大纲》文本的特征分析

《清华学校组织大纲》的文本确立了"教授治校"的制度,规定了评议会是最高权力机关,体现了大学拥有一定的自主权,初现了"校—系"分级管理模式等特征。

（一）大纲确立了"教授治校"的制度

民国时期，"教授治校"是众多大学维护学术自由、大学自治的一面旗帜，而清华却囿于创立之初的特殊性，很难做到与政府之间划清界限。清华学校曾一度处于外交部、董事会以及校长共同管理的状态。随着学生和教师力量的壮大，"教授治校"的呼声日益高涨。直至《清华学校组织大纲》的颁布，"教授治校"制度被正式确立。《清华学校组织大纲》的第四章规定设立教授会，并对组成人员和职权范围予以说明。原文如下所述：

> 第四章　教授会
> 第十二条　本校设教授会，以全体教授及行政部各主任组织之，由校长为主席，教务长为副主席。
> 第十三条　教授会之职权如下：
> 一、选举评议员及教务长；
> 二、审定全校课程；
> 三、议决向评议会建议事件；
> 四、议决其他教务上公共事项。
> 第十四条　教授会之细则另定之。[①]

学校在对评议会、教务长、学系主任等人员安排上，也是由教授会选举或是在教授中选任。此外，教授会还有讨论章程修改的权力。由此观之，教授会的设立，保证了教授群体参与学校重要事项的权力，初步确立了教授治校的制度。

（二）大纲规定了评议会是最高决策机关

《清华学校组织大纲》中规定了设立评议会，对其职权范围、人员组成及任期进行了规定。评议会的职能相当于学校之前的"校务会

---

① 王杰、祝士明编著：《学府典章——中国近代高等教育初创之研究》，天津大学出版社2010年版，第310—311页。

议"。原文如下所述：

第九条　评议会之职权如下：

一、规定全校教育方针；

二、议决各学系之设立、废止及变更；

三、议决校内各机关之设立、废止及变更；

四、制定校内各种规则；

五、委任下列各种常任委员会：

　　甲、财务委员会

　　乙、训育委员会

　　丙、出版委员会

　　丁、建设委员会

六、审定预算决算；

七、授予学位；

八、议决教授、讲师与行政部各主任之任免；

九、议决其他重要事件。

第十条　评议员之任期一年，于每年五月改选。

第十一条　评议会之细则另订之。[①]

由此可知，评议会掌握着学校众多重要事项的决议权。学校的教授会和评议会相互制衡，从《清华学校组织大纲》的规定来看，评议会是全校最高决策机关，但人员组成却受到教授会的牵制。在对评议会的人员组成进行规定时，除校长和教务长外，由教授会互选之评议员组成。而教务长和评议员是由教授会选举而出。如此一来，评议会实际上成为教授会的派出机构。此外，在评议会一章的附注中规定，评议会决议的许多事项须征得教授会意见，在教授会三分之二否

[①] 王杰、祝士明编著：《学府典章——中国近代高等教育初创之研究》，天津大学出版社 2010 年版，第 310—311 页。

认时须交评议会复议。因而有学者认为,"评议会好像是教授会的常务委员会"①,因此,教授群体掌握了学校事务的实际决议权,进一步体现了"教授治校"的制度。

(三)大纲体现了大学拥有一定的自主权

《清华学校组织大纲》中对组织机构的设立很大程度上是根据本校实际需要而开设的。为促进国内高校进一步发展,北京政府教育部于1924年颁布了《国立大学校条例》。关于大学组织方面,第13条至第16条,规定了国立大学内部的组织设置,包括董事会、评议会、院(系)主任、教务长及校务会议等组织。但当时清华学校隶属于外交部,直接听命于外交部所派的董事会,这样的外部制度环境,使得清华学校在校务改革上,可以不必限于教育部所设规章。因此,尽管《国立大学校条例》中并没有关于大学内部设立教授会的规定,《清华学校组织大纲》仍可照设不误。清华学校教授会与评议会,作为全校性的教授群体组织与代表组织,更多反映了教授参与校务管理的需要。由此可见,当时的清华学校具有很大的自主权,这是较之当时其他院校得天独厚的条件。《清华学校组织大纲》中对教授会、评议会的规定,均表明其所赋予教授群体的权力是高于《国立大学校条例》中所规定的教授之权力的,从而为清华学校的"教授治校"奠定了制度基础。

(四)大纲初现了"校—系"分级管理模式

学校层级、学院层级和学系层级之间的权力分配,涉及大学基层院系组织的学术功能是否能够有效发挥。《清华学校组织大纲》中规定,学校在教务上施行的是"校—系"两层分级管理模式。学系主任在处理本学系事务时,还要接受教务处领导,参与管理学校的教学事务。《清华学校组织大纲》有一章对学系及学系主任进行了规定。学校因课程不同设立若干学系,并且学系主任在本学系教授中推选,主任在职权范围内处理本学系事务。同时,学系主任被教务长召集办理

---

① 冯友兰:《冯友兰自述》,中国人民大学出版社2004年版,第263页。

学校的教务，如"编制全校课程、考核学生成绩、汇审各学系预算"，各学系之间的权利平衡，等等。原文如下所述：

> 第六章　学系及学系主任
> 第十七条　本校得依课程之性质设立若干学系。
> 第十八条　学系以本系教授、讲师、教员组织之。
> 第十九条　学系主任（名誉职）由该系教授、教员于教授中推举之，任期二年，于五月改选。
> 第二十条　学系主任之权为召集学系会议，办理下列事项：
> 一、编制本系课程；
> 二、编制本系预算；
> 三、推荐本系教授、讲师、教员及助教；
> 四、审定本系图书仪器之购置及其他设备；
> 五、保管本系一切设备；
> 六、讨论本系教学及学生训育问题。[1]

科层制管理模式有利于高层领导者把主要精力集中于学校发展的重大事项上，而不至于因琐事影响对学校的宏观管理。基层组织也可根据其实际情况进行更加行之有效的微观管理。这一时期，清华学校就形成了"校—系"分级管理模式，并在学校章程中将其制度化。

第七节　东南大学组织大纲的文本分析

国立东南大学成立于1921年，其前身是在前清两江优级师范学堂基础上于1914年筹办设立的南京高等师范学校，通常简称为"南高"或"南高师"，以下简称"南高"。1915年夏，南高开始办学，

---

[1] 王杰、祝士明编著：《学府典章——中国近代高等教育初创之研究》，天津大学出版社2010年版，第310—311页。

成为当时国内第五所高等师范学校。①南高成立后,经稳健发展粗具规模。1914年,正在哥伦比亚大学攻读教育学博士学位的郭秉文接到校长江谦邀请,返回国内,就任南高教务长,1918年代理校长职务,次年获得正式任命成为校长。②上任后,郭秉文对学校管理制度进行了改革,南高取得了显著进步。南高在办学过程中取得了丰硕的成果,但仍只是培养中学和师范生的学校,离真正意义上的大学还有很大差距。五四运动后,南高改革为东南大学的呼声日益高涨。1920年4月7日,南高召开校务会议,与会人员通过《拟请改本校为东南大学案》并组织"筹议请改本校为东南大学委员会"③。该委员会经过数次会议,形成《改南高为东南大学计划及预算书》。1920年年底,东南大学的筹备进入实质阶段。更名为东南大学后学科更加齐全,达到5科28系,学科之全居全国之冠。时任东南大学校长的郭秉文为东南大学的发展寻找一切机会,他多方筹资建立图书馆、体育馆、科学馆、实验室,以及创办上海商科大学等改善教学和科研条件。当时取得了非凡的办学成就,出现了一批享誉国际的科学家、教育家、文学家和历史学家,成为20世纪20年代中国办学成就显著的大学之一,被誉为东南最高学府,与蔡元培领导的北京大学齐名,时有"北有北大,南有东大"之称。

一 东南大学组织大纲文本的要素构成

东南大学的前身是南京高等师范学校,其组织机构较为简单,设总务处统管全校事务,总务之下设教务、斋务、庶务三处,校长与三处主任共同组成校务会议,商讨学校的重大事宜。1920年,郭秉文任南京高等师范学校校长后,提出将学校建立成国立综合大学。同年12月,教育部任命郭秉文为东南大学筹备员,组建筹备处。从筹备

---

① 前四所分别是北京高等师范学校、四川高等师范学校、广东高等师范学校和武昌高等师范学校。
② 储朝晖:《中国近代大学精神史》,人民教育出版社2013年版,第296页。
③ 东南大学高等教育研究所编:《郭秉文与东南大学》,东南大学出版社2011年版,第118页。

处职员会议的记录可知，大学的制度设计成为该会议最重要的讨论议题，其要点主要涉及以下六个方面："一为董事会与学校之关系；二为高师与大学之关系；三为行政方面之组织；四为如何设科；五为南京与上海之关系；六为行政、评议、教授三者相对之位置及关系。"这六个方面涉及校内与校外关系、科系设置、宁沪办学、学术与行政权力的划分等。① 筹备处在12月30日职员会议上初步确定了以校董会和校长并列，下设行政、教授和议事三项的大学组织机构。1921年6月6日，东南大学在上海召开董事会，讨论董事会章程，会议通过了《东南大学组织大纲》，并由董事会交由教育部呈大总统批准。1921年7月，《东南大学组织大纲》得到教育部的批准，正式成立东南大学，郭秉文担任首任校长。通过梳理《东南大学组织大纲》可知，其基本内容分为定名、校址、目的、学制、组织5章共46条。首先是对学校名称、校址、目的的规定。第一章将学校定名为国立东南大学。第二章是对学校校址的说明，将南京高等师范学校进行扩充，另再设分部于其他地点。第三章阐明了学校以"研究高深学术、培养专门人才"为目的。第四章、第五章比较详细地阐述了学校的学制和组织机构。学制中将学校的科系设置、附属学校、学生考核、学位授予等进行了明确规定。"组织"一章中对学校的组织机构设置、人员组成、权责范围等进行了逐条说明，如表2-12所示。

表2-12　　《东南大学组织大纲》文本的要素构成

要素构成	具体内容
定名	国立东南大学
校址	以南京高等师范学校之一部加以扩充，并得设分部于其他适宜地点
目的	研究高深学术，培养专门人才

---

① 牛力：《分裂的校园：1920—1927年东南大学治理结构的演变》，《中山大学学报》（社会科学版）2017年第1期。

续表

要素构成	具体内容
学制	横向学科设置上，设国文、英文等共计二十二个学系；根据各学系的性质，分为文理科、教育科、农科、工科、商科 纵向上，设预科、本科、研究科，分年办理；另设推广部 设附属中学校、附属小学校，为教育科研究之用 规定学程采用学分制、得分规则和学位授予
组织	设校长，总管全校事务，由教育部呈请大总统任命之 设校董会，简章另定 科、系主任和教授均由校长聘任 设教授会，职权有建议系与科之增设废止或变更于评议会、赠予名誉学位之议决、规定学生成绩之标准、关于其他教务上公共事项共四项；规定了教授会的组织规则；科、系教授会负责本科系事务 行政机构上，设教务部、事务部、会计部、文牍部、图书部等十一部，各部设主任一人，职员、事务员均由校长聘任；办事细则另订之 设行政委员会，负责规划全校公共行政事宜、审查行政各部事务、执行临时发生之各种行政事务 设评议会，负责本校教育方针、用于经济之建设事项等学校重要事务；同时规定了评议会的人员组成及产生方式。为便于商榷校务，评议会下设有学生自治委员会、运动委员会、图书委员会等八个常设委员会
经费	经费以国款、学费暨其他捐款充之
附则	大纲呈请教育部核准施行

资料来源：笔者对《南大百年实录：中央大学史料选》（上）中有关内容的归纳。

二 《东南大学组织大纲》文本的特征分析

《东南大学组织大纲》的文本明确了校长领导下的"三会制"，载明了校长"总管全校事务"，体现了学校重视社会服务等特征。

（一）大纲明确了校长领导下的"三会制"

为实现民主治校，积极发挥教授作用，《东南大学组织大纲》对学校的管理体制作了进一步的完善，施行校长领导下的三会制，即评议会、教授会和行政委员会，三会的主席皆由东南大学校长兼任。"三会"设在校长之下，管理职能各有分工、相互制衡，形成"三会一体"的运行体制。

评议会是议事机构，主要决议学校的教育方针、学校规划以及各项经济支出等重大事务。评议会由校长、学科主任、各系教授代表、行政各部代表、附中和附小的代表组成。评议会下设8个专门委员会，如招生委员会、学生自治委员会等。遇临时事务，设临时委员会。各委员会设主任1人，委员若干，由校长在评议会会员中指任。

教授会主要负责全校教育事务，由校长、各科系主任及教授组成，主要职能有：建议系与科之增设、废止或变更；颁授名誉学位制决议；规定学生成绩之标准；议处全校教育上的公共事项。教授会下设5科：工科、农科、商科、教育科和文理科。

行政委员会主要负责执行全校行政事务以及协助校长处理校务，主要职能有：规划全校公共行政事宜、审查行政各部事务、处理临时发生的各种行政事务。行政委员会下11个部：如会计部、事务部、出版部等。

由上可知，评议会、教授会作为议事性质的机构，有一定比例的教授代表，其教授代表参与了校政，包括教育方针、学制、规章、财政与学位授予等事务的讨论，拥有较多的民主参政议政权力。郭秉文认为，大学应该由教育家独立去办理，否则就不能保持学校的纯洁性。学者就是学者，不应亲近政治势力，力主"学者治校"。由于施行"三会制"，校长本人只管大政，具体校务交由教授管理。教授在校务、教务、系务中均享有较大的权力，这也激发了教授的积极性，促进了学术研究和人才培养，从而实现"教授治校"。通过施行"三会一体"的学校管理体制，在提高了学校内部决策过程的民主化和科学化的同时，也为决策的施行提供了保障，这是东南大学迅速崛起的重要因素。

（二）大纲载明了校长"总管全校事务"

第五章组织的第一条是对学校校长的规定。大纲中明确说明校长是由教育部呈请大总统任命之，职责权限则是"总管全校事务"。大纲中规定了校长在全校人事权上有至高无上的权力，原文如下所述：

第十三条　大学各科设主任一人，由校长延聘之。
第十四条　各系设主任一人，由校长延聘之。
第十五条　各系设教授若干人，由校长延聘之。

第十六条　各系于必要时得设讲师、助教或助理，由校长延聘之。

……

第二十三条　各部设立主任一人，由校长延聘之。

第二十四条　各部职员由校长延聘之。

第二十五条　各部于必要时得设事务员若干人，由校长函聘之。①

由上可知，学校各科各系主任、教授、讲师、助教、各部主任、职员等人员都是由校长聘任的，可见校长的人事权之大。此外，学校的各大重要机构均是由校长担任主席，如教授会、行政委员会等。郭秉文担任校长时期，招揽了许多优秀人才，包括一大批国内外著名学者，使东南大学拥有雄厚的师资力量，学术发展日渐繁荣。

（三）大纲体现了学校重视社会服务

东南大学是最早明确将社会服务视作高等教育职能的国立大学。深受美国办学模式影响的校长郭秉文从一开始就在教育和社会之间建立了密切的联系，以社会需求办学、"学"与"术"并重，设立董事会制度，探索社会办学的路径，形成了东南大学与众不同的办学特色。五四运动以后，为顺应社会经济发展的需要和教育平民化的趋势，东南大学及时调整办学思路，借鉴美国大学的办学模式，轰轰烈烈地开展社会服务事业。《东南大学组织大纲》中第七条规定设立推广部，分校内特别生、通信教育、暑期学校三个类别。推广部的设立正是郭秉文效仿美国的办学模式，将教育与社会相联系的产物。为方便推广活动的进行，在评议会下设推广教育委员会为常设委员会。到1923年，推广教育已成为东南大学最具特色的教育内容。东南大学的办学宗旨已远远超出研究学术和培养人才两个目的，在其组织大纲

---

① 《南大百年实录》编辑组编：《南大百年实录：中央大学史料选》（上），南京大学出版社2002年版，第127—130页。

中增加了社会服务的内容，具体表述为：本大学以研究高深学术培养专业人才指导社会事业为宗旨，确立大学服务社会的职能。这是中国大学首次在办学宗旨上将社会服务与教学、科研并列在一起。

第八节　交通大学大纲的文本分析

交通大学最早可追溯到南洋公学和山海关北洋铁路官学堂。甲午战争之后，一些有识之士提出诸多救亡图存的主张，学习西方国家开办新式学堂即在其中。1895年，洋务官员盛宣怀在天津创办了北洋西学学堂，1896年又到上海创办了南洋公学。1897年4月，委任何嗣焜为南洋公学总理（校长）。南洋公学是一所官办民助的新式公立学校，学校经费半由商民（招商局、电报局）所捐，半由官助，是为公学。清末称今上海地区为南洋，故学校取名为南洋公学。1896年，清朝直隶总督兼北洋大臣王文韶奏设了山海关北洋铁路官学堂。作为中国近代教育史上建校最早的高等学府之一，交通大学在120余年的办学历程中，形成了优良的校风、学风和光荣的传统，在20世纪二三十年代成为享誉海内外的综合性著名高等学府。交通大学在历史的变迁中衍生出5所大学：上海交通大学（包括原上海农学院、上海第二医科大学）、西安交通大学（包括原西安医科大学、陕西财经学院）、西南交通大学（原唐山交通大学）、北京交通大学（包括原北京电力高等专科学校）和交通大学（位于台湾省新竹），堪称中国高等教育的"加州大学系统"（UC）。

一　交通大学大纲文本的要素构成

1898年6月，由何嗣焜亲自主持制定的《南洋公学章程》是交通大学最早的一份管理章程。[1] 该章程是南洋公学的总章程，也是交

---

[1] 侯佳：《中国近代大学章程文本的基本要素分析——以〈交通大学大纲〉和〈复旦大学章程〉为例》，《山西大学学报》（哲学社会科学版）2018年第3期。

通大学校史博物馆至今为止最为珍贵的历史文献之一，更是迄今所发现的中国大学最早的一份管理章程，对于研究中国近代高等教育有着极其重要的史料价值。

1920年，交通部以"交通要政，亟须专材"为由，提议将地处北京的邮电学校和铁路管理学校，河北的唐山工业学校，上海的上海工业专门学校进行合并，组成交通大学。1921年2月，叶恭绰主持制定《交通大学大纲》并呈与时任总统。《交通大学大纲》共有14章，分别为：定名、校址、经费来源、学制、学程、董事会、校长、主任及教职员之任用、校长及主任之权责、评议会、行政会议、教务会议、教务处、事务处、附则等，如表2-13所示。

表2-13　　　　　《交通大学大纲》文本的要素构成

要素构成	具体内容
定名	交通大学
校址	就原有之校址及设备，暂将经济部各科设于北京，理工部各科设于上海及唐山；中学各依其所附属之学校；专门部各科及特别各班，各依临时之需要而定
经费来源	以交通部育才经费及其他所筹得之款充之
学制	本大学分经济部、理工部、专门部，另设附属中学及特别班。部下设科。中学为大学预科，分文实两科
学程	经济部、理工部四年毕业，授以证书称学士；专门部三年毕业，给以证书称业士；附属中学四年毕业，特别班毕业年限依学科而定，均授以证书
机构设置	设董事会，明确董事会董事的任职资格，人数，选举办法及权责范围。同时，明确校长，主任及教职员任职资格与权责 设评议会，以校长为会长，校长不在当地时，以学校主任为会长。校长或学系主任，遇有校务讨论时，得召集评议会。同时规定了评议会的职权范围。设行政会议，协助校长规划全校事务。以校长、学校主任、教务长、常设行政委员会委员长及事务长组织。校长为议长 设教务会议，以教务长及各科长组织，协助校长及各学校主任规划教务，督促进行。同时，设教务处和事务处协助管理
人事制度	规定了校长、主任及教职员的任用制度及权责。校长由董事选举，经由交通部呈请大总统任命而产生，主持全校教育、管理事务、统辖学校教职员工。各学校主任承校长之命，负责管理本校教育、事务

续表

要素构成	具体内容
附则	大纲的修订须经过半数以上董事之提议，四分之三以上董事之出席，出席人四分之三以上之议决；大纲自颁布之日起施行

资料来源：笔者对王杰、祝士明编著的《学府典章——中国近代高等教育初创之研究》中有关内容的归纳。

二 交通大学大纲文本的特征分析

交通大学大纲的文本体现了学校重视培养专才，规定了学校的人员聘用及其权责，明确了四会并行的内部管理模式等特征。

（一）大纲体现了学校重视培养专才

交通大学的成立是由时任交通总长的叶恭绰计划施行，后经交通部呈请大总统任命，叶恭绰为交通大学首任校长。《交通大学大纲》的第三章阐明了学校的经费来源于交通部育才经费及其他筹款。在专业划分方面，学校的设置也呈现出明显的专业分类。学校分为经济部、理工部、专门部，部下再设科，各科的设置偏向于交通类、工商类。关于董事会的董事选任资格中也规定，"有工业或经济专门学术者、曾办理交通事业卓著成绩者"[1]。由此可知，其文本内容明显体现出交通大学重视培养专才，与交通运输、商业、工业等有着密不可分的联系。

（二）大纲规定了学校的人员聘用及其权责

在《交通大学大纲》中第七章和第八章分别对学校和附属中学的人员聘用及其权责进行了明确的说明。原文如下：

> 第七章 校长、主任及教职员之任用
> 第十三节 大学设校长一人，由三分之二以上出席董事之推举，经由交通部呈请大总统任命之。

---

[1] 王杰、祝士明编著：《学府典章——中国近代高等教育初创之研究》，天津大学出版社2010年版，第314—316页。

第十四节　各学校设主任各一人，由大学校长推举，经董事会同意，聘任。

第十五节　附属中学主任，由所附属之学校主任推举，呈由大学校长聘任。

第十六节　各特别班主任，均由大学校长聘任。

第十七节　各学校所属教职员，均由各校主任聘任，呈报大学校长。

第八章　校长及主任之权责

第十八节　大学校长主持全校教育，管理事务，统辖各校主任暨教职各员，稽核其称职与否而掌其进退。

第十九节　大学校长督率各校主任会同各科科长、教员、审察学生学业成绩、操行，照章偿罚，整肃校规。

第二十节　大学校长裁定经费出入，督饬各校会计员造送预算，送报交通部及董事会核销。

第二十一节　各学校主任承校长之命，办理一校教育，管理事务，统辖教职各员，稽核其称职与否而报告于校长。

第二十二节　各学校主任承校长之命，办理第十八节、十九节各事项。[①]

由上观之，《交通大学大纲》中的内容对学校人事聘用及其权责的规定较为详细，对校长和各级人员的产生办法及其权责范围予以明确规定。如校长拥有的权力包括聘任学校的主要人员、督率教务、裁定经费等。各主任负责校内的教育、管理等事宜，统辖本校教职员工。在大纲中对学校人事聘用及其权责进行明确规定，有助于校长和其他人员在学校的日常管理中发挥有效的作用。

---

① 王杰、祝士明编著：《学府典章——中国近代高等教育初创之研究》，天津大学出版社2010年版，第314—316页。

(三) 大纲明确了四会并行的内部管理模式

《交通大学大纲》规定，交通大学的内部管理由四大会组成，分别是董事会、评议会、行政会议、教务会议。交通大学效仿西方大学，成立了董事会，第六章对董事会的相关规定予以说明。首先对董事会董事的任职资格进行了说明，进而对董事会董事的数量和选举办法、候补董事的数量进行了说明。最后，规定了董事会的权责范围，共有5项，分别是"（甲）规定教育方针，（乙）核定学科与规章，（丙）筹划经费，（丁）监督财政，（戊）推举校长"[1]。此外，《交通大学大纲》的附则中规定，此大纲的修正也须由董事会决定，如"本大纲经过半数以上董事之提议，四分三以上董事之出席，出席人四分三以上之议决，得修正之"[2]。第九章是对学校评议会的规定，以校长为议长，校长和主任都有权召开会议，同时规定了评议会的职权范围。学校的行政会议负责协助校长规划全校事务。以校长、学校主任、教务长、常设行政委员会委员长及事务长组织，校长为议长。学校教务会议由教务长及各科长组织，协助校长及各学校主任规划教务，督促进行。学校教授会负责管理本科教授上之事务。此外，还设置教务处和事务处协助管理。由此可见，大纲的文本内容充分体现了交通大学的内部管理模式，其中，"董事会是学校的立法机关和最高权力机关"[3]，对学校的重大事宜具有决定权。

第九节　复旦大学章程的文本分析

复旦大学最初是由震旦学院发展而来。1903年2月27日，马相

---

[1] 王杰、祝士明编著：《学府典章——中国近代高等教育初创之研究》，天津大学出版社2010年版，第314—316页。
[2] 王杰、祝士明编著：《学府典章——中国近代高等教育初创之研究》，天津大学出版社2010年版，第314—316页。
[3] 李士群主编：《拼搏与奋进——百年回顾与思考》，北京交通大学出版社2006年版，第49页。

伯在上海徐家汇天文台旧址创办了中国近代第一所私立大学——震旦学院。"震旦"一词出自梵文，意即中国。在英语中，亦有黎明、曙光的含义。马相伯将震旦学院喻作旭日东升，担负着以教育开启中国曙光的重任。1905年春，由于天主教耶稣会干涉校政，于右任、邵力子等原震旦公学学生脱离震旦，拥戴马相伯在吴淞创办复旦公学。6月29日，原震旦学院教师于《时报》登载《前震旦学院全体干事中国教员全体学生公白》，是为"复旦"校名之始。1911年辛亥革命爆发，学校一度停办。1913年，复旦重新开学，李登辉为复旦大学校长。1917年改名为私立复旦大学，下设文、理、商三科以及预科和中学部。在李登辉担任校长期间，复旦大学逐渐发展成为闻名全国的私立综合性大学，形成了从中学到研究院的完整办学体系。复旦大学在其办学过程中根据外部环境的变化适时作出调整，在当时已经显现出办学国际化的战略思维。

一 复旦大学章程文本的要素构成

《震旦学院章程》创立于1902年，其内容在今天看来虽然非常简短，却可看出复旦大学的办学起点之高。震旦学院虽非大学，但其所开设的课程在当时是非常先进的，办学模式极具特色。虽然人才培养范围有限，"以广延通儒，培成译才为宗旨"，但是要求很高，如"本学院既广延通儒，治泰西士大夫之学，其肄业之书，非名家著Classicalauthor不授"[①]。当时的震旦学院已经具备四个办学特点：一是学生自治，除马相伯任监院外，学院一切日常管理事务均由学生负责；二是导门径，教学采用启发式，养成学生自由探讨之风；三是重讲演，每周日都举行学生讲演训练，培养学生的表达能力；四是习兵法，聘请外国军官教练学生新式兵操，已备日后革命所需。这些办学特点皆源自对《震旦学院章程》文本内容的归纳，可见其章程在当

---

① 《复旦大学百年志》编纂委员会编：《复旦大学百年志（1905—2005）》上，复旦大学出版社2005年版，第8页。

时及以后的大学发展过程中发挥了重要的促进作用。《复旦公学章程》创立于1905年,自复旦公学创办开始,对学生的管理便极为重视,具体做法更是突出体现在学校章程文本中,如对学生的休假就有明确规定:"除每星期例假外,其余假日如左:端午,秋节各一日,国庆日,圣诞日,开校纪念日。"① 可见其对学生管理的重视程度之高。综观该章程共19章,分为:纲领及宗旨、分斋及学级、学科程度、学期休假、入学程度、保证书及保证人、学额、入学应缴费、考试升班及卒业、告假、惩戒、退学、除名、自修室规则、课堂规则、膳厅规则、宿舍规则、演说规则、体操场规则、游息规则、杂诫、余列等,其内容之丰富已经基本涵盖了学生在校生活的方方面面,为此后《复旦大学章程》的编纂提供了可资借鉴的经典蓝本。

《复旦大学章程》创立于1920年,是在原有基础之上通过参照美国耶鲁大学章程修订而成,其目的是为了更好地满足当时大学治理的需要,同时既能够借鉴国外大学先进的办学经验,又与国内教育部所规定的学制年限不相违背。该章程共有28章,分为:宗旨与编制、学期及休假、入学程度、投考规则、入校规则、缴费、大考规则、授凭规则、优待生及贷费规则、奖励规则、告假规则、寄物规则、惩戒规则、课堂规则、自修规则、宿舍规则、膳厅规则、游息规则、杂诫、学校自治、藏书、演说、运动会、杂志、音乐、演剧、英语辩论会、兵操童子军及技击等,如表2-14所示。

表2-14　　　　　《复旦大学章程》文本的要素构成

要素构成	具体内容
宗旨与编制	第一章为宗旨与编制。宗旨:以研究学术、造就专科人才为宗旨 编制:分国文、大学、中学三部。大学分预科、本科二级
学制	第二章及第三章是关于学校的制度安排。学期及休假;入学程度

---

① 王杰、祝士明编著:《学府典章——中国近代高等教育初创之研究》,天津大学出版社2010年版,第323页。

续表

要素构成	具体内容
规则	第四章至第十八章是学校各种规则的说明，包括投考规则、入校规则、缴费、大考规则、授凭规则、优待生及贷费规则、奖励规则、告假规则、寄物规则、惩戒规则、课堂规则、自修规则、宿舍规则、膳厅规则、游息规则等十余种规则
学生权利	第十九章至第二十八章是关于学校其他事宜的安排，包括杂诫、学校自治、藏书、演说、运动会、杂志、音乐、演剧、英语辩论会、兵操童子军及技击等

资料来源：笔者对王杰、祝士明编著的《学府典章——中国近代高等教育初创之研究》中有关内容的归纳。

二 复旦大学章程文本的特征分析

复旦大学章程的文本明确了办学理念和办学宗旨，彰显了学校重视学生的发展权利，体现了学生参与学校自治，呈现了国际化战略思维等特征。

（一）章程明确了办学理念和办学宗旨

大学章程是"文字上的大学"，反映的是大学的制度性要求，而大学理念则是"看不见的大学"，体现的是大学的精神诉求。[①] 综观《震旦学院章程》《复旦公学章程》《复旦大学章程》，它们将一所中国近代私立大学的历史演进过程成功的展现在世人面前。震旦学院虽非大学，但是其所开设的课程在当时是非常先进的，办学宗旨极具特色，如在其章程中写道："本院以广延通儒，培成译才为宗旨。"可见其办学理念不仅是对西方教育模式的积极参照，同时也是对中国教育的大胆创新。复旦公学时期的办学宗旨是以研究泰西高尚诸学术，由浅及深，行远自迩，内之以修立国民之资格，外之以栽成有用之人才。复旦大学时期的办学宗旨仍是以研究学术，造就专科人才为宗旨。由是观之，三个不同时期所确定的较高层次的办学宗旨，充分体现出复旦大学高起点、重特色、尚理念的办学风格。

---

① 林晖：《理想与权宜之间：大学章程中的大学理念》，《复旦教育论坛》2012 年第 5 期。

（二）章程彰显了学校重视学生的发展权利

学生的发展权利能否得以保障，直接关系到人才培养的质量。大学章程注重对学生发展权利的保障，大致可从学生的学业事务规定、学生的道德养成规则、学生参与学校活动的权利等方面来进行。《复旦大学章程》中对学生的入学、考试、授凭规则均有详细说明。众所周知，德育是学生发展的重要组成方面，该章程全面规范了学生的道德养成规则，如告假、惩戒退学除名、课堂规则、自修室规则、宿舍规则、膳厅规则、体操场规则、演说规则、游息规则、杂诫等一一列入章程之中。章程中虽对学生应遵守的各项规则进行了详细说明，但同时详细规范了学生参与学校活动的各项权利，如藏书、演说、运动会、杂志、音乐、演剧、英语辩论会、兵操童子军及技击等。这些规定都显示出学校对学生发展权利的重视程度之高。

（三）章程体现了学生参与学校自治

在《复旦大学章程》第二十三章学校自治中写道："本校为令学生遵守校规起见，特设法尽力鼓励自治，使全校学生共受其益。每级由学生中推一级长，每宿舍推一舍长，其于校中秩序，同学品行，宿舍整洁等事，得互相监察劝勉之益，每星期六开讨论会一次，又立学生评议部由学生公推评议员若干人，随时就商庶务部，整理校务。凡关于食品卫生问题皆得建议焉。"[①] 由是观之，将学生参与学校自治单列一章，可见其对学生个体权利的重视程度之高。鼓励学生参与学校自治，有助于培养学生的自治能力和独立精神，增强团体生活经验，激发学生追求知识的欲望。

（四）章程呈现了国际化战略思维

复旦大学在最初办学时就以欧美大学为目标，朝着世界一流大学的方向努力。正如马相伯所言，将复旦大学建设成为"和欧美大学并驾齐驱的大学"。1905年，复旦大学首部章程规定，除国文学科外皆

[①] 王杰、祝士明编著：《学府典章——中国近代高等教育初创之研究》，天津大学出版社2010年版，第329—336页。

以英文讲授，意在从语言上向欧美学术看齐。民国时期，李登辉校长认为复旦大学办学必须"与美国大学相衔接"。到1920年，复旦大学在章程中明确指出其学制已经与美国大学学制相同，与西方大学接轨。由此可见，复旦大学在其办学过程中，根据时代和外部形式的发展变化，适时作出了积极地调整，呈现出办学国际化的战略思维。

第十节　民国时期五所大学章程文本之比较

民国时期的大学之所以能够得到迅速的发展，其完备的大学章程发挥了至关重要的作用。民国时期的大学章程，无论是从文本的内容要素上还是到文本的结构编排上，较之以前的大学章程完善了许多。概言之，民国时期大学章程为当时的大学自治提供了强有力的制度保障。

一　民国时期五所大学章程文本的要素构成

综观民国时期极具代表性的五所大学的章程文本，可谓是百花齐放、百家争鸣。本书将五所大学的章程文本要素进行了分类比较，如表2-15所示。

表2-15　　民国时期五所大学章程文本的要素构成

章程章节	《国立北京大学现行章程》（1920年）	《清华学校组织大纲》（1926年）	《东南大学组织大纲》（1921年）	《交通大学大纲》（1921年）	《复旦大学章程》（1920年）
第一章	学制	学制总则	定名	定名	宗旨与编制
第二章	校长	校长	校址	校址	学期及休假
第三章	评议会	评议会	目的	经费	入学程度
第四章	教务会议	教授会	学制	学制	投考规则
第五章	行政会议	教务长	组织	学程	入校规则

续表

章程章节	《国立北京大学现行章程》（1920年）	《清华学校组织大纲》（1926年）	《东南大学组织大纲》（1921年）	《交通大学大纲》（1921年）	《复旦大学章程》（1920年）
第六章	教务处	学系及学系主任	经费	董事会	缴费
第七章	事务	行政部	附则	校长、主任及教职员之任用	大考规则
第八章	呈	附则	—	校长及主任之权责	授凭规则
第九章	—	—	—	评议会	优待生及贷费规则
第十章	—	—	—	行政会议	奖励规则
第十一章	—	—	—	教务会议	告假规则
第十二章	—	—	—	教务处	寄物规则
第十三章	—	—	—	事务处	惩戒规则
第十四章	—	—	—	附则	课堂规则
第十五章	—	—	—	—	自修规则
第十六章	—	—	—	—	宿会规则
第十七章	—	—	—	—	膳厅规则
第十八章	—	—	—	—	游息规则
第十九至二十八章	—	—	—	—	各类活动

注："—"代表该校章程中没有直接与所列要素相关的章节名称。

资料来源：笔者对五所大学章程文本中有关内容的归纳。

如表2-15所示，除复旦大学之外，其他学校的章程将"学制""校长""评议会""教授会""教务会议""行政会议""教务长"和"组织"等要素放在章程文本的前五章，其重要性可见一斑。通过仔细分析，这些章节都是构成民国时期大学章程的必备要素，也是最为重要的要素，支撑着整个大学的运行和发展。五所大学的章程文本都着重介绍了学校的学制、组织机构以及各职能部门的管理权限，如由"评议会、教务会议和行政会议"共同构成了学校管理的基本框架，有效平衡了学校的"学术权力和行政权力"，值得我们今天在大学章程制定过程中予以借鉴。

在《东南大学组织大纲》和《交通大学大纲》中以"独立成章"的方式首次出现"定名""校址""目的"的相关章节，类似于今天大学章程中的"序言""总则"部分，可见民国时期的大学章程已初具完整性和规范性。在《清华学校组织大纲》中将"学系及学系主任"为重点章节单独列出，可见在民国时期已经出现了"学校—学系"的两级管理模式，这也为后来"学院制"管理模式的引入奠定了坚实的基础。此外，最值得关注的是《东南大学组织大纲》第六章"经费"，该章写道："本大学经费以国款、学费暨其他捐款充之。"《交通大学大纲》第三章写道："以交通部育才经费及其他所筹得之款充之。"对于办学经费的来源虽只有短短一句话但仍作为章程条款单独列出，足以证明民国时期大学章程文本要素的广泛性和规范性。综上所言，民国时期的大学章程文本是一份弥足珍贵的历史财富，深值今天的研究者们对其进行学习与探究。

二 民国时期五所大学章程文本的特征分析

民国时期五所大学章程的文本具有严格的制定和修订程序，彰显了大学的办学特色，明确了大学的内部治理结构，规定了大学的基本学制等特征。

（一）章程具有严格的制定和修订程序

大学章程制定和修订程序关系到章程的合法性，也决定着大学章程法律效力的高低。虽然民国时期的大学章程是由各大学自行制定，但其制定和修订都遵守着严格的程序。通过对五所大学章程制定的过程进行研究可知，各大学章程的制定都经过了一系列严格的程序。一般是由学校相关部门组织起草，再经学校的权力机关或立法机关予以通过。《国立北京大学现行章程》是由蔡元培领导成立的组织委员会经过 4 次会议讨论出台草案，经评议会通过后再施行。《清华学校组织大纲》是由曹云祥负责成立"清华学校改组委员会"进行制定，其间共召开 7 次会议，历时 40 小时，制定出《清华学校组织大纲》草案。经修正后，于 1926 年 4 月 15 日在清华教职员会议上通过，交由校长执行。[①]《清华学校组织大纲》在附则第二十四条明确规定了大纲的修订办法，"本大纲之修正得由评议会以三分之二之通过，提出于教授会讨论决定之"。《东南大学组织大纲》是由学校筹备处召开董事会通过，交由教育部核准再予以施行。制定后予以施行的章程若进行修订，也需要经过严格的程序，并同时规定了修订章程的组织是学校的权力机关。《交通大学大纲》在附则第三十七节中规定大纲的修正办法，"本大纲经过半数以上董事之提议，四分三以上董事之出席，出席人四分三以上之议决，得修正之"[②]。由此可见，各大学章程不仅有着严格的制定程序，而且其修订程序也有明确具体的规定。

（二）章程彰显了大学的办学特色

综观五所大学章程的文本内容，可见其都在很大程度上彰显着本校的办学特色，如表 2-16 所示。

表 2-16　　民国时期五所大学章程文本的主要特征

章程名称	章程文本的主要特征
《国立北京大学现行章程》 （1920 年）	①章程内容与《大学令》相似； ②章程体现了严格的制定程序； ③章程凸显了完善的组织机构； ④章程彰显了"教授治校"的办学理念

[①] 第 40—43 次评议会开会记录。清华大学档案。全宗号 1，目录号 2-1，案卷号 6：1。
[②] 《交通大学校史》撰写组编：《交通大学校史资料选编 1896—1927》（第 1 卷），西安交通大学出版社 1986 年版，第 354 页。

续表

章程名称	章程文本的主要特征
《清华学校组织大纲》 （1926年）	①章程确立了"教授治校"的制度； ②章程规定了评议会是最高权力机关； ③章程体现了大学拥有一定的自主权； ④章程初现"校—系"分级管理模式
《东南大学组织大纲》 （1921年）	①章程明确了校长领导下的"三会制"； ②章程载明了校长"总管全校事务"； ③章程体现了学校重视社会服务
《交通大学大纲》 （1921年）	①章程体现了学校重视培养专才； ②章程规定了学校的人员聘用及其权责； ③章程明确了四会并行的内部管理模式
《复旦大学章程》 （1920年）	①章程明确了办学理念和办学宗旨； ②章程彰显了学校重视学生的发展权利； ③章程体现了学生参与学校自治； ④章程呈现了国际化战略思维

民国时期，大学的办学理念和治理模式逐渐融入世界潮流，尽管国家试图以各种方式对大学进行控制或干预，但是各大学都有着自己的立校原则。"大学自治、民主管理"是当时大学办学的主旋律，只要不违背"三民主义教育宗旨"，不违背"宪法""高等教育法规"中未明确禁止的，大学都可以依据自己的"章程"彰显"个性"。因此，各大学在章程中也充分体现着本校的办学特色。如《国立北京大学现行章程》充分贯彻了"教授治校"原则，体现了典型的以评议会为最高决策机构的德国大学管理模式。《国立大学校条例》中本没有对学校设立评议会的规定，但清华大学还是出于对本校教授治校的需要，在《清华学校组织大纲》中设立了教授会和评议会，显示出其拥有一定的自治权。《东南大学组织大纲》阐明东南大学的办学目的是"研究高深学问、培养专门人才"，学校的管理体制施行校长领导下的"三会制"。此外，东南大学效仿美国，设立董事会，以寻求社会对学校办学的帮助。在《东南大学组织大纲》第四章第七条规

定了设立推广部,体现了学校的社会服务职能。《交通大学大纲》则显示出交通大学与交通部的密切联系,交通大学的成立由时任交通部长的叶恭绰计划实施,其章程的颁布施行即交由交通部核准,以培养专才为办学目标。《复旦大学章程》体现了美国大学的办学模式。前几所学校的章程对学校的管理体制及重大事项进行了规定,而复旦大学在章程中除将学校的宗旨与学制等进行说明外,还规定了学校具体的管理细则。此外,将学生自治的内容单列一章,可见其对学生权利的重视程度之高。

(三)章程明确了大学的内部治理结构

综观民国时期大学章程文本可知,大学内部治理结构主要体现在大学章程的文本要素和各机构之间的关系上,"校长""校务会议""评议会""教授会""委员会""董事会"和"会议制度"为当时章程文本中的高频词。行政权力与学术权力之间的关系是大学内部治理结构的核心,处理好二者之间的关系可以保障大学章程的有效性,合理的会议制度是调节二者之间关系的主要方式。《国立北京大学现行章程》中规定,校长总辖学校校务,下设评议会、教务处、行政会议、总务处,形成了校长领导下的"四驾齐驱式"的内部治理结构。《清华学校组织大纲》中也规定校长统辖全校事务,设评议会并规定了其决议学校重要事务的职权,教授会则有选举评议员、审定全校课程等职权,教务长负责管理学校教务事宜,行政部司行政。《东南大学组织大纲》中则专列第五章来对学校的内部治理结构予以说明,形成了校长领导下的三会制。

(四)章程规定了大学的基本学制

民国时期,各大学都在章程中对其基本学制进行了规定。《国立北京大学现行章程》在第一章就规定,学校的学制分为预科、本科、研究所三级;预科设甲乙部,本科设五个学组十八个学系,然而对各科的学习年限没有规定。《清华学校组织大纲》在第一章学制总则中规定,学校设立大学部及留美预备部,大学部又分为本科和大学院。

同时，规定本科的修业期至少是四年。《东南大学组织大纲》在第四章规定了学制，并强调"本大学以学制为主体"，横向上设国文、英文等二十二个系。根据各系性质，又分为五大科；在纵向上，设预科、本科、研究科。同时，规定了学程，采用学分制。《交通大学大纲》在第四章对学制进行了规定，"设经济部、理工部、专门部，另设附属中学及特别班"，同时在第五章规定了各部的学程。《复旦大学章程》在第一章宗旨与编制的第二条中，规定学校分国文、大学、中学三部。其中，中学四年毕业，大学分预科、本科二级，预科两年毕业后升入本科，本科二年毕业。通过比较五所大学章程文本中对学制内容的规定，可以发现每所大学施行的学制都是有所差别的。在名称上，有的章程将学校的科系划分称为部，部下设学系；有的章程称为学组，学组下设学系；有的章程中将各科或各部的修业年限进行了规定，有的则未说明。一些学校设置了研究所或研究科，如北京大学和东南大学。有的则只设置了预科、本科二级。此外，部分学校的章程中将中学部也写入章程文本内，如交通大学和复旦大学。

第三章　中国近代大学章程的实践考察

从制度理念到制度文本只完成了理念向实践的半程转化。制度如果不能体现为行为，制度建设就没有实现。制度执行是制度建设的重要环节，也是常常被忽视的环节。[①] 中国近代大学章程的实践是将静态的大学章程文本转化为动态的大学章程实践的具体过程。大学章程作为中国近代大学制度的重要载体，不是抽象的理论文本，而是在不同的政治、经济、文化和教育背景下形成的具体实践。

探究中国近代大学章程固然离不开对文本的分析，这是研究的依据，但仅研究章程文本是远远不够的，还应注意大学章程是如何进行实践的。章程的文本规定是一回事，具体实践又是另一回事。社会现实与大学章程之间往往存在着一定的差距，如果只注重章程文本，而不注意实践情况，只能说是条文的、形式的、表面的研究，而不是活动的、功能的研究。[②] 若想从整体上把握大学章程在中国近代大学创办的过程中发挥的制度功能和历史价值，既需要此前章节中对大学章程进行静态的文本分析，即大学章程的应然性研究，还需要了解近代大学章程的动态实践过程，即大学章程的实然性研究。

从典章制度的视角考察中国近代大学章程的实践过程，可以发

[①] 周作宇：《大学治理行动：秩序原理与制度执行》，《清华大学教育研究》2020年第2期。

[②] 瞿同祖：《中国法律与中国社会》，中华书局1981年版，第2页。

现国家与大学的关系始终是决定近代大学发展的关键问题。中国近代大学为"兴学强国"而创建,大学在创建之初就将自己的命运与国家的兴衰紧密联系在一起。《北洋大学堂章程》写道:"自强之道,以作育人才为本;求才之道,尤宜以设立学堂为先。"《京师大学堂章程》写道:"国家图治之时,以激发忠爱,开通智慧,振兴实业设立大学堂。"《山西大学堂章程》写道:"方今士习浮嚣,危言日出,全赖昌明正学,救弊扶颠。"由是观之,大学是国家利益所在,为国家服务是大学的责任。大学又是一个特殊的团体,其核心是"大学自治、学术自由"。随着时代的发展,以制度形式来规范和协调国家与大学之间的权责边界,形成和谐发展的互动关系将是一个长期的命题。

第一节 《大学令》的实践

回顾中国大学制度由近代向现代的演变历程,《大学令》的颁布为中国高等教育发展开启了新的纪元。因此,以国颁典章《大学令》的颁布时间1912年为界,分析近代著名大学章程在其颁布前后的具体实践,以期深入了解近代大学章程的动态实践过程。

一 《大学令》的实践背景

1912年是中国近代史上极具转折意义的一年,辛亥革命的胜利结束了两千多年的封建帝制。以"民主""共和"为标志的资产阶级革命派建立了中华民国,这是中国从传统社会向现代社会过渡的一个重要里程碑。中华民国为原本动荡的中国带来了前进的动力,政治体制的转型使宪法、人权、代议制等民主观念广泛传播,民族工商业蓬勃发展。西方各种社会思潮和教育思潮也纷纷涌向中国,封建专制时期所秉持的价值观念、社会心理、道德规范都失去了依托,社会上处处涌动着改革的呼声。而此时刚刚成立的临时政府"于内无统一之机关，于外无对待之主体，建设之事，更不容缓"①，其当务之急便是革新封建社会的政治、经济、文化、教育等各个领域以巩固革命胜利的果实。教育领域的改革尤其受到孙中山先生的高度重视："教育为立国之本，振兴之道，不可稍缓"②，"学者，国之本也。若不从速修旧起废，鼓舞而振兴之，何以育人而培国脉"③。由此可见，共和政体为中国近现代教育体系的建立开辟了道路，改革旧式教育已经是大势所趋，并且到了箭在弦上的状态。1912年元旦，孙中山就任中华民国临时大总统。1月3日，中华民国临时政府成立。1月5日，蔡元培被任命为南京临时政府教育总长。1月9日，临时政府教育部成立。1912年2月，蔡元培连续发表文章，阐述了新的教育思想。南北议和后，他又出任北京政府教育总长，成为中华民国历史上首任教育总长。蔡元培担任教育总长之后，在十分艰苦的条件下于3个月内完成了民国初期全部学制草案的制定。

1912年5月25日，教育部上呈大总统筹开临时教育会议，提出议案92件，其中就包括制定学制的内容。7月10日，全国临时教育会议在北京开幕，50多位议员悉数到场。此为中华民国成立后第一次中央教育会议，历时1个月。教育总长蔡元培在开幕式上发表演说，称这次会议是全国教育改革的起点。他着重指出了《壬子癸丑学制》改革的成因、内容以及方向。会议议决重订学制，制定学校系统表。7月14日，对袁世凯专制独裁极为不满的蔡元培辞去了教育总长一职，教育次长范源濂继任教育总长。此后全国教育临时会议继续在蔡元培的教育思想指导下进行。随后经过1个月的分类分级讨论、争辩、修订，8月10日结束审定，并于9月初向全国颁布。④9月2日，教育部公布了中华民国教育宗旨，即"注重道德教育，以实利教

---

① 秦孝仪编著：《国父思想学说精义录》，正中书局1976年版，第429页。
② 秦孝仪编著：《国父思想学说精义录》，正中书局1976年版，第429页。
③ 中国社会科学院近代史研究所中华民国史研究室等编：《孙中山全集》（第2卷），中华书局1982年版，第253页。
④ 璩鑫圭、唐良炎编：《学制演变》，上海教育出版社1991年版，第646—647页。

育、军国民教育辅之，更以美感教育完成其道德"，完全否定了清末"忠君、尊孔、尚公、尚武、尚实"的封建教育宗旨。这与蔡元培此前提出的"五育"并举的教育方针基本吻合，体现出以公民道德教育为中心的德、智、体、美四育并举和谐发展的思想。9月3日公布了新的《学校系统令》，史称"壬子学制"。随后，教育部又陆续针对办学宗旨、教师、学生、课程、办学经费、教育教学考核测评、组织管理及设备设施等教育规程方面公布了各级各类学校令，直到1913年年底"壬子癸丑学制"的出台才算公布完毕。民国初期的学制体系至此初步建立。在推行新学制之时，民初教育部颁布了一系列的教育法令，而在高等教育方面，《大学令》便是其中具有代表性的法令。

二 《大学令》的实践内容

1912年10月24日，教育部出台了民国时期关于大学教育的第一部专门法令《大学令》，共计22条。该法令涉及大学的办学宗旨、教育方针、课程设置、组织原则等多个领域，集中体现了中国资产阶级的高等教育主张，是以法律条文的形式巩固辛亥革命教育成果的一次重大实践。《大学令》的主要内容有：大学以教授高深学术、养成硕学闳才、应国家需要为宗旨。分文、理、法、商、医、农、工七科；以文理二科为主，须文理二科并设，或文科兼法商二科，或理科兼医农工科者，方得称大学。大学内设预科3年，收中学毕业生及经试验有同等学力者；设本科3—4年，收预科毕业生或经试验有同等学力者，毕业后称学士；设大学院，不设年限，收各科毕业生或经试验有同等学力者。全校设校长1人，总辖全部事务，各科设学长1人，主持一科事务；教员设教授、助教授，必要时得延聘讲师。[①] 原文如下所述：

[①] 教育大辞典编纂委员会编：《教育大辞典10卷：中国近现代教育史》，上海教育出版社1991年版，第19页。

《大学令》
（1912年10月24日）

教育部令第十七号

第一条　大学以教授高深学术、养成硕学闳材、应国家需要为宗旨。

第二条　大学分为文科、理科、法科、商科、医科、农科、工科。

第三条　大学以文理二科为主，须合于左列各款之一，方得名为大学：

一、文理二科者；

二、文科兼法商二科者；

三、理科兼医、农、工三科或二科、一科者。

第四条　大学设预科，其学生入学资格须在中学校毕业，或经试验有同等学力者。

第五条　大学各科学生入学资格，须在预科毕业或经试验有同等学力者。

第六条　大学为研究学术之蕴奥，设大学院。

第七条　大学院生入院之资格，为各科毕业生或经试验有同等学力者。

第八条　大学各科之修业年限三年或四年，预科三年，大学院不设年限。

第九条　大学预科生修业期满、试验及格，授以毕业证书，升入本科。

第十条　大学各科学生修业期满、试验及格，授以毕业证书，得称学士。

第十一条　大学院生在院研究，有新发明之学理或重要之著述，经大学评议会及该生所属某科之教授会认为合格者，得遵照学位令授以学位。

第十二条　大学设校长一人，总辖大学全部事务；各科设学长一人，主持一科事务。

第十三条　大学设教授助教授。

第十四条　大学遇必要时得延聘讲师。

第十五条　大学各科设讲座，由教授担任之。教授不足时，得使助教授或讲师担任讲座。

第十六条　大学设评议会，以各科学长及各科教授互选若干人为会员，大学校长可随时齐集评议会，自为议长。

第十七条　评议会审议下列诸事项：

一、各学科之设置及废止；

二、讲座之种类；

三、大学内部规则；

四、审查大学院生成绩及请授学位者之合格与否；

五、教育总长及大学校长咨询事件。凡关于高等教育事项，评议会如有意见，得建议于教育总长。

第十八条　大学各科各设教授会，以教授为会员，学长可随时召集教授会，自为议长。

第十九条　教授会审议下列诸事项：

一、学科课程；

二、学生试验事项；

三、审查大学院生属于该科之成绩；

四、审查提出论文请授学位者之合格与否；

五、教育总长、大学校长咨询事件。

第二十条　大学预科须附属于大学不得独立。

第二十一条　私人或私法人亦得设立大学，除本令第六条、第十一条、第十七条第四款、第十九条第三款第四款外，均适用之。

第二十二条　本令自公布日施行。①

三　《大学令》的实践效果

民国初期的《大学令》是蔡元培先生任教育总长期间颁布的关于高等教育的一部法令，时代变革赋予了它革故鼎新的历史使命。与以往教育法令的内在价值不同，《大学令》倡导学术为本的办学宗旨，引入学术研究的大学职能，提出"教授治校"的大学管理模式，开启了中国近代大学建设的新征程。

（一）革新了传统的办学宗旨

在《大学令》颁布之前，清政府也颁布过一些教育典章，如《奏拟京师大学堂章程》《钦定京师大学堂章程》《奏定京师大学堂章程》等。这些典章虽借鉴了西方先进的办学理念，但由于受封建传统思想的束缚，其办学宗旨仍是为维护清王朝的封建统治服务。蔡元培在任教育总长之前曾有过4年的德国留学经历，耳濡目染了德国教育理念和办学模式的优越。深受德国大学理念影响的蔡元培主持制定《大学令》时，首先明确大学以"教授高深学问，养成硕学闳才，应国家需要"为宗旨，以此作为中国大学教育的办学宗旨，与京师大学堂奉行的"以忠孝为本，中国经史之学为基础同时具有一定西学素养"的办学宗旨不同。正如蔡元培先生旗帜鲜明地指出，大学是与"高深学问""硕学闳才"密切相关的，是由学术而生、为学术而存在的，而非封建统治、官僚阶级的附属物和支配物，"忠君与共和政体不合，尊孔与信教自由相违"②。

随着办学宗旨的改变，学校从课程设置到学位授予等方面也发生了极大的变化。晚清时期颁布的规章中是将经学作为学校的核心课程。《奏定京师大学堂章程》强调了经学的重要地位："臣等现拟各

---

① 教育大辞典编纂委员会编：《教育大辞典 10 卷：中国近现代教育史》，上海教育出版社 1991 年版，第 19 页。

② 高平叔编：《蔡元培教育论著选》，人民教育出版社 2011 年版，第 7 页。

学堂课程……凡中国向有经学、史学、文学、理学无不包举靡遗。"张之洞曾言:"若是学堂不读经书,则是尧舜汤文武周公孔子之道,所谓三纲五常者尽行废绝,中国必不能立国矣……故无论学生将来所执何业,在学堂时经书必宜诵读讲解……方足以定其心性,正其本源。"①经学及其所蕴含的传统伦理道德是封建教育思想之本,"经史之学植其基"是实现"忠孝为本"的必要条件。在《大学令》对课程体系的设置上,取消经学,改变了一直以来经学在学科体系中的核心地位。在学位授予上,《大学令》用授予学位代替了旧式学制中规定的奖励科举出身。

通过对大学以学术为本、培养人才的办学宗旨的规定,《大学令》第一次从学校办学宗旨上划清了传统封建教育和近代新式教育的界线,并指明近代大学的办学宗旨应以学术研究和人才培养为中心。

(二)转变了传统的办学目的

从中世纪大学诞生之日起,大学被公认的办学目的便是研究高深学问、培养高级人才。晚清时期,由于受中国封建社会"学而优则仕"的传统观念影响,京师大学堂除办学模式上效仿日本外,其实质仍然还是一个官员养成所。学生求学为谋一官半职,教员任教也大都来源于官僚系统。当时的学堂学风日下,"求学"已经不是学生们的最终目的,一些具有较高学术水平的老师不曾受到学生的重视,反而来自官僚系统的老师即便其没有什么学术素养,同样会获得学生的欢迎,因为学生希望可以在毕业后得到老师的提携。②《大学令》则集中反映了蔡元培所倡导的大学应注重学术研究的办学目的,它对大学学术研究的职能作出了明确规定。首先,阐明大学"教授高深学问、养成硕学闳才"的办学宗旨;其次,为便于师生共同进行科学研

---

① 陈元晖主编:《中国近代教育史资料汇编:学制演变》,上海教育出版社2007年版,第392页。

② 萧超然编:《北京大学校史(1898—1949)》,上海教育出版社1981年版,第36页。

究，规定"大学为研究学术之蕴奥，设大学院"，"大学院生入院之资格，为各科毕业生或经试验有同等学力者"，"大学院生在院研究，有新发明之学理或重要之著述，经大学评议会及该生所属某科之教授会认为合格者，得遵照学位令授以学位。"①

（三）开创了"教授治校"的办学模式

在晚清政府颁布的教育法令中，对大学办学模式的相关内容进行了规定。首先，学校的最高负责人是由清政府任命的"总理""管学大臣"或"总监督"，统管全校各类事务。他们不仅是学校最高行政代表，更是教学领域的最高权威，负责教师和教学管理。在称呼上，都参照了对政府官员的称呼，以官相称。此外，学校内部的管理人员形成了严格的上下级模式，官僚习气充斥着整个学堂。蔡元培秉持着"民主自由"的理念，提出让教育家办教育的主张。《大学令》第十六至十八条规定，在大学中设立"评议会""教授会"，改变了以往大学堂中由政府官员担任学校领导的模式，让真正有学识的教育家、学者进入学校的内部管理机构。评议会由各科学长及教授组成，是对学术群体参与学校事务管理的一种保障，其所辖事务涉及学校大政方针的制定，淡化了行政权力，突出了教授群体的地位，体现了民主治校的思想。教授会负责审议学科课程、学生试验、审查提出论文及请授学位者是否合格。由此可见，《大学令》中对评议会和教授会的规定，使教授有权参与学校学术事务的管理，开创了"教授治校"的办学模式。

第二节 《修正大学令》的实践

在新文化运动和各种教育思潮的影响下，北京政府教育部颁布了一系列教育法令条例，无论从健全大学规章制度方面，还是在增加大

---

① 舒新城编：《中国近代教育史资料》，人民教育出版社1981年版，第640页。

学数量方面，都有所提高，《修正大学令》正是其中之一。

一 《修正大学令》的实践背景

1916年3月，袁世凯在全国人民的声讨中，被迫退下洪宪皇帝宝座，并因忧惧于6月6日死去。北京政府进入军阀混战时期。中国的大学在此时期遭到了严重的摧残与破坏。军阀们忙于内战，为聚敛军费，肆意侵占教育拨款，使各大学出现严重的欠薪局面。1917年1月，北京国民政府教育部召开了"国立学校校务讨论会"。1月27日，北京大学校长蔡元培在会上提出了改革大学学制的议案。蔡元培认为："我国高等教育之制，效仿日本，既设法、医、农、工、商各科于大学，而又别设此诸科之高等专门学校，虽程度稍别浅深，而科目无多差别。同时并立，义近骈赘。且两种学校之毕业生，服务社会，恒有互相龃龉之点。"为此，他提议："大学专设文理二科，其法、医、农、工、商五科，分别为独立之大学，其名为法科大学、医科大学等"；"大学均分为三级：预科一年，本科三年，研究科三年，凡六年"①。该议案得到参加会议的北京各大学校长的一致赞同。2月23日，教育部开会讨论，对议案的第一条无异议，对议案的第二条则提出预科一年太短，研究科可以不必设立。教育部将这个意见再付校务讨论会复议。2月25日，校务讨论会开会议决：大学均分为二级，预科两年、本科四年。此议决案为北京政府教育部所接受，并纳入《修正大学令》中。1917年9月27日，北京国民政府教育部颁布了《修正大学令》，作为对1912年10月24日颁布的《大学令》的修正。

二 《修正大学令》的实践内容

与《大学令》相比，《修正大学令》主要作了以下修改：规定设

---

① 朱清时、李传玺主编：《现代大学校长文丛》（蔡元培卷），安徽教育出版社2015年版，第79—82页。

二科以上者得称为大学，其但设一科者称为某科大学；规定大学本科修业年限为四年，预科两年；大学设正教授、教授、助教授；大学只设评议会；大学预科需附设于大学，不得独立。原文如下所述：

《修正大学令》
(1917年9月27日)

第一条　大学以教授高深学术，养成硕学闳材，应国家需要为宗旨。

第二条　大学分为文科、理科、法科、商科、医科、农科、工科。

第三条　设二科以上者，得称为大学；其但设一科者，称为某科大学。

第四条　大学设预科，其学生入学资格，须在中学校毕业或经中学毕业同等学力试验，得有及格证书者，但入学时应受选拔试验。

第五条　大学本科学生入学资格，须在预科毕业或经预科毕业同等学力试验及格者。

第六条　大学为研究学术之蕴奥，设大学院。

第七条　大学院生入院之资格，为大学本科毕业生。

第八条　大学本科之修业年限四年，预科二年。

第九条　大学预科生修业期满、试验及格，授以毕业证书。

第十条　大学本科学生修业期满、试验及格，授以毕业证书，称某科学士。

第十一条　大学设校长一人，总辖大学全部事务；各科设学长一人，主持一科事务。其独设一科之大学，不设学长。

第十二条　大学设正教授、教授、助教授。

第十三条　大学遇必要时，得延聘讲师。

第十四条　大学设评议会，以各科学长、正教授及教授互选若干人为会员。大学校长可随时召集评议会，自为议长，遇必要时，得分科议事。

第十五条　评议会审议左列诸事项：

一、各学科之设立、废止。

二、学科课程。

三、大学内部规则。

四、学生试验事项。

五、学生风纪事项。

六、教育总长及校长咨询事件。

前列事项如仅涉及一科或数科者，得由各该科评议员自行议决。

第十六条　大学预科须附设于大学，不得独立。

第十七条　私人或私法人亦得设立大学，除本令第六条、第七条外，均适用之。

第十八条　本令自公布日施行。[①]

三　《修正大学令》的实践效果

《修正大学令》完善了大学的基本学制、调整了大学内部管理模式，增加了大学的数量。

（一）完善了大学的基本学制

《修正大学令》是对《大学令》的修正与完善，而修改大学学制便是一个重要内容。一是对预科生的规定有所变化。对于预科生升入本科，原来的规定是，"大学预科生修业期满、试验及格，授以毕业证书，升入本科"。也就是说，预科毕业生可以直接升入本科。《修正大学令》则只是规定大学预科生修业期满、试验及格的，授以毕业证书。至于是否升入本科继续深造，只字未提。二是对大学的修业年

[①] 王文杰编：《民国初期大学制度研究（1912—1927）》，复旦大学出版社2017年版，第188页。

限进行了修改。《大学令》对学制的规定是大学各科之修业年限是三年或四年,预科三年。而《修正大学令》则改为:大学本科修业年限为四年,预科为两年。按照原来的规定,一个人读完预科和本科,需要六到七年时间,而现在明确规定是六年,其中预科的学制从三年缩短到两年,减少了一年,而部分本科的学制从三年增加到四年。

此外,《修正大学令》还将中学升入预科的条件作了更加严格的规定。这一系列举措大大提高了大学的招生质量和人才培养质量。对于此次改革的目的,蔡元培解释道:"大学之预科由旧制之高等学堂蜕嬗而来。所以停办高等学堂,而于大学中自设预科者,因各省高等学堂程度不齐。咨送大学后,种种困难也。不意以五年来经验。预科一部、二部等编制及年限,亦尚未尽善。举一部为例,既兼为文、法、商三科预备,于是文科所必须预备、而为法、商所不必设者,或法、商科所必须预备而为文科所不必设者,不得不一切课之,多费学生之时间及心力于非要之课,而重要之课,反为所妨。此一弊也。预科既不隶各科,含有半独立性质;一切课程,并不与本科衔接,而与本科竞胜。取本科第一年应授之课,而与预科第三年授之,使学生入本科后以第一年之课程为无聊。遂挫折其对于学问上之兴趣,且已六年之久,而所授之课,实不过五年有奇,宁不可惜。此二弊也。此亦促进大学改制之一原因。改制以后,预科既减为二年,而又分立于各科,则前举二弊可去。"[1]

(二)调整了大学内部管理模式

在大学内部管理模式上,《修正大学令》之于《大学令》的另一个重要变化是对教授会的废除。《修正大学令》不再有设立各科教授会的规定,大学只设评议会,并将原评议会的审议事项和人员组成进行了调整。评议会由各科学长、正教授及教授互选若干人为会员,大学校长自为议长,可随时召开评议会。为了理顺校科关系,明确行政

---

[1] 朱清时、李传玺主编:《现代大学校长文丛》(蔡元培卷),安徽教育出版社2015年版,第79—82页。

职能，提高管理效率，规定"如仅涉及一科或数科者，得由各科评议员自行议决"。《修正大学令》跳出了日本的大学管理模式，汲取了德国大学管理模式之精华。它在学校教职员的聘任上规定，学校的正教授、教授、讲师等均由校长聘任，将教员的聘任权掌握在了校长手中。

（三）增加了大学的数量

《修正大学令》中规定，"设二科以上者得称大学，设一科者为某科大学"。此项规定实际上放宽了对大学办学的限制，对当时的高等教育发展产生了深远的影响。1917年至1927年，大学的数量由原来的3所公立大学、7所私立大学，激增至34所公立大学和18所私立大学。大学总数增加了42所。其中，特别是单科大学得到了极大的发展，即中国近代教育史上的"升格风"。

第三节 《国立大学校条例》的实践

《国立大学校条例》由北京国民政府教育部于1924年2月23日颁布。内容共20条，另附则3条。规定国立大学校以教授高深学术、养成硕学闳材、应国家需要为宗旨。

一 《国立大学校条例》的实践背景

1912年，中华民国政府公布了"壬子学制"之后，学制改革仍然是当时教育改革的一个重点话题。在教育界的积极倡导和推动下，国内形成了学习和借鉴美国教育模式的高潮。1915年5月，江苏教育会的沈恩孚、黄炎培、杨保恒与浙江教育会的代表经亨颐提议成立"全国教育联合会"。"全国教育联合会"就当时的中国教育问题发表了颇有价值的见解，在政府制定教育改革措施中发挥了积极的作用。1921年10月，在广州召开的"全国教育联合会"第七次年会上，以广东、黑龙江等10个省提出的学制改革构想为基础，通过了《学制系统案》。1922年9月，教育部在济南召开学制会议。根据全国教育联合会提出的《学制系统案》制定了《学制改革系统案》，并于同年11月由总统颁令公布。《学制改革系统案》成为中华民国政府制定的第二个学制"壬戌学制"。《学制改革系统案》所提出的主要原则是："一、适应社会进化之需要。二、发挥平民教育精神。三、谋个性之发展。四、注意国民经济力。五、注意生活教育。六、使教育易于普及。七、多留各地方伸缩余地。""壬戌学制"中规定，初等教育6年，中等教育6年（初级中学3年，高级中学3年），高等教育3至6年（大学校4至6年，专门学校3至4年）。原文如下：

1. 大学校设数科，或一科，均可。其单设一科者称某科大学。

2. 大学校修业年限四年至六年。（各科得按其性质之繁简，于此限度内斟酌定之。）医科大学校及法科大学校修业年限至少五年。师范大学校修业年限四年。

3. 大学校用选科制。

4. 因学科及地方特别情形，得设专门学校，高级中学毕业生入之，修业年限三年以上，年限与大学校同者待遇亦同。

5. 大学校及专门学校得附设专修科，修业年限不等。

6. 为补充初级中学教员之不足，得设二年之师范专修科，附设于大学校教育科，或师范大学校；亦得设于师范学校或高级中学，收受师范学校及高级中学毕业生。

7. 大学院为大学毕业生及具有同等程度者研究之所，年限无定。[1]

中华民国成立后不久，美国教育家杜威、孟禄相继访华。此外，

---

[1] 曲士培：《中国大学教育发展史》，山西教育出版社1993年版，第423—425页。

1911年以后去海外学习的学生的流向由日本转为欧美。1924年在美国留学的中国人达到1637人，仅清华1911年至1924年就派遣了698名赴美留学生。正是这些因素促使中国教育制度发生着转变。1922年的"壬戌学制"确定了美国式的"六三三"学制，意味着对美国教育模式的学习成果在国家宏观制度层面首度获得认可。"壬戌学制"的颁行，标志着新时期中国教育改革运动全面开始，促进了大学教育的发展。1924年2月，教育部分别废止了1912年10月颁布的《大学令》和1913年1月颁布的《大学规程》，根据北京大学和东南大学的改革经验和具体做法，北京国民政府教育部重新制定并颁布了《国立大学校条例》及附则，重申《修正大学令》和"壬戌学制"中的规定。

二 《国立大学校条例》的实践内容

《国立大学校条例》文本内容共20条，附则3条。主要内容有以下几个方面：规定国立大学校以教授高深学术、养成硕学闳材、应国家需要为宗旨；国立大学校得设数科或单设一科，各科分设各学系，修业4年至6年，毕业生称某科学士；为大学毕业生及同等学力者设大学院，大学院生研究有成绩者依学位规程给予学位；附设各种专修科及学校推广部。[①] 关于学校内部管理体制和人事制度有以下几点：学校设校长一人，由教育总长聘任；设董事会，审议学校计划、预算、决算及其他主要事项；恢复教授会，添设教务会议；取消各科学长，设教务长一人，由正教授或教授兼任，主持全校教务；取消助教授，教员分正教授、教授、讲师三级。此外，在附则中规定了有关预科及私立大学的内容，如大学校得暂设预科，私立学校参照本条例办理。原文如下所述：

---

① 教育大辞典编纂委员会编：《教育大辞典10卷：中国近现代教育史》，上海教育出版社1991年版，第24页。

《国立大学校条例》
（1924年2月23日）

第一条　国立大学校以教授高深学术，养成硕学闳材，应国家需要为宗旨。

第二条　国立大学校分科为文、理、法、医、农、工、商等科。

第三条　国立大学校得设数科或单设一科。

第四条　国立大学校各科分设各学系。

第五条　国立大学校收受高级中学校毕业生或具有同等资格者。国立大学校录取学生，以其入学试验之成绩定之。

第六条　国立大学校修业年限，四年至六年，其课程得用选科制。

第七条　国立大学校学生修业完毕试验及格者，授以毕业证书，称某科学士。

第八条　国立大学校设大学院，大学校毕业生及具有同等程度者入之。大学院生研究有成绩者，得依照学位规程给予学位。学位规程另订之。

第九条　国立大学校设图书馆、观测所、实习场、试验室等。

第十条　国立大学校得附设各项专修科及学校推广部。

第十一条　国立大学校设校长一人，总辖校务，由教育总长聘任之。

第十二条　国立大学校设正教授、教授，由校长延聘之。国立大学校得延聘讲师。

第十三条　国立大学校得设董事会，审议学校进行计划及预算、决算暨其他重要事项，以左列人员组织之：

（甲）例任董事，校长。

（乙）部派董事，由教育总长就部员中指派者。

（丙）聘任董事，由董事会推选呈请教育总长聘任者。第一届董事由教育总长直接聘任；

国立大学校董事会议决事项。应由校长呈请教育总长核准施行。

第十四条　国立大学校设评议会，评议学校内部组织及各项章程暨其他重要事项，以校长及正教授、教授互选若干人组织之。

第十五条　国立大学校各科、各学系及大学院，各设主任一人，由正教授或教授兼任之，国立大学校遇必要时，得设教务长一人，由正教授或教授兼任之。

第十六条　国立大学校设教务会议，审议学则及关于全校教学、训育事项，由各科各学系及大学院之主任组织之。

第十七条　国立大学校各科、各学系及大学院，各设教授会，规划课程及其进行事宜，各以本科、本学系及大学院之正教授、教授组织之。各科系规划课程时，讲师并应列席。

第十八条　国立大学校图书馆、观测所、实习场、试验室等，各设主任一人，以正教授或教授兼任之。

第十九条　国立大学校得分设事务各课，办理各项事宜。

第二十条　本条例自公布日施行。

附则

第一条　高级中学校未遍设以前，国立大学校得暂设预科，收受旧制中学及初级中学校毕业生。其修业年限在四年制毕业者二年；在三年制毕业者三年。

第二条　私立大学校应参照本条例办理。

第三条　大学令、大学规程自本条例施行日起废止之。[①]

[①] 教育大辞典编纂委员会编：《教育大辞典10卷：中国近现代教育史》，上海教育出版社1991年版，第24页。

三 《国立大学校条例》的实践效果

北京政府教育部颁行的《国立大学校条例》是对《修正大学令》和"壬戌学制"的必要补充,使国立大学内部管理体制更趋完善,对中国近代大学的发展产生了深远的影响。

(一) 促使了政府和社会力量参与大学管理

《国立大学校条例》第十三条规定国立大学设立董事会,负责审议学校计划、预算及其他重要事项。董事会由历任董事(校长)、部派董事(由教育总长从部员中指派)和聘任董事(由董事会推选,呈请教育总长聘请者)组成。董事会由校长召集,日常工作由校长处理。在董事会中,校长为例任董事,董事会并由校长召集。大学校长由教育总长聘任,董事会董事或教育总长由教育部部员中选派或由董事会推选经由教育总长聘请。根据第十三条规定,董事会允许聘任社会人士出任董事,这就为社会力量参与大学管理提供了条件。由此可见,《国立大学校条例》的颁布,促使了政府和社会力量参与大学管理。

董事会制度被引入大学管理中,本意是学习借鉴美国高等教育的先进做法,其初衷是为了吸纳社会力量参与谋划和支持大学的发展,但是教育部对大学董事会的组建规定中要求董事会成员不仅要教育部派官员参加,而且有关董事也要经教育总长审核,这就势必造成教育部等外来势力对大学管理的过多控制和干涉。如此一来,虽有助于加强大学校长的权力,但与教授治校的理念大相冲突。因此,引起了大学教授的强烈不满。他们认为,应该尽快取消设立董事会制度,主张教育独立,施行"教授治校",反对政府力图通过董事会控制和干预学校内部事务。其理由是:大学是研究高深学问的学术机关,学术活动有其内在的规律性,高等学校需要有自己的办学主权,不可受外界过多的干扰。《国立大学校条例》颁布后,北京大学教授即函请教育部取消董事会制度。1925年2月,北京大学教授再次请求取消这一条例，认为此条例是"摧残大学教授制之萌芽，而以校外官僚财阀组织董事会或理事会，以处理学校之大政"，"以研究学术者，听命于非研究学术者，而受其盲目的支配，于理为不可通，于情为不堪受"[①]。

（二）确立了校长在大学管理中的主导地位

《国立大学校条例》第十一条规定"国立大学校设校长一人，总辖校务，由教育总长聘任之"；第十二条规定教授由校长延聘；第十三条规定校长是董事会的当然组成人员；第十四条规定由校长参与组织评议会。与《大学令》一样，《国立大学校条例》也规定了校长总辖校务、校长负责组织评议会，但是《国立大学校条例》还进一步扩大了校长的权限，主要体现在三个方面：其一，校长不仅是大学董事会的当然组成人员，而且当董事会需要增加其他议决事项时，须由校长呈报教育部，可见校长在董事会中的特殊地位。其二，《大学令》中没有关于教授延聘问题的规定。《国立大学校条例》规定国立大学教授由校长延聘，这就使得教授的延聘、晋级皆由校长管控，教授须对校长负责，这为校长通过选拔教授来干涉学术自由提供了机会。其三，民国大学校长在实践中发挥着重要作用。民国时期的大学校长可谓校长之典范，他们基于自身的学术威望和教育热情，为大学的创建与发展发挥极为重要的作用。如蔡元培之于北京大学，郭秉文之于东南大学，李登辉之于复旦大学，张伯苓之于南开大学，等等。这些校长享有较高的声誉，也获得了政府的支持。无论是在董事会，或是评议会，大学校长都居于核心地位，在其带领下的评议会、教务会等机构同时也获得了大学的行政管理权，在大学管理中发挥着主导作用。

（三）提出了大学"多元共治"的治理结构

《国立大学校条例》规定形成了由董事会、评议会、教务会和教

---

① 中央教育科学研究所编：《中国现代教育大事记》，教育科学出版社1988年版，第80页。

授会组成的多元治理结构。从内容上看，董事会负责规划、预算等重大事务，评议会负责提供建议和咨询，教务会负责审议全校教学和行政事务，教授会负责科系两级的学术事务，从而保证学术和行政事务各行其道；从结构上看，董事会居于统摄地位，评议会、教务会议和教授会三会呈现出分权共治的关系，从而形成一个相互制衡、互为补充的治理结构；从人员上看，董事会为政府和社会力量参与大学治理提供了条件，评议会辅助校长权力的正当行使，教务会和教授会是教授参与大学治理的主要路径，四会结构有利于充分吸收校长、教授、社会人士和政府等多元主体共同参与大学治理的内部结构，从而实现了大学"多元共治"的治理效果。"四会共治"治理结构使大学内部权力各行其道、相互制衡、互为补充，使大学各利益相关主体能够更广泛地参与大学治理，使大学治理更加趋于科学化、规范化和体系化。

第四节 《大学组织法》的实践

《大学组织法》由南京国民政府教育部于 1929 年 7 月 26 日颁布，内容共 26 条。规定大学应遵照《中华民国教育宗旨及其实施方针》，以研究高深学术，养成专门人才为宗旨。

一 《大学组织法》的实践背景

1927 年，南京国民政府成立，在政治上统一了全国，教育制度也随之发生改变。1929 年，国民党第三次全国代表大会确定的《中华民国教育宗旨及其实施方针》第 4 条明确规定："大学的专门教育，必须注重实用科学，充实学科内容，养成专门智识技能，并切实陶融为国家社会服务之健全品格。"由此可见，规定中表明大学应为国家和社会培养拥有一技之长的实用型人才。正是在这样的背景下，教育部开始拟定新的大学法规来规范大学教育，以期尽快改变现状，统一大学教育与国家建设的步伐。

美国现代大学理念和制度的传入也对这一时期国内大学教育制度的改革产生了影响。20世纪20年代以来，美国现代大学理念和制度对中国的影响超过了德国，主要有以下几个原因：一是庚款留美学生回国后掌握了教育行政部门和大学的领导权；二是美国教育家杜威、孟禄相继来华讲学；三是出版界的推波助澜；四是国民政府定都南京后，当时奉行美国大学理念的中央大学迅速崛起；五是第一次世界大战后，美国国际地位迅速上升，国人对其认同度的提高，等等。美国现代大学理念和制度深刻影响着中国近代大学教育制度的变迁，尤其是二三十年代以来大学从"重文轻实向抑文重实"的转变。

二 《大学组织法》的实践内容

《大学组织法》由南京国民政府教育部颁布，内容共26条。规定大学应遵照《中华民国教育宗旨及其实施方针》，以研究高深学术、养成专门人才为宗旨。国立大学由教育部审察全国各地情形设立。由省、市政府设立者，为省立、市立大学。由私人或私法人设立者，为私立大学。大学之设立、变更及停办，须经教育部核准。大学分文、理、法、农、工、商、医药、教育、艺术及其他各学院。凡具备三学院以上者，始得称为大学，不合上项条件者，为独立学院，得分两科。① 大学各学院或独立学院各科，得分若干学系，附设专修科；大学得设研究院。大学教员分教授、副教授、讲师、助教4种，由院长商请校长聘任之；大学得聘兼任教员，但其总数不得超过全体教员的三分之一。大学设校务会，负责审议大学预算、院系之设立及废止、课程、内部各种规则、学生试验、训育事项及校长交议事项；大学各学院设院务会议，审议本院一切事宜；各学系设系务会议，计划本学系学术设备事项。大学修业年限，医学院5年，余均4年；大学生修

---

① 教育大辞典编纂委员会编：《教育大辞典10卷：中国近现代教育史》，上海教育出版社1991年版，第26页。

业期满，考核成绩及格，由大学发给毕业证书。私立大学或私立独立学院校董会之组织及职权，由教育部定。大学或独立学院之规程，由教育部按照本法另定等。原文如下所述：

《大学组织法》
(1929年7月26日)

第一条 大学应遵照十八年四月二十六日国民政府公布之中华民国教育宗旨及其实施方针，以研究高深学术，养成专门人才。

第二条 国立大学由教育部审查全国各地情形设立之。

第三条 由省政府设立者为省立大学，由市政府设立者为市立大学，由私人或私法人设立者为私立大学。

第四条 大学分文、理、法、农、工、商、医药、教育、艺术及其他各学院。

第五条 凡具备三学院以上者，始得称大学，不合上项条件者，为独立学院，得分两科。

第六条 大学各学院或独立学院各科，得分若干学系。

第七条 大学各学院及独立学院，得附设专修科。

第八条 大学得设研究院。

第九条 大学设校长一人，综理校务，国立大学校长由国民政府任命之，省立市立大学校长由省市政府分别呈请国民政府任命之，除国民政府特准外，均不得兼任其他官职。

第十条 独立学院设院长一人，综理院务，国立者由教育部聘任之，省立市立者由省市政府请教育部聘任之，不得兼任。

第十一条 大学各学院各设院长一人，综理院务，由校长聘任之，独立学院各科各设科主任一人，办理各科教务，由院长聘任之。

第十二条 大学各学系各设主任一人，办理各该系教务，由院长商请校长聘任之，独立学院各系主任，由院长聘任之。

第十三条　大学各学院教员分教授、副教授、讲师、助教四种，由院长商请校长聘任之。

第十四条　大学得聘兼任教员，但其总数不得超过全体教员三分之一。

第十五条　大学设校务会议，以全体教授、副教授所选出之代表若干人，及校长、各学院院长、各学系主任组织之，校长为主席。前项会议，校长得延聘专家列席，但其人数不得超过全体人数五分之一。

第十六条　校务会议审议左列事项：

一、大学预算。

二、大学学院学系之设立及废止。

三、大学课程。

四、大学内部各种规则。

五、关于学生试验事项。

六、关于学生训育事项。

七、校长交议事项。

第十七条　校务会议得设各种委员会。

第十八条　大学各学院设院务会议，以院长、系主任及事务主任组织之，院长为主席，计划本院学术设备事项，审议本院一切进行事宜。各学系设系教务会议，以系主任及本系教授、副教授、讲师组织之，系主任为主席，计划本系学术设备事项。

第十九条　大学职员及事务员，由校长任用之。

第二十条　大学入学资格，须曾在公立或已立案之私立高级中学或同等学校毕业，经入学试验及格者。

第二十一条　大学修业年限，医学院五年，余均四年。

第二十二条　大学学生修业期满考核成绩及格，由大学发给毕业证书。

第二十三条　本法第三条第二项及第十三条至第二十二条之规定，独立学院准用之。

第二十四条　私立大学或私立独立学院校董会之组织及职权，由教育部定之。

第二十五条　大学或独立学院之规程，由教育部遵照本法另定之。

第二十六条　本法自公布日施行。①

三　《大学组织法》的实践效果

《大学组织法》的实践提高了设立大学的基本条件、构建了学院制的办学模式，强调了校长的权力地位。

（一）提高了设立大学的基本条件

在之前颁布的《修正大学令》和《国立大学校条例》中规定，允许设立单科大学。随之出现众多学校"改大"，当时大学数量骤增，甚至出现了后来滥设大学的不良局面。1929年，国民政府教育部颁布《大学组织法》，其中第二条规定，国立大学由教育部审察全国各地情形设立之。根据此条规定，国立大学的设立是由教育部根据各地的具体情形而确定。同时指出，大学应当分文、理、法、教育、农、工、商、医各学院。只有具各三学院以上者，才能称为大学。否则，只能称之为独立学院。这就提高了设立大学的基本条件，有助于引导和规范国内大学的发展。

（二）构建了学院制的办学模式

《大学组织法》中规定，大学得分文、理、法、农、工、商、医药、教育、艺术及其他各学院。凡具备三学院以上者，始得称为大学，不合上项条件者，为独立学院，得分两科。各学院得分若干学系，而且得附设专修科。大学的校务，设校长一人综理；大学各学院

---

① 教育大辞典编纂委员会编：《教育大辞典10卷：中国近现代教育史》，上海教育出版社1991年版，第26页。

设院长一人，综理院务；大学各学系设主任一人，办理各该系教务。大学校务会议，得设各种委员会，管理校务。学院学系之设立及废止由校务会议审议。各学院设院务会议，各学系设系教务会议。构成了大学内部"学校—学院—学系"三级管理模式。在《大学组织法》颁布施行之后，各大学纷纷根据自身实际情况，相继制定本校章程。当时，各大学所颁布的章程名称虽不尽统一，有称规程者，有称组织大纲者，有称章程者，但都规定了大学的办学模式。

（三）强调了校长的权力地位

《大学组织法》中的规定强调了校长的权力地位。第一，大学校长对本校校务有绝对的管理权。第二，大学校长在人事任免方面有独立的决定权，例如，学院院长"由校长聘任之"，系主任"由院长商请校长聘任之"。这就表明，原先系主任乃至院长由教授选举产生的办法已经被否定。第三，尽管各大学设校务会议，但校长为校务会议的主席。且其审议事项的范围由校长决定。第四，教授会为校长提供相关咨询。"校长为一校之首领，全校成败系之，此就一般原则而言，然校长一职，既非教育行政人员，又非学校教员，则其事权必有特殊性质，分而言之，约有三项，即计划上之事权行政上之事权以及社会方面之事权"[1]。1932年，蒋梦麟担任北京大学校长后，主持制定了《国立北京大学组织大纲》，切实地贯彻了《大学组织法》。在此期间，北京大学行政效率虽有所提高，但也招致了校内外的尖锐批评："北大今日在蒋氏治理之下，确较年前稍有声色，但'教授治校'变为'校长独裁'，今后校长恐随政治而转变，是为可虑耳。"[2] 国内其他大学也根据《大学组织法》进行了一定的改革，具体做法各有不同。但总体而言，《大学组织法》强调了校长的权力地位，形成了首

---

[1] 李景文、马小泉主编：《民国教育史料丛刊（484）中国教育事业》，大象出版社2015年版，第292—294页。

[2] 清华大学校史研究室编：《清华大学史料选编》（第2卷），清华大学出版社1991年版，第161页。

长制的大学内部领导体制,而教授群体的权力则有所削弱。

第五节 《大学法》的实践

《大学法》由南京国民政府教育部于 1948 年 1 月 12 日颁布,内容共 38 条。规定大学以研究高深学术、养成专门人才为宗旨。

一 《大学法》的实践背景

早在 1928 年 6 月,胡汉民、孙科等人提出《训政大纲草案》。其中强调国民党中央在训政时期应当遵循如下原则:"一、以党统政,以党训政,培植宪政深厚之基;二、本党重心,必求顽固,党应担发动训政之责;三、以五权制度作训政之规模,期五权宪政最后之完成。"① 同年,国民党二届五中全会在南京召开。蒋介石在"开会词"中宣布从全会召开之日起,"军事时期告一段落","开始去做训政时期的工作"。根据孙中山的《建国大纲》,"训政时期规定为六年,至民国二十四年完成"。在党政关系上,胡汉民等人提出"训政教育论",强调党是政治核心,政府是国民党意志的执行机关。

为了配合训政阶段的需要,国民党于 1930 年 4 月召开第二次全国教育会议。会议强调为提高民族文化程度,中等教育和高等教育的管理重心在"整理充实,先求质量的提高,不遽作数量上的增进"。在施行党化教育、加强对大学控制的同时,也推动了大学教育的发展。1937 年,抗日战争全面爆发,阻断了中国教育立法的进程。抗战后不久,全国进入"战时"状态,教育立法也表现出强烈的"战时性",所颁布的教育法律和法规数量虽然也很多,但大多是根据抗战需要而作出的一些调整,对教育发展的要求和标准大大降低。抗战结束后,民国政府重新修订颁布了一批教育法规。1948 年 1 月 12 日

---

① 林代昭、陈有和、王汉昌:《中国近代政治制度史》,重庆出版社 1988 年版,第 271 页。

颁布的《大学法》就是其中之一。

二 《大学法》的实践内容

《大学法》的内容共38条,规定大学以研究高深学术、养成专门人才为宗旨。主要内容体现为以下几个方面:一是学校的设立和院系设置。《大学法》规定国立大学由教育部设立,由省政府设立者为省立大学,由市政府设立者为市立大学,由私人设立者为私立大学。大学分文、理、法、医、农、工、商等学院。师范学院由国家单独设立,但国立大学得附设之。本法施行前已设立的教育学院,得继续办理。凡具备三学院以上者,始得称为大学。不合上项条件者,为独立学院,得分两科。大学或独立学院各学系办理完善、成绩优良者,得设研究所。二是大学内部管理体制。《大学法》规定,大学设校务会议,以校长、教务长、训导长、总务长、各学院院长组成。校长为主席,负责审议预算,以及学院、学系、研究所及附设机构的设立、变更与废止。教务、训导及总务上之重要事项。大学内部各重要章则、校长交议及其他重要事项。大学设校务会议、行政会议、教务会议,各学院设院务会议,各学系设系务会议,各处分设处务会议等。大学修业年限,医学院5年,余均4年,但医学生及师范生须另加实习一年。原文如下所述:

《大学法》

(1948年1月12日)

第一条　大学依中华民国宪法第一百五十八条之规定,以研究高深学术,养成专门人才为宗旨。

第二条　国立大学由教育部审察全国各地情形设立之。

第三条　大学由省设立者为省立大学,由直辖市设立者为市立大学,由私人设立者为私立大学。

前项大学之设立、变更及停办,须经教育部核准。

第四条 大学分文、理、法、医、农、工、商等学院。

师范学院应由国家单独设立，但国立大学得附设之。

本法施行前已设立之教育学院，得继续办理。

第五条 凡具备三学院以上者，始得称为大学。不合上项条件者，为独立学院，得分二科。

第六条 大学各学院及独立学院分设学系。

第七条 大学或独立学院各学系办理完善、成绩优良者，得设研究所。

第八条 大学置校长一人，综理校务。国立、省立、市立大学校长简任，私立大学校长由董事会聘任，呈报教育部备案。校长除担任本校教课外，不得兼任他职。

私立大学得置副校长一人，辅助校长处理校务。

第九条 独立学院置院长一人，综理院务，国立者由教育部聘任之，省立、市立者由省市政府请教育部聘任之，私立者由董事会聘任，呈报教育部备案。院长除担任本院教课外，不得兼任他职。

第十条 大学各学院各置院长一人，综理院务，由校长聘任之。

第十一条 大学各学系各置主任一人，办理系务，由院长商请校长聘任之。

第十二条 大学教员分教授、副教授、讲师、助教四种，由院长、系主任商请校长聘任之。

第十三条 大学设教务、训导、总务三处，置教务长，训导长、总务长各一人，秉承校长分别主持教务、训导及总务事宜，由校长聘任之，均应由教授兼任。

第十四条 大学各处得分设各组馆，各置主任一人，办理各组馆事务，由各处主管人商请校长任用之。

大学图书馆规模完备者，得置馆长一人，由校长聘任之。

第十五条　大学校长室得置秘书一人或二人，由校长聘任之。

第十六条　大学设会计室，置会计主任一人、佐理员及雇员若干人，依法律之规定，办理岁计会计事宜。

前项人员之任用，私立大学暂不适用。

第十七条　大学得因教学实习及研究之需要，分别附设各种实习或实验机构，其办法由校拟定，呈请教育部核定之。

第十八条　大学各组馆及附设各机构，得各置职员若干人，由校长任用之。

第十九条　大学设校务会议，以校长、教务长、训导长、总务长、各学院院长、各学系主任及教授代表组织之，校长为主席。

教授代表之人数，不得超过前项其他人员之一倍，亦不得少于前项其他人员之总数。

第二十条　校务会议审议左列事项：

一、预算。

二、学院、学系、研究所及附设机构之设立变更与废止。

三、教务、训导及总务上之重要事项。

四、大学内部各种重要章则。

五、校长交议及其他重要事项。

第二十一条　大学设行政会议，以校长、教务长、训导长、总务长及各学院院长组织之，校长为主席，协助校长处理有关校务执行事项。

第二十二条　大学设教务会议，以教务长及各学院院长及各学系主任组织之，教务长为主席，讨论教务上重要事项。

第二十三条　大学各学院设院务会议，以院长及各学系主任及本院教授、副教授代表组织之，院长为主席，讨论本院学术设备及其他有关院务事项。

各学系设系务会议，以系主任及本系教授、副教授、讲师组织之，系主任为主席，讨论本系教学研究及其他有关系务事项。

第二十四条　大学各处分设处务会议，以各处主管人及各组馆主任组之，各处主管人为主席，讨论各处主管重要事项。

第二十五条　大学得设训育委员会，以校长、教务长、训导长为当然委员，并由校长聘请教授三人至十五人组织之，校长为主席，训导长为秘书，规划有关训导之重要事项。

第二十六条　大学入学资格，应曾在公立或已立案之私立高级中学或同等学校毕业，或具有同等学力经入学试验及格者。

第二十七条　大学修业年限，医学院五年，余均四年，但医学生及师范生须另加实习一年。

第二十八条　大学各学院得附设专修科，招收高级中学或其同等学校毕业生，或具有同等学力者，修业二年，但应呈请教育部核准后设立之。

第二十九条　大学学生修业期满有实习年限者，并经实习完毕，经考核成绩及格，由大学发给毕业证书，除专修科外，分别授予学士学位。

第三十条　本法第三条及第十二条至第二十九条之规定，于独立学院准用之。但第十三条规定之三处主管人员在独立学院应称主任。

第三十一条　私立大学及独立学院董事会之组织，由教育部定之。

第三十二条　大学及独立学院规程，由教育部依本法拟定，呈请行政院核定之。

第三十三条　本法自公布日施行。[①]

[①] 教育部教育年鉴编纂委员会编：《第二次中国教育年鉴》（2），商务印书馆1948年版，第5—7页。

三 《大学法》的实践效果

《大学法》是在《大学组织法》和《大学行政组织补充要点》的基础上修订而成。从内容上来看，其规定比之前颁布的法令更加完善与合理。《大学法》颁布之时，国内正在进行解放战争。解放战争胜利后，国民党败退台湾，其继续在台湾施行。

第六节　天津大学章程的实践

天津大学的前身是1895年成立的北洋大学堂。根据天津大学的办学性质和学校名称，可将其发展史划分为五个时期，具体包括北洋大学堂时期、国立北洋大学时期、国立北洋工学院时期、国立北洋大学复校时期和复校后的北洋大学时期。在此期间，民国政府教育部相继颁布了《大学令》《修正大学令》《国立大学校条例》《大学组织法》和《大学法》等国家教育法规。与此同时，天津大学对其章程文本也进行了多次相应的更新与修订。其中，在《大学令》颁布之前施行的章程主要有北洋大学堂成立时的《拟设天津中西学堂章程禀》。在《大学令》出台之后制定的典章则有民国初年的《国立北洋大学校办事总纲》和《国立北洋大学校学事通则》。此后，天津大学还不断制定与修订了一系列有关学校办学与管理的规章制度。

一　天津大学章程的实践过程

在《大学令》颁布之前，创建之初的天津北洋西学学堂是按照盛宣怀于1895年上奏的《拟设天津中西学堂章程禀》来管理学校的。该章程文本包括《头等学堂章程》和《二等学堂章程》两部，对总办、总教习的职权、教习的延请、功课的考核、学堂的经费、学生的录取以及学生在校期间的补助等都作出了详细的规定。① 在章程施行后,北洋大学堂除了依据建校章程开展教学活动之外,还适时根据政府的规定、社会的需求以及自身办学条件的变化,在管理体制、办学层次、功课开设以及办学经费等方面进行调整,以维系学校的发展并适应时局的变化。

在管理体制方面。1904年清政府颁布"癸卯学制"后,北洋大学堂于同年制定了《天津大学堂新订各规则》。该规则分门别类地对学校教学管理等体制进行了规定,包括总办规则、监督规则、总教习规则、教习规则等方面,促使学校在管理上职责分明、有章可循。② 与首部章程相比,《北洋大学堂新订各规则》体现出更多西方大学的性质和元素,如学业管理施行学分制、学生考试分为月考和年终大考等。此外,对总办及等而下之各员的职责、学生应遵守的纪律也一一进行了规定,并通告执行,循章尽职。③

在办学层次方面。北洋大学堂初创时的《北洋大学堂章程》规定设立头等学堂、二等学堂各一所,学制上分别为本科和预科,各为四年。但是,考虑到学堂要经八年才能培养出专门人才,遂采取了通融求速的办法,即在1895年先从天津、上海等地精选了三十名已通过"小学堂"第三年功课者,将他们列作头等学堂末班。至1899年,北洋大学堂有了第一届本科毕业生,由此中国近代大学有了自己培养的第一批法律、机械工程、土木工程、矿业工程等专业的高级专门人才。④

在功课开设方面。1895年北洋大学堂开设之初,头等学堂与二等学堂均按照章程规定开设了律例、工程、矿冶和机械四个学门的相

---

① 王杰、祝士明编著:《学府典章——中国近代高等教育初创之研究》,天津大学出版社2010年版,第42页。
② 北洋大学—天津大学校史编辑室编:《北洋大学—天津大学校史》第1卷,天津大学出版社1990年版,第24页。
③ 王杰主编:《天津大学志》(综合卷),天津大学出版社2015年版,第522—523页。
④ 王杰主编:《天津大学志》(综合卷),天津大学出版社2015年版,第62页。

应功课。1903年，北洋大学堂在西沽复校时，正值《钦定京师大学堂章程》颁布，学堂即按该章程重新厘定了功课，将工科由四年改为三年，法科仍为四年。1904年《奏定京师大学堂章程》颁布，学堂以"谨遵谕旨，端正趋向，造就通才"为宗旨，分学门学习，各学门的功课又分为主修功课、辅修功课和选修功课。1905年秋，重设正科，将学生分为第三（二年级）、第四（一年级）两班，分入律例、工程和矿冶三学门。① 1908年，重新厘定公课后，又将高等普通科目作为预科功课。② 由此观之，北洋大学在初创时期，已包括文、法、工、师范教育诸科，初具新式综合性大学的规模。

在办学经费方面。北洋大学堂是国家开办的一所国立新式大学，经费本应由国家直接拨款，但碍于战败后清王朝签订的一系列不平等条约，造成了国库极为拮据的状况。对此，盛宣怀凭借其职权及其办理洋务之条件，想尽办法从各种渠道筹措资金作为办学经费。他在《拟设天津中西学堂章程禀》中对头等学堂与二等学堂每年所需的办学经费进行了说明，并得到了光绪帝的批准，本应收归国库的部分款项解交海关道库储存，专备天津北洋西学学堂经费。在当时由国家拨专用经费兴办的大学，北洋大学堂是其中一所，且在以后的一段时期内，这样的学堂也为数不多。③

在《大学令》颁布之后，中国高等教育开始进入发展和完善期，天津大学也开始步入新的发展时期。伴随着不同时期的国颁典章的相继颁布，学校也根据各方面的要求制定和实施了新的章程。其中，最具代表的是1912年颁布的《国立北洋大学校办事总纲》和《国立北洋大学校学事通则》，分别从加强管理和严谨治学的角度对学校提出改革。一方面，在学校管理体制上。根据教育部1912年颁布的《大

---

① 王杰主编：《天津大学志》（综合卷），天津大学出版社2015年版，第63页。
② 王杰主编：《天津大学志》（综合卷），天津大学出版社2015年版，第524页。
③ 北洋大学—天津大学校史编辑室编：《北洋大学—天津大学校史》第1卷，天津大学出版社1990年版，第32—34页。

学令》中"大学设校长一人,总辖大学全部事务"的规定,北洋大学制定了《国立北洋大学校办事总纲》(以下简称《总纲》)共3章23条,这是继辛亥革命后中国高等学校最早的管理条例。该《总纲》在第一章任职中规定"本校事务分别由左列各主任商承校长处理之",并在校长下设6名主任协助其管理学校各项事务;另一方面,为了便于《总纲》的具体实施,学校还制定了《国立北洋大学校学事通则》(以下简称《通则》)共14章100余条,基本上是按照《大学令》的要求管理学校。作为一部关于教学管理的规则,《通则》在实施过程中要求一丝不苟,其不仅是对学生日常行为进行约束的规范,还在实施的过程中对学生道德情操的熏陶起到了积极的作用。[①]此后伴随着其他国颁典章的出台,除上述两部主要管理条例之外,北洋大学还根据社会发展需要与自身办学需求等不断对章程进行了修订。

在《大学组织法》颁布之后,大学区制废止试行,原北洋大学进入北洋工学院时期,并针对学校的管理体制和学生培养等工作颁布了一系列规章制度。其一,在管理体制的变革上。国立北洋工学院时期,学校的最高权力机构是院务会议。北洋大学于1933年、1935年以及1936年分别制定了《国立北洋工学院院务会议规程》《本院暂行组织规程》以及《修正本院暂行组织规程》。从此,全院各方面的工作开始有章可循。抗日战争期间的国立西北工学院时期,学校根据教育部1938年发出的汉教字第6074号训令以及附和的筹备委员会简章,成立了西北工学院筹备委员会,由李书田主持院务。[②] 其二,在学生培养上。根据教育部1931年发布的关于"全国国立各大学酌情设立研究所,推广科学研究"的通令,以及1934年颁布的《大学研究院暂行组织规程》,国立北洋大学在1934年成立了工科研究所,并

[①] 王杰、祝士明编著:《学府典章——中国近代高等教育初创之研究》,天津大学出版社2010年版,第121页。

[②] 王杰主编:《天津大学志》(综合卷),天津大学出版社2015年版,第70页。

在《国立北洋工学院工科研究所章程》中将开展科学研究纳入了办学宗旨。[1] 此外,为了严谨治学,学校还颁布了《国立北洋工学院学则》,从学生日常生活到教学管理,从学生成绩到升级留级,从奖励到惩罚都有明确的规定和要求。章程对学生的严格要求,推动了天津大学在当时培养出一批高质量的学生,并在国外享有很高的声誉。[2]

在《大学法》颁布之后,天津大学复校时期的章程在具体实践中,主要是在管理制度、院系设置和课程设计等方面有所发展。其一,在管理制度的重建方面。1947年颁布的《国立北洋大学组织大纲》明确规定了学校的组织机构和院、系、处、组的人员安排及其职责,制定出管理学校的具体措施和方法,并规定学校的最高决策机构为校务委员会。其二,在院系设置方面。复校后,在原来工学院的基础上增设了理学院。从此北洋大学进入理工结合时期,也是北洋大学分科最完备的时期。1947年,北洋大学有两院一部十七个学系以及五个研究所,还有十七个实验室及一所附属小学。根据学校办学宗旨和教学方针的要求,教务处和各院系共同制定了学生四年的必修课程和所应完成的学分,还制定了《国立北洋大学学业成绩考核细则》。[3] 总之,在北洋大学复校时期,学校颁布的一系列规章制度,如《国立北洋大学组织大纲》《国立北洋大学校务会议规程》《国立北洋大学各处办事细则》《职员服务规则》等,从校长到职员职责分明,从教学到校务各方面有章可循。既有系统严格的规章制度,又有具体的管理办法,确保北洋大学在艰苦的条件下依然坚持严谨办学,培养出大批高质量的人才。

二 天津大学章程的实践效果

大学章程的实施既是判断章程功能是否得到充分发挥的关键因素,

---

[1] 王杰主编:《天津大学志》(综合卷),天津大学出版社2015年版,第532页。
[2] 北洋大学—天津大学校史编辑室编:《北洋大学—天津大学校史》第1卷,天津大学出版社1990年版,第174页。
[3] 北洋大学—天津大学校史编辑室编:《北洋大学—天津大学校史》第1卷,天津大学出版社1990年版,第380页。

又是使大学实现自治的重要保障。不同学校的章程在具体实践的过程中，不仅会受到学校自身的办学背景、办学主体以及办学目标的影响，而且还会受到来自社会各方面因素的影响。对于天津大学而言，其章程的实施拓展了学校服务社会的职能，完善了学校内部管理体制，同时形成了学校严谨治学的办学传统。

（一）拓展了学校服务社会的职能

甲午战败后，清政府的有识之士开始痛定思痛，意识到培养掌握西方现代科学知识的人才的必要性。1895年，盛宣怀在天津创办了引入西方现代大学办学模式的新式大学——北洋大学堂。受当时"先立典章，后建大学"办学模式的影响，章程的制定也与大学的创办背景一脉相承。清末北洋大学堂时期，《天津北洋西学学堂章程》中有关办学宗旨、功课设置以及教学内容的规定，都是以学习西方先进的科学技术为主，培养目标为造就适应社会与时代需求的专门人才。将这种培养专才的教育理念落实到章程的实践中，便是根据社会的需要设立了法律、土木工程、采矿冶金以及机械工程四个学门，这也正是积极响应国家"工业救国"号召的具体表现。民国时期，北洋工学院为解决社会各项工程技术问题，依据1934年颁布的《国立北洋工学院工科研究所章程》，将科学研究纳入了学校的办学宗旨，并从采矿和冶金学科开始了研究生教育。由上观之，天津大学章程的实施拓展了学校服务社会的职能。

（二）完善了学校内部管理体制

受西方"教授治校"等大学理念的影响，天津大学在发展过程中也逐步加强了对自身内部管理体制的探索与构建。1904年，为进一步完善学校内部管理体制，学校制定了《北洋大学堂新订各规则》，以使学校的教学管理有章可循。国立北洋大学校时期，《大学令》的颁布确立了资产阶级的民主教育体制。根据法令要求，学校于民国初年制定了《国立北洋大学校办事总纲》及配合其实施的《国立北洋大学校学事通则》。作为辛亥革命后中国大学最早的管理条例，这两部规章不仅完善了校长负责、专家学者治校的管理体制，而且保证了学校内部管理机制的健全，使当时的国立北洋大学能够在社会动荡的岁月中稳步前进。① 北洋工学院时期，学校根据教育部颁布的《大学组织法》制定了《国立北洋工学院院务会议规程》，将院务会议设立为学院最高权力机构，以此来保障教学人员的学术权力，体现出民主治校原则。在复校后的北洋大学时期，出于提升教员资格和质量的新需求，1947年学校制定了《国立北洋大学组织大纲》②，规定了学校管理的具体措施和办法，对教职员的管理和审查也作出相关的规定。由上可知，继《大学令》颁布之后，学校还出台了一系列相关规章条例，以期进一步完善学校内部管理体制。

（三）形成了学校严谨治学的办学传统

天津大学自创设之始，就以严谨治学而著称。清末北洋大学堂时期，盛宣怀奏拟的《拟设天津中西学堂章程禀》就是本着严谨治学的精神，对学堂从学制、招生、课程设置以及经费管理等方面予以严格规定。1904年，为严格延聘教师和挑选学生，学堂又制定了《天津大学堂新订各规则》，在延聘教师上不准徇私情，在挑选学生上重质不重量。这种从严治校的规定，为学校严谨治学传统的形成奠定了基础。民国北洋大学校时期，为了加强管理，学校于1912年制定了《国立北洋大学校办事总纲》以及《国立北洋大学校学事通则》，体现了北洋大学一贯严谨治学的精神。北洋大学专办工科时期，院务会议于1935年修正通过了《国立北洋工学院学则》，其中对学生的管理训练极其严格，并注重教学质量，充分体现了对学生严格要求、宁缺毋滥的精神。西北工学院时期，时任筹备委员会主任的李书田参照北洋大学以前的治校经验，制定了包括《西北工学院组织大纲》等在内的一系列严格的管理制度。③ 天津大学历部章程的严格制定及施行，

---

① 北洋大学—天津大学校史编辑室编：《北洋大学—天津大学校史》第1卷，天津大学出版社1990年版，第90页。
② 王杰主编：《天津大学志》（综合卷），天津大学出版社2015年版，第141页。
③ 北洋大学—天津大学校史编辑室编：《北洋大学—天津大学校史》第1卷，天津大学出版社1990年版，第53、90、171、248页。

使学校形成了严谨治学的办学传统,并在以后的办学过程中得到弘扬。

综观近代天津大学章程的实施历程,无论是晚清时期,还是民国时期,天津大学一直沿袭了建校章程的开拓性特征。其历部章程都是在具体办学实践中,根据外部教育法令的要求和学校自身发展的需要,不断进行着革新,力图使章程在办学过程中发挥出实际效用。天津大学章程作为连接学校内外制度的桥梁与纽带,激发了天津大学的办学活力,在中国近代大学章程建设的动态变化中不断走向成熟。

第七节 北京大学章程的实践

北京大学的历部章程浓缩了古今中外大学的办学思想,并在实践过程中呈现出不同的结构与形态,既体现了中国近代大学章程在其形成过程中对中国传统文化的继承,也反映出中国近代大学章程对西方大学制度的借鉴。从晚清积极探索近代教育体制的京师大学堂章程,到民国时期提倡"教授治校"理念的北京大学章程,其实践过程都与近代北京大学的改革同步。经历了晚清时期的京师大学堂、五四运动前后的北京大学、动荡时期的北京大学、西南联合大学时期以及复原后的北京大学这五个历史时期。在《大学令》颁布之前,北京大学施行的章程主要有1898年的《奏拟京师大学堂章程》、1902年的《钦定京师大学堂章程》和1904年的《奏定京师大学堂章程》三部。在《大学令》颁布之后,则主要实施了1920年的《国立北京大学现行章程》、1932年的《国立北京大学组织大纲》和1947年的《国立北京大学组织大纲》三部。

一 北京大学章程的实践过程

在《大学令》颁布之前,京师大学堂成立时首颁章程为1898年的《奏拟京师大学堂章程》,这是中国近代大学最早的学制纲要。由于京师大学堂开学仅一年半即遭劫难而被迫停办，该章程并未得到有效实施。《辛丑条约》签订后，清政府开始实行"新政"，并正式下令恢复京师大学堂。张百熙遂于1902年制定了包括《钦定京师大学堂章程》在内的一整套从小学到大学的学堂章程，即"壬寅学制"。由于当时京师大学堂为国家最高教育机关，《钦定京师大学堂章程》实质上也是京师大学堂重建时的办学章程。此章程颁布后不久，清政府以张百熙"喜用新进"和不够可靠为由，又于1904年颁布了由张之洞修订的《奏定京师大学堂章程》，即"癸卯学制"。该章程在全国的颁行，标志着封建传统大学制度在形式上的解体和近代大学制度的初步建立。作为教育变革的立法成果之一，该章程一直延续到辛亥革命。[①] 依据三部章程中的规定，京师大学堂在发展过程中主要对学校的课程设置和管理体制等方面进行了改革。

1898年颁布的《奏拟京师大学堂章程》以"中体西用"为方针，将学科分为两大类，即"一曰溥通学，二曰专门学"。然而，京师大学堂正式开学后，实际授课却有很大变通。由于当时各省学堂仍未设立或尚无高年级学生，招收符合大学堂要求的学生存在困难，导致第一年招收的学生仅有一百余人，且课程只设诗、书、礼、易、春、秋六堂。1902年2月，京师大学堂复课后，张百熙仍以"中体西用"为指导，主张课程设置要体现政艺并重、新旧兼学，并在《奏筹办京师大学堂情形疏》中提出"缓立大学专门，先办预备、速成二科"[②]，即除预科之外，设两门速成科，"一曰仕学馆，一曰师范馆"，且两馆的课程在1902年颁行的《钦定京师大学堂章程》中作出了具体的规定。1904年《奏定京师大学堂章程》颁行后，京师大学堂于1905年始由学务大臣奏请设立分科大学。1908年，学部又对京师大学堂设立分科大学加以督促，但是因教学条件限制，各分科大学难以按照

---

① 王学珍主编：《北京高等教育史》（上），中国广播电视出版社2010年版，第151页。
② 北京大学校史研究室编：《北京大学史料》（第1卷），北京大学出版社1993年版，第53页。

章程的规定——开设课程，实际情况又略有变通。①

　　章程中有关学校管理体制的规定也随着京师大学堂办学实践的变化而不断更新。1898年颁布的《奏拟京师大学堂章程》规定京师大学堂具有两种职能，即作为全国最高学府培养明体达用之才和管辖全国学务，同时规定大学堂的最高领导人为管学大臣。1904年《奏定京师大学堂章程》颁布后，学校的组织机构和管理体制均按照《奏定京师大学堂章程（附通儒院）》的规定进行设置，将原大学院改为通儒院，大学设预备科，师范馆改照优级师范学堂办理。② 与《奏定大学堂章程》同时公布的《学务纲要》借助此次修订的机会，将大学堂管理学堂事务的职能剥离了出来，交由"学务大臣"进行管理，使得教育制度本身与教育管理职权相互独立，为后来成立学部奠定了法律基础。③ 1905年学部成立后，管理全国学务的职能归于学部，京师大学堂成为名副其实的办学单位，专设总监督作为学校领导人。京师大学堂不仅重视对行政人员的管理，而且注重对师生品德行为的规范。1899年颁布的《京师大学堂禁约》规定了如何端正学生思想取向④，由此可见，章程的实践对学校由传统教育制度向近代教育制度的转变发挥了关键作用。

　　在《大学令》颁布之后，京师大学堂更名为"北京大学校"。《大学令》作为当时北京大学的基本章程，对学校的办学和管理进行了规定，并将以前大学堂的"总监督"改称为"校长"。1912年2月，严复接任北京大学后，教育部以教育经费困难等为由要求停办学校。为了解决学校教育经费的问题，他上任后即写了《论北京大学不可停办说帖》上书教育部，并对学校进行了初步改革，促使北京大学

---

① 董宝良主编：《中国近现代高等教育史》，华中科技大学出版社2007年版，第44—45页。
② 董宝良主编：《中国近现代高等教育史》，华中科技大学出版社2007年版，第48页。
③ 周详：《〈京师大学堂章程〉与清末教育制度的变迁》，《中国人民大学教育学刊》2013年第4期。
④ 董宝良主编：《中国近现代高等教育史》，华中科技大学出版社2007年版，第48页。

逐步走上正轨。同年12月，何燏时就任校长，对北京大学校风进行了整顿。1913年起，北京大学先后多次招收新生入学，胡仁源校长拟定了《北京大学计划书》，开始对北京大学进行改革，还制定了《北京大学分科规程》以加强对学校教务的管理。1915年，根据《大学令》要求，成立了评议会作为学校最高立法机构。① 1916年，蔡元培被任命为北京大学校长，本着"思想自由，兼容并包"的办学方针对学校的领导体制、学科建设和课程设置等进行了改革。由此，北京大学进入了一个新的发展阶段。

此后，教育部还相继颁布了1917年的《修正大学令》、1924年的《国立大学校条例》、1929年的《大学组织法》以及1948年的《大学法》等高等教育法规。在这些典章的影响下，北京大学也相应颁布了一系列章程，对学校的课程设置和管理体制等进行了改革。

在《修正大学令》颁布之时，北京大学相继通过并施行了《国立北京大学内部组织试行章程》《大学评议会规则》《学科教授会组织法》等有关教学教务管理的规则和简章。这些规章制度作为北京大学章程实践中的阶段性成果，既遵循了"思想自由，兼容并包"的办学方针，又在一定程度上保证了改革的进行和大学功能的实现。② 在1924年的《国立大学校条例》颁布后，教育部宣布废止民初颁行的《大学令》和《大学规程》，重新规定了大学的教育宗旨、大学的内部组织机构以及管理制度等。该条例颁布后遭到了北京大学和高等教育界的反对，要求取消董事会制度，因此，最终并未在北京大学得到实施。③ 经过上述的整顿和改革，在新文化运动前后，北京大学已逐步完成了向近代大学的转变。

---

① 杨河主编：《海纳百川，有容乃大——北京大学文化研究》，高等教育出版社2011年版，第10—11页。

② 杨河主编：《海纳百川，有容乃大——北京大学文化研究》，高等教育出版社2011年版，第16页。

③ 王学珍主编：《北京高等教育史》（上），中国广播电视出版社2010年版，第314页。

在1929年《大学组织法》颁布之后，北京大学于1932年制定并施行了《国立北京大学组织大纲》，其中改评议会为校务会行使立法之责，此外还增设事务会议等一系列管理机构。1930年蒋梦麟出任校长后开始调整教学机构，学校自1932年始制定、公布并施行了《国立北京大学学则》《国立北京大学转学规程》等一系列教学管理规章制度。① 根据国民政府1938年颁布的《大学组织法》，北京大学在西南联合大学时期仍设有校务会议和教授会，并在常委会的领导下，设立了各种专门委员会，组织教师参加学校管理工作。② 西南联合大学还于1938年通过了《西南联大教授会组织大纲》，同年11月修正通过并施行了《国立西南大学本科教学通则》，1939年修正通过并施行《国立西南联合大学校务会议组织大纲》。

在1948年《大学法》颁布之时，北京大学已复原返回北平原址，并成立了校务会议，对经教授会通过并颁行的《国立北京大学组织大纲》个别条款进行了修正。此外，《国立北京大学教务通则》等有关教学和人事的规章制度也相继颁行。③

二 北京大学章程的实践效果

北京大学的创立与天津大学截然不同，它不是为了应对救国、强国之急务，而是要树立一个天朝大国的标识或"门面"④，更多的不是实用意义，而是政治上的象征意义。近代北京大学历部章程的实践过程，不仅反映了当时社会的复杂状况和高等教育发展所面临的困境，而且受到了混乱的政治局势、不同的文化矛盾和办学理念等多方面因素的影响。在众多影响因素不断变换、重组和融合的过程中，北

---

① 王学珍主编：《北京高等教育史》（上），中国广播电视出版社2010年版，第455页。
② 王学珍主编：《北京高等教育史》（上），中国广播电视出版社2010年版，第553页。
③ 杨河主编：《海纳百川，有容乃大——北京大学文化研究》，高等教育出版社2011年版，第36—42页。
④ 祝士明、王世斌、王杰：《清末国立大学章程的差异性及其影响》，《天津师范大学学报》（社会科学版）2013年第6期。

京大学章程的实践既规范了学校自身制度的发展,也为其他近代大学的发展奠定了坚实的制度基础。

(一) 奠定了近代大学的制度基础

鉴于京师大学堂具有国家最高教育机关的性质,其章程的实践也为当时其他大学章程的制定和实施奠定了制度基础。从章程的文本要素来看,京师大学堂章程与之前的洋务学堂章程相比,在借鉴日本大学章程的基础上形成了更为完备的章程要素体系,且更具现代性特征,既加快了近代大学制度建设的现代化步伐,也为其他近代大学章程的制定提供了蓝本。从章程的制定主体来看,孙家鼐、张百熙等学务大臣所属的最高学务当局表明,京师大学堂章程具有高等教育法规的权威性。它通过立法的形式规定了京师大学堂的具体建制,对高等教育体制、学校组织机构设定、学校教学内容的法律表达都初步具备了行政机构组织法的特征,既是京师大学堂的办学纲领,也是全国所有大学堂的基本规范,并在近代中国学制体系中居于引领地位。[①] 京师大学堂章程的实践奠定了近代大学的制度基础,同时也预示着中国高等教育逐渐步入现代化进程。

(二) 推动了大学制度的规范化发展

民国时期北京大学章程的实践过程,推动了大学制度的规范化发展。从章程的制定程序来看,以《北京大学章程》为例,蔡元培专门成立了包括蒋梦麟、顾孟余、胡适、马舒伦等人在内的组织委员会负责起草章程,起草完毕后经评议会通过施行。[②] 为进一步加强学校章程的规范化发展,1932年颁布的《国立北京大学组织大纲》中规定:"本组织大纲经校务会议决后,由校长公布施行","本组织大纲制修订,以校长或校务会议会员五人以上之提议,经校务会议议决

[①] 周详:《〈京师大学堂章程〉与清末教育制度的变迁》,《中国人民大学教育学刊》2013年第4期。

[②] 吴惠龄、李壑编:《北京高等教育史料》(第1辑),北京师范大学出版社1992年版,第195页。

后，由校长公布"①。1947年颁布的《国立北京大学组织大纲》也规定，组织大纲须经教授会议决后由校长公布。由此可见，民国时期北京大学章程从制定到颁布，再到实施都有明确的程序和原则。从章程的实施过程来看，为使章程能够有效付诸实践，北京大学还颁布了一系列规章，如1920年颁布的《国立北京大学现行章程》，其中对学制、校长、评议会、教务会议、行政会议、教务处的职责等都有具体规定；1932年颁布的《国立北京大学现行章程》中对办学宗旨、学院设置、学系设置、研究院等都予以详细规定，并对校务会议、行政会议、教务会议、院务会议、系务会议等组织的管理者及其成员设置也作了规范的制度化说明；② 1947年颁布的《国立北京大学组织大纲》还对此前章程中的个别条款进行了修订。由此观之，近代北京大学在制度建设方面成效颇丰，颁布与修订了涉及学校办学各个方面的规章制度，形成了比较规范的大学制度体系。

（三）践行了多位校长的办学理念

民国时期的北京大学章程在发挥其制度文化功能的过程中，践行了多位校长的办学理念。从北京大学章程的实践历程来看，章程的制定主体逐渐由政府主导转向大学主导，在"大学自治""民主管理"和"教授治校"等西方办学理念的作用下，章程将多位大学校长的办学理念付诸实践。蔡元培主持的北京大学改革倡导的是德国的办学理念。1920年颁布的《国立北京大学现行章程》所反映的大学管理体制就是典型的德国模式，规定学校的最高决策机构是评议会，校长是评议会的议长。该章程以确立学校的治理结构为主旨，其中关于学制、校长、评议会、教务会议、行政会议、教务处的设置和规定都体现出大学自治的办学理念和蔡元培提出的"思想自由，兼容并包"的办学方针。与蔡元培借鉴德国的大学办学理念有所不同，蒋梦麟推崇的是美国的大学办学理念，并追求高等教育的正规化，并用科学的

---

① 马洪正：《我国近代大学章程的历史存在及其价值目标》，《江苏高教》2017年第11期。
② 马洪正：《我国近代大学章程的历史存在及其价值目标》，《江苏高教》2017年第11期。

精神将"求真务实"的理念写进了北京大学的章程文本。1919年，蒋梦麟接任北京大学校长后进行了多项改革。在1920年颁布的《国立北京大学现行章程》中，将"教授治校、民主管理"的办学理念加以完善，并且高度重视发展学术，如组建学会、延聘名师、出版刊物等。由此可见，当时包括校长在内的章程制定者都希望可以通过章程的实践，保障大学的教学和研究活动不受外界的干扰和支配，以期实现大学的育人目标和研究价值。

综观近代北京大学颁布并施行的一系列章程，不仅推动了大学自身制度建设的有序进行，而且加速了近代高等教育立法的现代化进程。在借鉴国外著名大学章程与继承中国传统学堂规章的基础上，北京大学历部章程的文本规定都达到了较高的水平。无论是作为清末第一所新式大学堂，还是作为民国时期的第一所国立综合性高等学府，北京大学一直都站在中国近代高等教育的最前沿。作为大学办学和管理的制度规范，章程在北京大学的发展过程中如影随形，它的实践不仅推动了北京大学自身的快速发展，同时也奠定了其他近代大学发展的制度基础。

第八节　山西大学章程的实践

山西大学是中国近代以来成立的第一所省立大学。自1902年建校至1949年新中国成立的47年间，其章程在实践过程中始终伴随着山西大学的发展变化。山西大学的历史演变历程可以划分为清末的山西大学堂、辛亥革命后的山西大学校、改组后的山西大学以及恢复后的国立山西大学这四个时期。在此期间，政治局势的变换和学校领导的更迭致使山西大学不断改组，历经沧桑，山西大学章程也跟随国家颁布的教育法令而不断修订。《大学令》颁布之前，山西大学制定和实施的章程主要有1901年的《晋省开办中西大学堂合同八条》、1902年的《设立晋省大学堂谨拟暂行试办章程》和《中西大学堂改为山西大学堂西学专斋合同》三部。《大学令》颁布之后，山西大学则相继于1912年颁布了《山西大学校学则》、1931年颁布了《修正山西大学组织大纲》以及1946年颁布了《国立山西大学组织大纲》等章程。

一 山西大学章程的实践过程

在《大学令》颁布之前，根据戊戌期间清政府的谕令，即"各省所有书院于省城均设大学堂"，山西巡抚岑春煊于1901年9月将省城令德堂、晋阳两大书院合并成立山西大学堂。① 在此之前，李提摩太向上递交了《上李傅相办理山西教案章程》七条，李鸿章对其中第三条"设立学堂"的请求表示赞同。同年11月，山西巡抚代表周之骧在上海与李提摩太签订了《晋省开办中西大学堂合同八条》。1902年2月，岑春煊上奏的《设立晋省大学堂谨拟暂行试办章程》被请政府批准后，山西大学堂于5月正式开学上课。同年6月，岑春煊与李提摩太签署了《中西大学堂改为山西大学堂西学专斋合同》（以下简称《合同》）二十三条，将中西大学堂"归入"山西大学堂并改为西学专斋，山西大学堂原设部分改为中学专斋。② 1911年合同期满后，山西大学堂西学专斋交还山西当局办理。山西大学堂在依据章程开展办学活动的过程中，根据自身实际情况对学校管理、办学模式和课程设置等方面进行了改革。

在学校管理方面，1902年《合同》签订后，中西两斋各设总理一人，下设总教习、副总教习和分教习，两斋的行政事务均由中斋的提调和堂舍监督总管，而教务由两斋分理。③ 1904年山西学政宝熙对大学堂进行了整顿，督办下设监督，取消了总理，总教习和副总教习

---

① 行龙：《山大往事》，商务印书馆2017年版，第241页。
② 山西大学校史编纂委员会编：《山西大学史稿（1902—1984）》，山西人民出版社1987年版，第1—4页。
③ 郭贵春、倪生唐主编：《山西大学百年校史》，中华书局2002年版，第4—7页。

改称教务长，提调改称庶务长，堂舍监督改称斋务长。1907年，奉学部令，大学堂取消了督办和节制，以监督统一管理学校一切事务。1910年11月，李提摩太将西斋交还山西当局管理。①

在办学模式方面，《合同》规定中斋最初只设高等科（相当于大学预科）。由于中斋近代学科的开设较晚，学生的数理化成绩较差，学生毕业后只能升入大学预科。中斋的教学方法基本沿袭传统的"师授学承"的旧法，不分教室、班级以及科目，在贡院"丰树堂"上大课且课无定时。西斋开办之初与中斋一样仅设预科，学生规模以200名上下为额，教学内容与方法基本与英国学校相同，上课既无中文教本，也不发讲义，主要靠外籍教习讲授，中国教习翻译。西斋的教学组织形式是以学生的注册时间、学习程度、基础状况为依据分为了甲、乙、丙、丁、戊五班，分班分教室在皇华馆上小课。②

在课程设置方面，1902年颁布的《设立晋省大学堂谨拟暂行试办章程》中指出订课程"茫无依据"，由于中斋师生都是来自令德堂和晋阳书院，在教学内容上和书院完全相同，课程分为经、史、政、艺四科。1904年《奏定京师大学堂章程》颁布后，山西大学堂对课程设置按照新学制的规定进行了修订，将高等科分为一、二类，增设了英文、日文、代数、几何等新课程，旧课程除保留经学外，其他科目一律取消。根据《山西大学堂创办西斋合同二十三条》规定，西学专斋学科分为5门，所设课程比较充实，本科先后设4个专业。1906年开办了法律、矿学和格致3个专门科，1908年又开办了工程科。③

在《大学令》颁布之后，山西大学堂按照该法令改称为山西大学校，并颁布了相应的规章制度。1912年11月，时任校长高时臻主持

---

① 郭贵春、倪生唐主编：《山西大学百年校史》，中华书局2002年版，第312—313页。
② 王李金：《从山西大学堂到山西大学（1902—1937）》，博士学位论文，山西大学，2006年，第54页。
③ 郭贵春、倪生唐主编：《山西大学百年校史》，中华书局2002年版，第15页。

成立了校评议委员会与教授会，制定并通过了《山西大学校学则》（以下简称《学则》）与附录规则。作为山西大学校时期建立的第一部学校规则，该学则为学校摒除封建学制、建立资产阶级新学制奠定了基础。根据民初学制，山西大学校取消了中西两斋，设立了预科和本科，预科分文法和理工两部，均修业三年。1913年，在实施《学则》的过程中，学校又建立了适应新学制的实际运作办事机构。1914年，山西省立工业专门学校并入后开设了专门部，由学校评议会通过了《专门部通则》。[①] 此后，学校又于1915年和1916年分别开办了工科机械学门、工科采矿学门以及文科（文学门）国文学类。[②]

在《修正大学令》颁布之后，1918年开办的参议院议员中央选举会将山西大学列入了国立范围，称"国立第三大学"，成为当时仅有的七所国立大学之一。1924年，学校开办了工科电气学门，至此，山西大学校本科所包括的文、法、工三科便逐步形成。1922年教育部颁布的《学制改革系统案》规定高等教育取消大学预科，据此，山西大学预科于1924年停止了招生，后迫于全省中学生要求又于1925年遵照省令恢复了办理。[③]

在《大学组织法》和《大学规程》颁布之后，直到1931年阎锡山倒蒋失败，山西大学校才根据上述法规制定了《修正山西大学组织大纲》（以下简称《大纲》），改组后称为山西大学。该《大纲》对山西大学改组后的办学宗旨、学院设置、管理体制、学制年限等进行了规定，将各科改为学院，在学院设学系，确立了"校—院—系"的三级管理体制。同年8月，由校长、各学院院长、各学系主任、各处主任、各学院教授代表组成了校务委员会，并先后召开了10次会议，通过了《山西大学校务会议章程》《秘书处办事细则》以及《院系办

---

① 郭贵春、倪生唐主编：《山西大学百年校史》，中华书局2002年版，第31—33页。
② 山西大学校史编纂委员会编：《山西大学史稿（1902—1984）》，山西人民出版社1987年版，第21—22页。
③ 山西大学校史编纂委员会编：《山西大学史稿（1902—1984）》，山西人民出版社1987年版，第22页。

事通则》等15种规章制度,保障了改组后学校各项工作的正常运行。1936年10月,根据山西省整顿人才教育专案,山西大学又进行了第二次改组,对各行政教学单位人员的配备进行了一些变化,重新成立了校务委员会,并在第一次常委会上通过了《山西修正山西大学校务会议规程》。此后11月,校务会议制订并修正通过了《组织大纲》,主要是对学系进行了增添和更新。至1937年,校务会议还先后通过了山西大学《学生生活指导委员会章程》等17种规章制度,并对各学院进行了重组。[①] 抗日战争时期,属于国民党统治区高等教育机构的山西大学仍然执行1929年颁布的《大学组织法》和《大学规程》。抗战胜利后,山西大学于1946年从陕西迁回太原,教育部任命徐士瑚为国立山西大学校长,校务委员会重新制定并通过了《国立山西大学组织大纲》《学生学则》等24种规章制度和各院系课程科目表及其实施要点。[②]

二 山西大学章程的实践效果

山西大学章程的实践过程受到许多特殊因素的影响,如国家与地方之间关系的演变,政府与大学之间权力的博弈以及中学与西学之间的矛盾,等等。在众多因素的影响之下,山西大学章程通过对学校的领导体制、管理制度和办学模式等方面予以规范和革新,彰显了学校中西会通的办学特色。

(一)彰显了学校中西会通的办学特色

1904年新学制颁布后,山西提学使宝熙对山西大学堂进行了全面改革,将中斋的课程内容和教学方法作了较大的调整,促进了中西两斋的进一步融合,使两斋的教学科目和教学方法渐趋一致,至此,一体化的山西大学堂基本形成。[③] 山西大学堂虽地处内陆、风气闭塞、

[①] 郭贵春、倪生唐主编:《山西大学百年校史》,中华书局2002年版,第56—59页。
[②] 郭贵春、倪生唐主编:《山西大学百年校史》,中华书局2002年版,第82页。
[③] 王李金:《从山西大学堂到山西大学(1902—1937)》,博士学位论文,山西大学,2006年,第51页。

办学经费拮据，但其始终注重借鉴和吸收西方大学先进的办学理念，并结合学校实际进行创新性探索与变革。民国山西大学校时期，校长高时臻主持成立的校评委员会与教授会讨论制定并通过了《山西大学校学则》，该学则涉及内容广泛。在学制规定上，废除原中西两斋，推行大学分科，确立了本科与预科的两级学制。在组织结构上，确立了由校长任评议会长、学长与若干教授组成校评委员会的集体领导，首次突出了教授群体在学校组织管理中的独特地位，明确赋予了其在课程设置、教材编制以及学业审核上的权力，养成了山西大学校自由民主之风气。

（二）厘清了学校内外部治理结构之间的关系

中国近代山西大学章程在实践的过程中，厘清了学校内外部治理结构之间的关系。学校与政府之间关系的变化主要体现在章程推动学校的行政权力从依附走向独立的过程。1902年创办之初的山西大学堂既有新建的成分，又有改革传统书院的基础，其治理结构和权力运行方式必然会受到中国传统社会结构的影响。从《山西大学堂创办西斋合同二十三条》来看，山西大学堂初期的治理结构基本上与清政府所颁布的规定相一致。当时学校的最高行政首长与地方巡抚是一体的，这种政校合一的治理结构几乎与大学堂的命运相伴始终。1912年，根据《大学令》的要求，学校调整了其外部治理结构，逐渐凸显出大学的主体地位与独立性质。山西大学校时期制定了《山西大学校学则》，建立了相应的内部组织机构，并且明确了各部门的职责。然而，这一时期的山西大学校始终未能真正推行教育部要求贯彻的"教授治校"精神，这与当时章程规约下学校施行的校长集权制管理模式有关。[①] 学校内部治理结构的变化主要体现在章程关于学校行政权力与学术权力关系的设定上。1931年，学校根据《大学组织法》进行改组，在召开的第一次校务会议上经讨论通过了《修正山西大学组织大

---

① 王李金：《从山西大学堂到山西大学（1902—1937）》，博士学位论文，山西大学，2006年，第118页。

纲》和《山西大学校务会议章程》，对校务会议包括教授代表在内的人员构成及职责进行了规定。章程通过会议制度对行政权力和学术权力之间的关系进行了协调，保障了近代山西大学办学活动的顺利开展。

综观中国近代山西大学章程的实践过程，可以看到山西大学以顽强的生命力寻求生存发展之路。在探索中国近代大学教育模式和理念的同时，能够观察到由于社会动荡不安和物质条件匮乏等原因，山西大学章程的发展呈现出曲折的历史进程。由于特殊的时代背景和特定的地域环境，山西大学章程在其实践过程中不断生成了一种包容性，不仅在动荡的时局和冲突的文化中保持了山西大学的稳定发展，同时也推动了近代山西高等教育制度的发展。

第九节　清华大学章程的实践

清华大学在中国高等教育发展的艰难历程中经历了以下几个发展阶段，具体可分为清华学堂与清华学校时期、国立清华大学时期、西南联合大学时期和复原后的国立清华大学时期。在这四个不同的发展时期，清华大学根据国家教育法令的要求，结合自身发展的需要颁布了一系列办学章程。其中，属于全校性总规程和条例的共有7部。《大学令》颁布之前实施的主要是1911年颁布的《清华学堂章程》。《大学令》颁布之后实施的主要有6部，按其颁布的时间顺序依次为1914年的《北京清华学校近章》、1925年的《北京清华学校大学部暂行章程》、1926年的《清华学校组织大纲》、1928年的《国立清华大学条例》、1929年的《国立清华大学规程》和1947年修订的《国立清华大学规程》。

一　清华大学章程的实践过程

在《大学令》颁布之前，清华学堂初创时期的办学方针基本仿照美国，学校的课程设置与教学内容都渗透着美国文化，这与清华学堂的前身——游美学务处有关，也与清政府外务部和美国签订的一系列办学章程有关。1909年，美国政府开始退还庚子赔款余额，同时，清政府外务部根据与美国公使商定的《派遣学生规程》着手筹办派遣留学生事宜，并于5月会同学部拟定了《遣派留美学生办法大纲》。同年6月，清政府在北京设立了游美学务处，该机构既办学又办"洋务"，由外务部和学部共同管理。根据以上"规程"和"大纲"，游美学务处于1909年8月至1911年6月陆续招考了三批学生，这些学生经过"品学甄别考试"后直接赴美留学。清政府学部又制定了《考选学生及考送游美学生办法》，对此后筹建中的游美肄业馆的招生与保送名额等事宜予以规定。1911年2月，游美学务处和筹建中的游美肄业馆迁入清华园，外务部会同学部，奏请批准将肄业馆定名为"清华学堂"，并订立《清华学堂章程》。此章程规定学堂"以培植全才，增进国力为宗旨"，且"本学堂监督，以游美学务处会办兼任，总理全堂一切事宜"。学堂学程"设高等中等两科"各4年，后又于9月在游美学务处呈外务部修订的《清华学堂章程》中，将高等科改为3年，中等科改为5年。辛亥革命爆发后，清华学堂因经费断绝于11月宣布停课。[①]

在《大学令》颁布之后，清华学堂按照教育部颁布的《普通教育暂行办法通令》改称为清华学校，"监督"改称校长，更名之后的学制、课程与办学方针基本无变化。1913年，清华学校的学生发起组织了清华同学会并通过了章程。1914年，学校制定了《北京清华学校近章》共8章，包括总则、学程、学年及学期、入学、修业毕业、升级及游学等内容。[②]

此外，在《修正大学令》颁布之后，外交部于1917年9月发布的《筹备清华学校基本金章程》中规定"设清华学校董事会"[③]。同

[①] 清华大学校史研究室编：《清华大学九十年》，清华大学出版社2001年版，第4—10页。
[②] 清华大学校史研究室编：《清华大学九十年》，清华大学出版社2001年版，第10页。
[③] 清华大学校史研究室编：《清华大学九十年》，清华大学出版社2001年版，第18页。

年10月,外交部又公布了《清华学校董事会章程》。1920年1月,清华学校向外交部呈报《大学筹备委员会预定报告大旨》,开始筹设大学。此后2月,外交部又修改了《清华学校董事会章程》,扩大了董事会的权力范围。1925年4月,北洋政府外交部批准了大学筹备委员会提出的《清华大学工作及组织纲要》和《北京清华学校大学部暂行章程》,学校随即成立"临时校务委员会"并于5月正式成立大学部开始招生。由此,清华学校分为大学部、留美预备部和研究院三部分。① 1926年4月,学校教职员大会通过了《清华学校组织大纲》,规定"本校学程以学系为单位",依据"教授治校"的原则,设置教授会和评议会。至此,清华大学的组织机构初步形成。② 1927年,学校由南京国民政府接管并改名为"国立清华大学",并于1928年公布了《国立清华大学条例》,此时的国立清华大学"以求中华民族在学术上之独立发展,而完成建设新中国之使命为宗旨"③。

在《大学组织法》和《大学规程》颁布前后,1929年6月,教育部通过了《国立清华大学规程》,下令取消国立清华大学董事会,将学校归于教育部管辖。至此,清华大学董事会制度宣告结束。同年7月,校评议会议决并通过了《国立清华大学研究院规程》,规定从1929年起开办研究院。同年12月,评议会通过了《国立清华大学本科教务通则》共5章47条,对入学及转学、选系及选课等相关事项作出规定。抗日战争时的西南联合大学时期,学校于1938年颁布了《国立西南联合大学校务会议组织大纲》和《西南联大教授会组织大纲》,还根据1940年颁布的《国立西南联合大学行政组织系统表》,对学校的行政组织机构进行了设置和调整,施行常务委员会领导制,仍然设有评议会、校务会以及教授会,其组成及职权与战前相同。抗日战争胜利后,国立清华大学于1946年10月回到北平清华园。1947年5月,学校颁布

---

① 清华大学校史编写组编:《清华大学校史稿》,中华书局1981年版,第49页。
② 清华大学校史编写组编:《清华大学校史稿》,中华书局1981年版,第24页。
③ 清华大学校史研究室编:《清华大学九十年》,清华大学出版社2001年版,第45页。

了《国立清华大学规程》。其中,有关校长、校务会、评议会以及教授会的组成及职权规定与抗战前1929年颁布的《国立清华大学组织规程》基本相同,在领导体制上恢复了校长领导制。①

二 清华大学章程的实践效果

从清华大学诞生之日起到新中国成立的过程中,虽历经曲折甚至战乱,但因其善于适时制定相应的规章制度来开展办学和管理活动,加之教师严谨治学,学生勤奋读书,最终确立了清华大学在国内高校的重要地位。中国近代清华大学章程在实践过程中的突出贡献主要体现在保障了"教授治校"制度的施行和延续,确保了大学自治功能的实现。

(一)保障了"教授治校"制度的施行和延续

中国近代清华大学章程的实施为学校"教授治校"制度的施行和延续提供了保障。民国时期,在中西方文化不断交融的背景之下,"教授治校"等西方发达国家的办学理念对当时清华大学的办学与管理活动产生了深远的影响。1927年颁布的《清华学校组织大纲》规定,学校成立评议会和教授会,其中,评议会是学校最高权力机构,教授会不仅可以参与学术事务,还可参与学校管理。如此一来,教授会对学校的最高权力机构也有所制衡,该大纲为日后清华大学"教授治校"制度的确立提供了重要依据。1929年颁布的《国立清华大学规程》规定,学校设立教授会、评议会、教务会议及教务长等组织机构,不仅评议会中的教授代表有所增多,而且教授会的权利范围也有所扩大,拥有了学术事务决策权。1931年梅贻琦就任校长后,对原有的评议会和教授会的职权范围进行了科学的划分,使得二者处于相互制衡的关系状态。② 中国近代清华大学章程在国家出台的相关法律条例引导下,对学校内部诸如评议会、教授会等学术机构的职责和权

---

① 方惠坚、张思敬主编:《清华大学志》(上),清华大学出版社2001年版,第22页。
② 吴锦旗:《民国时期大学中教授治校的制度化分析——从北京大学到清华大学的历史考察》,《山西师范大学学报》(社会科学版)2011年第1期。

力范围予以明确规定，这就为学校学术人员行使其学术权力提供了强大的制度保障。行政和学术两种权力有序运行，不仅使教育家办学、教授治校成了可能①，而且使清华大学成为近代中国高校中施行"教授治校"制度最为有效和持久的大学。

（二）确保了大学自治功能的实现

中国近代清华大学章程的实践确保了大学在与政府进行博弈的过程中实现其自治功能。民国时期以来，北京国民政府通过指派亲信担任学校董事、影响董事会会议决策，从而达到掌控或干预大学校政的目的，在清华大学表现得尤为明显。早在1917年，清华大学就设立了董事会，作为美国公使控制清华大学的工具。1926年，清华教授拟定的《清华学校组织大纲》经外交部同意后颁布施行，削弱了之前董事会的权力。② 1928年，学校由南京国民政府接管后，在未征询清华大学教授会意见的情况下，国民党政府派罗家伦来担任校长，当即拟定了《国立清华大学条例》，使得清华大学成为国民党插入北平的楔子。③ 1929年，经过"改隶废董"运动，清华大学改属教育部，董事会在教育部颁布的《国立清华大学规程》中被取消。清华大学呈请教育部批准了《校务进行计划大纲》，该大纲对清华大学后来的稳定发展发挥了重要作用。总体而言，在章程的名称变化上，《国立清华大学规程》与原先的《清华学校组织大纲》和《国立清华大学条例》相比，"大纲""条例"变为"规程"，可见其具备一定意义的法律性质。至此，清华大学实现了其自治功能。在章程内容的设定上，有关清华大学办学宗旨、办学模式和办学层次的变化，体现出社会需求与大学办学目标之间的对应关系。中国近代清华大学章程

---

① 蔡连玉、宁宇：《民国时期大学治理：基于立法与章程的研究》，《高教探索》2015年第4期。

② 任小燕：《博弈中的生存：晚清民国大学董事会制度变迁研究》，博士学位论文，南京师范大学，2016年，第170页。

③ 刘超：《学府与政府：清华大学与国民政府的冲突及合作（1928—1935）》，天津人民出版社2015年版，第30页。

在实践过程中体现出的自觉意识和自主管理,为清华大学实现自治提供了制度保障。

综上所述,中国近代清华大学在历部办学章程的规约保障下,于物质匮乏、战争频繁的环境中得到了较快的发展,为后来成为享誉世界的高水平研究型大学奠定了坚实的基础。

第十节　复旦大学章程的实践

复旦大学的前身是1902年马相伯在上海创办的震旦学院。1905年,震旦学院改名为复旦公学,先后经历了辛亥革命后的私立复旦大学时期、抗战西迁重庆时的国立复旦大学时期和抗战胜利后的复原回沪时期,并在此过程中逐步从公学发展为大学,由私立发展为国立。在清末"兴学强国"的号召和西方现代大学制度的引入等多重背景下,学校从办学理念到办学模式都面临着诸多选择。受"先立典章,后建大学"的办学理念影响,复旦大学从建校起就不断地通过制定和修订章程来推动自身发展,在办学过程中形成了自己鲜明的特色。

复旦大学章程的实践彰显出整个中国近代高等教育界对现代大学制度的艰难探索。《大学令》颁布之前,复旦大学已颁布施行的章程主要有1902年的《震旦学院章程》、1905年的《复旦公学章程》和1909年报学部备案的《复旦公学章程》。《大学令》颁布之后,复旦大学制定和实施的章程主要有1913年的《复旦公学章程》、1915年的《复旦公学章程》、1920年的《复旦大学章程》、1940年的《私立复旦大学章程》和1947年的《修正国立复旦大学组织规程》。

一　复旦大学章程的实践过程

在《大学令》颁布之前,震旦学院于1902年建校之初颁布了《震旦学院章程》,对宗旨、功课、学制以及施教方针等作出了规定,学科分为文学和质学(科学)两类。该章程施行以后,学校又逐渐从文理两科发展为文学、致知（哲学）、象学（数学）和形性（理科）四科①，学生人数也大有增长。但是，由于法国天主教的特殊办学背景和学院开办初期领导权的不稳定，导致其在成立不久后便停止办学。1905年，复旦公学作为高等学堂重建并颁布了《复旦公学章程》，包括纲领和宗旨、分斋和学级等19章，内容涉及学校编制、教学运行规则和学生发展等相关事务，并在"余列"中对章程的制定和公布予以说明。该章程中关于"研究泰西高尚学术"办学宗旨的规定，使得研究西方学术成为复旦公学时期学校的主要办学理念。1908年，报学部备案的《复旦公学章程》又增加了"校务职任规则"一章，对包括监督（校长）、教务长和庶务长在内的9种职位的职权作了制度化说明，同时建立了比较严格的惩罚制度。

在《大学令》颁布之后，1913年教育部出台的《私立大学规程》再一次确保了私立大学的合法地位。复旦公学于1913年召开了第二次董事会会议，并颁布了《复旦公学章程》。该章程中关于纲领和宗旨的规定，明确了当时复旦公学"以研求学术，造就专科人才"的目标，以及"照大学办理，先设大学预备科及中学科"②的定位，标志着学校开始效仿美国的大学制度。复旦公学一贯秉持着"与欧美大学并驾齐驱"的理想，学校又于1915年对《复旦公学章程》进行了修订，将课程体系作为重要对象进行完善，逐步确立了通识教育的课程体系。该章程还提倡学生组织学会并强调自治精神。1920年重订的《复旦大学章程》中也对学生自治用了单独一章进行规定。至此，复旦公学的学生自治已完全走向制度化。③

随着《大学令》等国家典章的颁布，复旦大学也不断对学校的办

---

① 复旦大学校史编写组编：《复旦大学志（第1卷）1905—1949》，复旦大学出版社1985年版，第29页。

② 复旦大学校史编写组编：《复旦大学志（第1卷）1905—1949》，复旦大学出版社1985年版，第93页。

③ 吴云香：《复旦大学章程的历史考察（1905—1949）》，硕士学位论文，复旦大学，2013年，第34页。

学章程予以修订和完善。在《修正大学令》颁布之后,复旦公学开始创办大学本科并改名为复旦大学,这标志着学校进入了私立大学发展时期。由于办学层次的提高和学生规模的扩大,学校于1920年重新修订了《复旦大学章程》,将内容增加至28章,除了在"宗旨与编制"中将学校编制分为国文、大学、中学三部之外,还对学术、学业事务、学生奖励和告假等方面进行了详细规定。在《国立大学校条例》颁布之后,根据该条例中针对教授会和评议会的规定,复旦大学制定了《复旦大学行政院章程》和《复旦大学教职员全体大会章程》,确立了学校民主管理的基本框架,并制定了一系列下位规章作为大学章程的重要补充。在《大学组织法》颁布之后,复旦大学对学校管理体制进行了改革,将三级民主管理体制改为国家统一要求的院校两级管理体制。同年9月,大学部召开了教职员全体大会,制定了《校务会议规程》。同年10月,又在第一次校务会议上制定了《院务会议规程》。在20世纪20年代末,随着整个国家高等教育体系的建立,复旦大学在国家整顿私立大学的背景下,进一步推进了以章程为核心的制度建设。[1]抗日战争时期,学校颁布了《私立复旦大学章程》(1940年)。在此期间,学校应时而变,并逐渐发展为一所综合性大学。在《大学法》颁布之前,复旦大学已于1947年颁布施行了《修正国立复旦大学组织规程》,其内容几乎完全符合《大学法》中的规定。

二 复旦大学章程的实践效果

从复旦大学章程的实践可知,复旦大学在其办学过程中不但会根据外部环境的变化而适时作出相应的调整,而且在当时已经初步具备办学国际化的战略思维,这在今天看来其办学理念是极其超前的。

(一)推进了以章程为核心的制度建设

中国近代复旦大学章程的实践推进了学校在办学过程中以章程为

---

[1] 吴云香:《复旦大学章程的历史考察(1905—1949)》,硕士学位论文,复旦大学,2013年,第39页。

核心的制度建设。1902年学校创办时施行的《震旦学院章程》和1905年订立的《复旦公学章程》中均未涉及行政制度的设计,这表明学校当时保持了简约而精干的管理办法,即院长领导下的民主自治制。① 1909年,学校向学部报送了修订后的《复旦公学章程》,增加了"校务任职规则"一章,其中规定了9种职位,章程开始将各职位的职责权作出制度化规定。1932年颁布施行的《复旦大学校董会规程》对董事会的人数作出限制。1933年重新修订的《复旦大学校董会规程》又对董事会及其人员的职责权进行了规定。此外,学校于1924年创设了行政院作为学校评议机构,并颁布《复旦大学行政院章程》,这标志着学校的制度建设步入了新的发展阶段。1927年颁布的《复旦大学师生联席会议组织大纲》规定,学校取消校长制,开始施行委员会制,充分体现了学生参与学校民主管理的理念。由上观之,近代复旦大学内部管理制度的发展变化始终伴随着学校历部章程的实践过程。

(二)促进了学校的发展能够与时俱进

中国近代复旦大学章程的不断修订与完善,促进了学校的发展能够与时俱进。据研究者统计,在近代复旦大学章程的制定与修订过程中,由学校层面主持的就有10次。这些章程的实践均是根据当时的社会环境和办学需要,及时地对学校制度建设进行的完善与探索,同时也渗透着不同办学者和章程制定者的办学理念。清末时期,1902年颁布的《震旦学院章程》中关于学科设置和课程开设的规定,均体现了学校初创期所宣扬的"西学体用"的办学理念。1905年颁布的《复旦公学章程》在开篇的"纲领及宗旨"中也明确指出,学校要"研究泰西高尚学术""与欧美大学并驾齐驱",这些目标均是复旦公学创办者马相伯提出的办学理想。民国时期,学校继承了清末办学章程中的理念和宗旨,并在1913年颁布的《复旦公学章程》和

---

① 王文杰编:《民国初期大学制度研究(1912—1927)》,复旦大学出版社2017年版,第81页。

1920年颁布的《复旦大学章程》中，逐步形成了学校在长期的办学实践中"学术并重"的风格。1929年，复旦大学在系科改组后成为拥有4所学院的大学。总体而言，近代复旦大学章程在实践的过程中，适时地根据时代背景和办学环境不断规范学校的办学活动，形成了学校与众不同的办学理念和办学风格。

综上所述，中国近代复旦大学章程与同时期的其他大学章程相比，其制定和修订较多的借鉴了美国大学的制度要素。复旦大学章程的实践过程始终以先进理念为导向，促进了学校在满足自身发展需要的同时能够与时俱进。作为中国近代第一所私立大学，复旦大学经历了与教会大学、洋务学堂和国立大学等学校不同的发展轨迹，并在历部章程的规约和保障下构建起颇具特色的办学模式，创造了与众不同的制度财富。

第十一节 交通大学章程的实践

交通大学肇始于1896年创建的南洋公学，是中国近代最早建立的大学之一。交通大学在近代发展历程中先后经历了工科大学、国立交通大学、抗日战争时的交通大学和抗战胜利后的交通大学这四个时期，逐步成长为一所综合性大学，培养了一批高质量的工程技术人才，成为民主革命时期"工业救国"的一个典范。在《大学令》颁布之前，交通大学已颁布施行的章程主要有1898年的《南洋公学章程》《南洋公学高等小学堂章程》和1901年的《拟设南洋公学特班章程》。在《大学令》颁布之后，学校陆续颁布施行的章程主要有1913年的《交通部上海工业专门学校章程》、1921年的《交通大学大纲》、1922年的《交通大学章程》、1928年的《交通大学组织大纲》、1929年的《交通大学暂行章程》和1937年的《国立交通大学分校组织大纲》等。

一 交通大学章程的实践过程

在《大学令》颁布之前，盛宣怀于1896年连续向清廷呈递《条陈自强大计折》《奏设学堂片》《筹建南洋公学及达成馆舍片》等奏折。[①] 同年12月，应光绪帝准允，南洋公学正式成立。1897年，总理何嗣焜制定了《南洋公学章程》共15章，该章程对学校各级负责人的职责、学校纪律、学生作息和课堂秩序等都进行了明确的规定，也成为南洋公学最早的一份管理章程。[②] 1898年6月，盛宣怀在呈奏的《筹集商捐开办南洋公学情形折》中报告了开办南洋公学的经过，并将重新制定的《南洋公学章程》呈请"御览"。该章程共有设学宗旨、学规学课、出洋游学和教员人役名额等9章20节，提出了这一时期学校的办学目的是"以通达中国经史大义，厚植跟底为基础，以西国政治家法部文部为指归，略仿法国国政学堂之意"[③]。1901年，南洋公学附属高等小学堂正式开学，张元济代理总理后制定了《南洋公学高等小学堂章程》，该学堂成为中国近代第一所官办小学校。1906年，南洋公学改为高等实业学堂且隶属商部后，首设商务专科并制定了《商部高等实业学堂章程》。不久后，商务专科即停办，学校又改隶邮传部并于1908年制定了《邮传部上海实业高等学堂章程》，确立了学校以工科为主的办学方向。1911年辛亥革命爆发后，学校在对章程进行重新修订的基础上，提出了"学成致用、振兴中国实业"的办学宗旨，并改名为"南洋大学堂"[④]。由此观之，清末南洋公学时期的交通大学，其办学过程虽遭遇了多次变革，但每个时期

---

① 上海交通大学校志编纂委员会编：《上海交通大学志（1896—1996）》，上海交通大学出版社1996年版，第19页。

② 上海交通大学校志编纂委员会编：《上海交通大学志（1896—1996）》，上海交通大学出版社1996年版，第7页。

③ 上海交通大学校志编纂委员会编：《上海交通大学志（1896—1996）》，上海交通大学出版社1996年版，第10页。

④ 上海交通大学校志编纂委员会编：《上海交通大学志（1896—1996）》，上海交通大学出版社1996年版，第67页。

均制定和施行了章程，以对学校的管理和办学活动进行指导。

在《大学令》颁布之后，鉴于当时的南洋大学堂属于工科门类，不符合《大学令》中称为"大学"的规定，因此遵从《专门学校令》将其更名为"交通上海工业专门学校"，此名称一直沿用至1921年交通大学正式成立。根据教育部《专门学校令》的要求，学校将专科设为三年，且专科前须读一年预科。[①] 1913年，学校重新修订了此前不符合《实业学校规程》要求的《交通部上海工业专门学校章程》，该章程指出学校以"注重道德蔚成高尚人格为宗旨"，强调"功课密，管理严"的治学精神。[②] 在校务管理方面，学校于1917年制定了《交通部上海工业专门学校教务现行规程》共12项。由于当时工科专业的开办费用较高，因此，学校利用现有资源并学习世界先进的办学经验，于1918年独辟蹊径地开办了铁路管理科，标志着学校在专业上突破了工科的限制，走向了工科和管理科的结合，这成为中国近代高等教育史上的一个创举。此时，教育部放宽了设立大学的条件，允许设立单科大学。于是在1921年，交通部对部署专门学校进行整理扩充，当时的上海工业专门学校改组成了一所以工为主、工管结合的近代大学[③]，即交通大学，并经政府批准施行了《交通大学组织大纲》。根据该大纲中第六章有关设立董事会的规定，学校组成了交通大学董事会作为最高决策机关，并具有制定教育方针等重要职权，同年3月制定了《交通大学董事会章程》。[④] 自此至1928年，学校又经历了三次改组，1922年改组为交通部南洋大学后制定了《交通大学章程》，1927年改组为第一交通大学后，交通部颁布了《第一

[①] 盛懿、孙萍、欧七斤编著：《三个世纪的跨越：从南洋公学到上海交通大学》，上海交通大学出版社2006年版，第66页。

[②] 上海交通大学校志编纂委员会编：《上海交通大学志（1896—1996）》，上海交通大学出版社1996年版，第23页。

[③] 盛懿、孙萍、欧七斤编著：《三个世纪的跨越：从南洋公学到上海交通大学》，上海交通大学出版社2006年版，第67页。

[④] 上海交通大学校志编纂委员会编：《上海交通大学志（1896—1996）》，上海交通大学出版社1996年版，第114页。

交通大学规章》共12章，1928年再次改组交通大学后，交通部又制定了《交通大学组织大纲》①，并任命蔡元培为交通部直辖第一交通大学校长。蔡元培进行的民主化改革为学校带来了新的气象，使学校的发展步入了新中国成立前的黄金时期。

随着《大学令》等其他国家典章的颁布，交通大学又根据学校各方面的办学和发展需求对章程进行了修订。20世纪30年代，国内政局相对稳定，使得交通大学的发展渐入佳境，在院系规模、师资力量和教学水平等方面都达到了前所未有的高度。②抗日战争期间，国立交通大学划归为教育部管辖，并制定了《国立交通大学分校组织大纲》（1942年通过）。《大学法》颁布之后，交通大学于1949年在校务会上通过了《国立交通大学校务委员会组织章程》《国立交通大学行政系统组织条例》，以及涉及教员服务和学生学籍管理等的一系列规章制度，在此基础上恢复了理、工、管理学院的三院制，并筹建了一批新学科。③

二 交通大学章程的实践效果

交通大学章程的实践保障了大学逐渐获得办学自主权，推动了大学办学目标的不断转移。

（一）保障了大学逐渐获得办学自主权

中国近代交通大学章程的实践为学校获得办学自主权提供了制度保障，主要体现在学校对"教授治校"制度的构建和实践中。一方面，在制度构建上，由于早期的公立大学创立于清王朝的专制统治之下，因而大学的办学自主权难以获得。交通大学在清末南洋公学时期颁布的《南洋公学章程》作为中国公学最早的一份管理章程，通过

---

① 上海交通大学校志编纂委员会编：《上海交通大学志（1896—1996）》，上海交通大学出版社1996年版，第188页。
② 盛懿、孙萍、欧七斤编著：《三个世纪的跨越：从南洋公学到上海交通大学》，上海交通大学出版社2006年版，第118页。
③ 上海交通大学校长办公室编：《上海交通大学》，浙江大学出版社1999年版，第13页。

对学校最高领导及其职权的规定,确立了当时南洋公学施行官僚制管理模式。1912年颁布的《大学令》首次以政府法令的形式对"教授治校"制度作出明确规定。1917年颁布的《修正大学令》又促进了大学管理重心的下移。在宏观环境的影响下,交通大学于1921年颁布了《交通大学大纲》,设立了以董事会和教授会为基础的组织架构。[①] 该大纲不仅明确了政府参与大学事务的方式,保障了大学自治,同时其关于行政权力和学术权力的合理分配真正彰显了大学自治、教授治校和学术自由的精神。另一方面,在制度实践上,交通大学于1923年颁布施行了《交通部南洋大学教务会议规则》、1926年颁布施行了《南洋大学行政委员会章程》以及1937年颁布施行了《国立交通大学上海本部教授会规程》等规章制度,有效地保障了行政权力和学术权力的合理配置。因此,作为"治校宪章"的近代交通大学章程的制定和施行,为交通大学推行"教授治校"制度提供了组织保障和法理依据[②],实现了中国大学办学自主权从无到有的历史演进。

(二)推动了大学办学目标的不断转移

中国近代交通大学章程的实践推动了大学办学目标的不断转移,最终实现了专科院校向本科院校的转型。清末南洋公学时期,无论是建校前请求设学的《奏设学堂片》(1896年),还是建校后重新修订的《南洋公学章程》,都表明创建初期的南洋公学主要培养"讲求古今中外治天下之道"的政治人才。1905年,南洋公学划归商部管辖后制定了《商部高等实业学堂章程》,标志着学校开始从培养政治人才转而为商部培养工商业高级专门人才,确立了学校服务于实业系统的办学目标。1907年,南洋公学改隶邮传部后,重新制定了《上海高等实业学堂章程总目》,此时学校的办学目标从培养商务人才转为培养工程技术方面的实业人才。1917年《修正大学令》颁布之后,

---

[①] 上海交通大学校长办公室编:《上海交通大学》,浙江大学出版社1999年版,第13页。
[②] 王务均:《大学学术权力与行政权力的包容机制研究》,博士学位论文,南京农业大学,2014年,第105页。

规定设任意两科及以上者均可称为大学，单设一科者也可称为某科大学，从而放松了设置大学的限制，为交通大学和其他大学的改革和发展创造了宽松的制度环境。在此背景下，学校于1921年拟定了《交通大学大纲》，成为这一时期改组交通大学的指导思想和行动准则。[①] 1929年公布的《大学组织法》和《专科学校组织法》等法律文件，规定大学和专科学校注重实用科学，充实科学内容，教授专业知识技能。[②] 由此，交通大学制定了《交通大学规章》，设立了设计委员会，并在领导体制、培养目标和任务、教学方针等方面制定了全面的实施细则。虽然交通大学在实业部门的管辖下培养各部所需专才，在学科建设上也侧重于铁道交通领域，但是交通大学在章程实施和办学实践中已突破了部门专业的限制，并在20世纪30年代逐渐发展成为致力于振兴交通和其他工业的工科大学。

综上所述，在中国近代高等教育的发展历程中，许多学校都经历了由专科院校向本科院校的转变和提升过程。交通大学作为中国近代教育史上建校较早的高等学府，其发展过程中经历了较长时间的转型，因此，可将其看作近代大学的一个转型范例。近代交通大学章程从建校时的《南洋公学章程》到《交通大学大纲》再到《交通大学章程》，这些章程不断修订和更新的实践过程，对外保障了大学逐渐获得了办学自主权，对内推动了大学办学目标的不断转移。

第十二节　东南大学章程的实践

东南大学的前身是1902年由清政府创办的三江师范学堂，1921年改名为国立东南大学。东南大学的近代史也是中国高等教育发展的

[①] 盛懿、孙萍、欧七斤编著：《三个世纪的跨越：从南洋公学到上海交通大学》，上海交通大学出版社2006年版，第101页。

[②] 中国第二历史档案馆编：《中华民国史档案资料汇编·第5辑》（教育），凤凰出版社1994年版，第126页。

缩影，经历了三江师范学堂、国立南京高等师范学校、国立东南大学和国立中央大学四个时期。东南大学作为20世纪20年代中国近代大学制度构建最重要的影响者之一，与当时的北京大学一起共同推进了中国近代大学的转型之路。在《大学令》颁布之前，东南大学颁布施行的章程主要有建校时的《创办三江师范学堂奏折》。在《大学令》颁布之后，东南大学颁布施行的章程主要有1921年的《东南大学组织大纲》和1930年的《国立中央大学组织规程》。

一 东南大学章程的实践过程

在《大学令》颁布之前，张之洞于1903年向光绪帝上呈了《创办三江师范学堂奏折》，在奏折中对学制和学额进行了具体说明，指出"查各国中小学堂教员，咸取才于师范学堂。……创建三江师范学堂一所，凡江苏、安徽、江西三省士人皆得入堂受学"①。为了规划学堂规模和安排教学内容，张之洞聘请熟悉教育情形之人士精绘图式，详定章程，力求完备，且在省城设立三江学务处，委派各司道等员，共同负责各项筹备事宜。1904年，由于在学生省界和经费问题上发生了矛盾和纠纷，1905年周馥继任两江总督后，将校名改为了"两江师范学堂"，但学堂的学制、教育内容和教学方法等均无多大变动。②由于当时正处于中国近代高等教育肇始期，且无现成的办学经验可供借鉴，三江、两江师范学堂遂以日本的高等教育为模板，在教育体制、教育计划和教育内容等方面均较多借鉴了日本的办学经验，学堂教员也由中国教习和日本教习组成。为了使聘请日本教习的工作有章可循，学堂制定了《三江师范学堂拟聘日本教习约章》。③经过几年的探索，学堂在招生、考试和学籍管理等方面均制定了规章

---

① 朱斐主编：《东南大学史（1902—1949）》第1卷，东南大学出版社2012年版，第8页。

② 朱斐主编：《东南大学史（1902—1949）》第1卷，东南大学出版社2012年版，第11页。

③ 朱一雄主编：《东南大学校史研究》，东南大学出版社1989年版，第27页。

制度①，逐渐形成了适应当时需要的教育制度和规范化的教育内容。

在《大学令》颁布之后，受此前蔡元培发表的《对于教育方针之意见》的影响，南京高等师范学校时期的东南大学自1915年创办之日起，办学思想和教育体制与此前相比都产生较大变化，学校在广延留美师资的基础上，从学校章程到招生简章等都次第拟具。② 在课程改革方面，1919年校务会议公决采用选科制并通过了《改良课程案》。1920年的南京高等师范学校校务会议上提出了筹备设立国立大学的议案。1921年东南大学正式成立，并由教育部核准了《东南大学组织大纲》。该大纲对国立东南大学的学制、组织和经费等方面均作出规定。在领导体制上采用了校长领导下的"三会制"，即评议会、教授会和行政委员会③，并于1922年颁布了《国立东南大学南京高等师范学校教授会章程》。④ 在研究生培养方面，东南大学于1926年颁布了《创办大学研究院案》，其附件《大学研究院组织》中对硕、博士的授予办法予以明确规定。

此外，东南大学于1927年颁布了《中央大学教授会章程》，这时的学校不再设董事会，而是以校务会议作为民主决策的领导机构。在教学与研究方面，东南大学颁布了《中央大学研究院规程》，对研究院的宗旨、视野范围、组织和编制以及学生和学位有关事宜等作出了具体规定。抗日战争时期，东南大学西迁重庆，组织机构和领导体制仍按照《中央大学组织大纲》的规定，设校长一人并由国民政府任命，后设立柏溪分校后，又经过校务会议决议制定了《中央大学分校章程》。⑤在学科建设方面，根据1928年《中央大学本部组织大纲》中的规定，

---

① 朱斐主编：《东南大学史（1902—1949）》第1卷，东南大学出版社2012年版，第19页。
② 朱一雄主编：《东南大学校史研究》，东南大学出版社1989年版，第42页。
③ 朱斐主编：《东南大学史（1902—1949）》第1卷，东南大学出版社2012年版，第81页。
④ 左惟等编：《大学之道：东南大学的一个世纪（1902—2002）》，东南大学出版社2002年版，第111页。
⑤ 朱斐主编：《东南大学史（1902—1949）》第1卷，东南大学出版社2012年版，第198页。

国立中央大学最先在学员中明确划分基础学科和应用学科,学科采用"院—系—科"建制。① 抗日战争胜利后,国立中央大学于1946年迁回南京。1947年颁布了《中央大学教员新聘及升等资格审查办法》,对于稳定教师队伍、促进学术研究以及提高教学质量产生了积极意义。② 东南大学经过国立中央大学时期的发展,几经调整充实并逐步发展壮大,成为中国当时规模最大的综合性大学。

二 东南大学章程的实践效果

东南大学章程的实践确立了学校"董事会制"的民主治校模式,推动了学校向综合性大学的发展。

(一) 确立了学校"董事会制"的民主治校模式

中国近代东南大学章程的实践确立了学校以"董事会制"进行民主治校的模式。东南大学于1921年颁布了《东南大学组织大纲》,形成了"三会制"和董事会制相结合的民主治校模式。在其颁布之前,学校早在1920年就颁布施行了《国立东南大学与南高师教授会章程》,明确规定教授会以校长和各科系主任及教授组织之。此外,1930年颁布施行的《国立中央大学组织规程》中也规定每院选派一名教授参加校务会议,这都体现出东南大学"学者治校"的办学理念。虽然评议会仅是一个议事机构,不同于北京大学将评议会作为学校最高立法机构和权力机构③,导致东南大学的民主化程度距北京大学"教授治校"的改革目标仍有一段距离,但是"学者治校、学术自由、教育独立、民主管理"作为两校共同的治学理念,标志着其章程的功能和要素已经涵盖近代大学的基本特征。东南大学效仿美国大

---

① 斯日古楞:《民国时期国立大学"院—系"学科建制考》,《高教探索》2017年第4期。
② 朱斐主编:《东南大学史 (1902—1949)》第1卷,东南大学出版社2012年版,第271页。
③ 夏兰:《民国时期现代大学制度演变研究》,博士学位论文,复旦大学,2012年,第130页。

学首行"董事会制",初衷是依靠社会上有影响力的人士,以寻求舆论和经济上的资助。在东南大学创立初期,董事会的主要职责在筹资和审定预算上,并不干预校内事务,董事会和评议会各尽其责。此后几年间,董事会逐渐参与到学校重大事务的讨论等活动中,为东南大学的发展作出了巨大的贡献。

(二) 推动了学校向综合性大学的发展

中国近代东南大学章程的实践推动了学校向学科齐全的综合性大学的发展。受美国师范大学办学模式的影响,1915年,南高师时期任教务处长的郭秉文对本科各部进行改革,使学校从单一的师范学校转变为多元化的综合性大学。1920年,南高师正式组织东南大学筹备处,并且在三个月内制定了《国立东南大学校董会简章》,同时拟定组织大纲、招生章程和编制预算等。1921年,教育部核准了《东南大学组织大纲》,此时东南大学的学科门类已经非常齐全。1926年,鉴于学科规模的不断扩大,东南大学重新修订了组织大纲。从科系设置来看,此时的东南大学已是一所具有现代性质的综合性大学。[①] 此外,1928年的《中央大学本部组织大纲》中关于学科建制的规定,体现出国立中央大学通过大学区制合并众多单科大学,形成了农、商、医学在内的多学科综合性特征。[②] 因此,1929年《大学组织法》颁布之后,东南大学成为当时国内学系设置最全的大学之一,并且将美国大学的"求实精神"注入学科建设的思想和实践中,强调民主基础之上大学的社会责任,使其在当时与北京大学并驾齐驱,共同推进中国大学的现代转型。[③]

综上所述,中国近代东南大学章程的实践,推动了学校从集权性和封建性的日本模式转变为民主性和社会性的美国模式,同时为中国近代大学制度的构建进行了大胆的实践探索。

[①] 张雪蓉:《以美国模式为趋向:中国大学变革研究(1915—1927)》,博士学位论文,华东师范大学,2004年,第92页。

[②] 斯日古楞:《民国时期国立大学"院—系"学科建制考》,《高教探索》2017年第4期。

[③] 王丽娟:《民国国立大学学科价值取向流变研究(1912—1937)》,博士学位论文,东北师范大学,2016年,第93页。

第四章　中国近代大学章程的精神内涵

中国近代大学章程的精神内涵极其丰富，这是由于它是在五千年的文明积淀和价值认同的基础上生成的，其本身就是丰厚深沉的，加之这一时期中国大学精神正处在一个变化的阶段，一个历史上从未有过如此大范围深层次的中西方文化交汇的阶段，一个历史上从未有如此多的仁人志士参与中国大学精神的创造，从未有任何时代中国大学精神发生如此大幅度的发展和如此全面深刻的变化。正是基于这样的历史背景与社会条件，使得中国近代大学章程形成了独特的精神内涵，其中有德治礼序、文化融合、爱国救国、大学自治、学术自由和依章治校。本章将从理论的角度、历史的角度、比较的角度及章程个案分析的角度逐一对其进行梳理与挖掘。

第一节　德治礼序

德治和礼序从语法角度可理解为以德为治、以礼为序，传统中的"德""礼"各有所指，也常同时使用，共同构成古代政治家治国理政的智慧来源与知识分子精神修养的核心内容。[1] 德治礼序是一种现代说法，最早出现于王岐山的一次讲话中：中华传统文化是责任文

---

[1] 王明明、周作宇、施克灿：《德治礼序与中国大学治理》，《北京师范大学学报》（社会科学版）2017年第1期。

化，讲究德治礼序。① 在此之前，未曾有德治与礼序共提的说法，但如果追溯历史，则可看到德治礼序实际上共同构成了中国古代社会的道德标准和行为准则。

中国自古就有"以德治世"的传统。"德"的概念最早可以追溯到《尚书》中提到的九德，春秋时期得以进一步发展。德治在中国古代存在了数千年之久，是中国传统政治文化的重要内容。德治是儒家学派提倡的政治主张，以礼乐教化来提高被统治者的道德素质，将遵守社会等级秩序及其行为规范，变为一种自觉，从而达到治国平天下的目的。② 经过长期不断地发展，德治成为中国传统政治文化中占据重要地位的伦理思想。早在西周时期，统治者吸取商朝灭亡的教训，提出"敬德保民""以德配天"的主张来治理国家。其中，"敬德保民"的最高境界即"宜民宜人"，为了实现这个目标，又提出"尊礼尚德"的主张。西周统治者将这些主张付诸实践，宽厚待民、惠民保民，又慎用刑罚，使得民心所向，政权也因此得以稳固。这一时期，以民本主义为原则的德治思想已初见端倪。春秋时期，儒家学派创始人孔子将这一思想进行了继承并加以完善，形成了比较系统的德治学说。孔子的德治思想是建立在其主张的"仁爱"思想基础之上的。他主张君主应该具有仁德之心，并以身作则，成为民众的道德表率。他认为，只有一个贤明的君主所统治的国家，才会政治清明。儒家学派另一代表人物孟子提出了："君仁莫不仁，君义莫不义，君正莫不正。一正君而国定矣。"他认为，只有在品行正直的君主的带领下，民众才能具备良好的修养，国家才会稳定和发展，百姓才能安居乐业。此外，孟子还提出了"民贵君轻"的社会政治思想，强调民众是国之基础和根本，应善于听取他们的意见。统治者应该重视民生，关注民众的生计问题。可见，孟子进一步发展了民本主义思想。

---

① 王岐山：《在中央纪委四次全会上发表讲话》，2014年，人民网（http://politics.people.com.cn/n/2014/1026/c1001-25909384.html）。

② 谢谦：《国学词典》，中国人民大学出版社2007年版，第220页。

此后，儒家学派的继承者进一步发扬了德治思想。

礼序，原意指的是礼仪的次序得以实现。《礼记·礼运》中记载，"故圣人参于天地，并于鬼神，以治政也；处其所存，礼之序也"①。孙希旦在《礼记集解》中提到，"故君必正身立于无过之地，而与天地合其德，与鬼神合其吉凶，然后礼序而民治也"。"故圣王修义之柄、礼之序，以治人情"，"礼者，所行有节而不乱，故言'序'"②。现在一般将"礼"与"序"合用，泛指礼仪制度。"礼"最初是指祭祀的宗教仪式，后发展成为社会的行为规则。早在西周初期，统治者为加强统治，创造了严密的礼乐体系。春秋时期，孔子对"礼"进行了比较全面的论述，提出了"克己复礼"，认为礼既是维系人与人之间关系的准则，也是统治者治国治民应遵循的根本要求。荀子也提出礼是节制人的欲望的重要手段。礼乐制度以秩序为核心原则，"礼"和"序"有着密切的关系，两者共同构成了古代的道德标准。中国古代的礼法制度是传统文化的一个重要特征，讲究礼序成为人们普遍遵行的社会行为规范。

"德"和"礼"在古代的社会治理和道德教化中产生了重要的影响。"德"是社会道德的思想基础，"礼"是社会行为规范和准则，维护社会秩序。在孔子看来，"礼""仁""德"三者是密不可分的，有着密切的内在联系。"仁"作为孔子的核心思想，是"礼"的基础，而"仁"又被孔子纳入了"德"的范畴，三者共同构成了孔子的社会伦理思想体系的核心内容。"孔子把'礼'建立在'仁'的基础上，把'仁'纳入到'德'的思想之中，又把'德'作为规范社会的准则，这种密不可分的联系构成了孔子的社会伦理思想体系。"③在荀子看来，"德"和"礼"是目的与手段的关系，"礼治"是实现

---

① 高占祥、周殿富：《礼记新编六十篇》（白文版），北京时代华文书局2016年版，第74页。
② （清）孙希旦：《礼记集解》，中华书局1989年版，第64页。
③ 张娟：《孔子"德"思想及其现实意义》，《教育教学论坛》2014年第10期。

"德治"的手段，是实行"德治"的一种方法。"礼"和"法"共同构成了治理国家和社会的手段，两者要相互结合运用。既要用礼来教化民众，让人们学习和遵守礼仪规范，也要制定公正严明的法律和刑罚来进行管理，从而达到稳定社会和统治国家的目的。

德治礼序在中国古代书院教育中有着悠久的历史。书院教育的主要目的是为统治阶级培养未来的统治者和各级政府官吏，因此，"德育"被置于书院教育的首位，"德至上"就成为古代书院教育的价值旨趣，德治礼序也成为读书人的精神与道德的核心。古代书院教育虽然与现在的大学有所差别，但事实上已初步具备了高等教育的基本形态。受儒家思想的影响，中国古代书院教育始终把德育作为办学的主要目标。宋朝时，盛极一时的书院就十分重视德育，从"德治"思想出发，重视伦理道德的教育，强调德育在社会发展中的功能，而且还十分重视"育德"。书院教育的根本目的在于使学生"明人伦"，即让学生懂得并遵守封建社会中人与人之间的各种伦理准则。"明人伦""德至上"成为中国古代书院教育的主要内容，"德治"也就成了书院教育的重要理念和价值追求，并将学生人格的塑造看作十分重要的任务。按照儒家学派的观点，教育的目的是"变化气质"，即让学生通过接受教育成为具有高尚道德的人。无论是在书院的教育内容上，还是在书院的管理制度中，德治礼序早已渗透在书院教育的方方面面。

德治礼序是中国古代教育的核心内容。早在周王朝时期，礼、乐、射、御、书、数就已经成为贵族子弟必须学习的六种技能。春秋战国时期，"六艺"成为儒家倡导的教育内容。到了汉朝时期，董仲舒倡导"罢黜百家，独尊儒术"。而后五经博士的设立再次使儒家学说占据了崇高的地位。宋朝时，儒家经典四书成为科举考试的重要内容，同时也是学校的教育内容。德治礼序作为儒家的核心思想，渗透在儒家经典之中，成为影响一代代读书人思想的重要来源。

中国近代大学章程渗透着中国传统教育中德治礼序的精神。受西学东渐的影响，近代大学章程中的德治礼序思想也赋予了新的内涵，但与儒家学派所倡导的德治礼序精神仍然不可割裂，并对其中精华予以继承和发扬。无论是以人为本的办学目标，还是对学生思想道德品质的重视，以及对民主自由的学生管理制度的制定，都彰显了中国传统教育的德治礼序之精神。

经历了两次鸦片战争和甲午战争的失败后，中国向西方的学习由之前的"器物之变"转为"制度之变"，维新变法自此开始。中国近代高等教育的初创始于晚清时期。处于水深火热之中的中华民族在西方列强的压迫下努力探寻救国之道，在当时创建了北洋大学堂、京师大学堂和山西大学堂等一批具有现代高等教育性质的学堂。在创办学堂的过程中，创办者积极学习西方先进的教育理念，努力探寻各大学堂的办学模式，并制定出适合学堂发展需要的学堂章程。1898年7月，光绪皇帝批准了由梁启超代为起草的《奏拟京师大学堂章程》，京师大学堂得以建立，成为中国历史上第一所真正意义上的大学。梁启超拟定《奏拟京师大学堂章程》之时，将学堂的办学方针定为："一曰中西并重，观其会通，无得偏废。二曰以西文为学堂之一门，不以西文为学堂之全体；以西文为西学发凡，不以西文为西学究竟。""本学堂以实事求是为主"[①]。该章程还对大学堂的课程设置、入学条件、学成就业、教习聘用、机构设置、经费筹措以及使用说明等进行了规定，其构成要素和内容已近似于今天的大学章程。孙家鼐担任管学大臣之后，对大学堂章程进行了修订和完善，主要是针对学堂办学的实际对原章程的部分条例予以修改，增加了一些具体内容。1901年9月，清政府又命令各省的省级书院改为"大学堂"。时任管学大臣的张百熙经过半年多的反复斟酌，制定《钦定京师大学堂章程》，并经由慈禧太后钦准予以颁布。此次由张百熙制定的章程，其内容更加翔实，包括大学堂的办学宗旨、科目设置、课程安排、招生办法、

---

① 陈学恂主编：《中国近代教育史教学参考资料》，人民教育出版社1986年版，第438—439页。

毕业出身、聘用教师和管理体制等都有着明确的规定。其中，对大学堂办学宗旨的阐述渗透着以人为本的德治精神，而对堂规的阐述则体现了中国传统教育中的礼序精神。张百熙制定的《钦定京师大学堂章程》的第一章是全学纲领，实际是对学校办学宗旨和培养目标的说明。全学纲领中的"激发忠爱""开通智慧""端正趋向，造就通才"之语，主张以育人为中心，体现出以学生为本的办学目标。虽然此时的办学目标以"忠君尊孔"为本位，且带有浓厚的封建色彩，但与之前为统治者培养官吏作为办学目标相比，略显一定的进步性。

中华民国成立之后，高等教育体制得以革新，以人为本的办学目标被明确提出，德治精神也得到了进一步的继承与弘扬，并赋予新的内涵。1912年，蔡元培就任临时政府教育总长时发表了《对于新教育之意见》，反对清末学部所定"忠君、尊孔、尚公、尚武、尚实"的教育宗旨，倡导"军国民教育、实利主义教育、公民道德教育、世界观教育、美感教育"，认为"忠君"与共和政体不合，"尊孔"与信教自由相违。[①] 对于世界观教育，蔡元培主张讲授哲学课程，意在兼采周秦诸子、印度哲学及欧洲哲学，以打破两千年墨守孔学的旧习。同年，民国政府教育部公布《大学令》，其中规定："大学以教授高深学术、养成硕学闳才、应国家需要为宗旨。"[②]《大学令》的宗旨，体现了以学生为中心的办学目标。1920年的《复旦大学章程》第一章中明确了将"研究学术、造就专科人才"作为复旦大学的办学宗旨。1921年的《东南大学组织大纲》中第三章第三条对学校的办学目的进行了明确的说明，"本大学以研究高深学术，培养专门人才为目的"。1932年，时任北京大学校长的蒋梦麟秉持"校长治校，教授治学"的指导思想，对原来的北京大学章程进行了修订，颁布了《国立北京大学组织大纲》。此次颁布的章程第一条便是对学校办学宗旨的说明："研究高深学术，养成专门人才，陶融健全品格。"这

---

① 高平叔编：《蔡元培教育论著选》，人民教育出版社1991年版，第7页。
② 舒新城编：《中国近代教育史资料》，人民教育出版社1961年版，第647页。

一宗旨体现出大学的重要使命即"全人"的培养。由此可见，此时的大学章程中规定的学校办学宗旨和目的，是以培养人为中心的。以人为本的培养目标是德治精神在近代大学章程中的核心所在。除了学校的办学目标之外，对学生的权利予以重视，实行民主管理，也是德治精神在近代大学章程中的体现。学生管理中的德治主要体现在学校对学生进行管理的过程中，强调学生内在道德的完善，使学生凭借内在的道德规范来约束自己的行为，与学校的要求保持一致。从《京师大学堂禁约》和《京师大学堂条规》的内容中可以得知，最初大学堂的学生管理方式，基本上沿袭了此前国子监的管理办法，即采用一系列严明的条规，对学生的日常行为进行严格的约束。

作为20世纪20年代长江以南的唯一一所国立大学的东南大学，吸收美国现代大学理念，开创了学生自治制度，形成了民主管理的德治精神。而带领东南大学走向这条道路的便是被誉为"东南大学之父"的校长郭秉文。郭秉文曾赴美留学，在哥伦比亚大学获得教育学博士学位，成为中国最早的教育学博士，其教育理念深受美国现代大学理念的影响。由郭秉文领导制定的《东南大学组织大纲》，带有明显的美国教育模式的烙印，其中又结合了中国传统教育的德治精神，学校管理制度中的学生自治制度充分体现了以人为本、民主自由的办学理念。早在1919年底，郭秉文就已在当时的南京高等师范实行以学生自治为主的管理制度，带领着学校走向学生管理民主化的道路。1921年，《东南大学组织大纲》将学生自治制度写进章程文本中。根据《东南大学组织大纲》第四十一条的规定，评议会下设学生自治委员会为常设委员会之一。1923年，东南大学又对学生自治委员会的大纲进行了修订。学生自治委员会的设立，使学生参与到学校的日常管理中，不仅可以锻炼学生的实践能力和自治能力，培养学生的自觉性，还在维护校风校纪方面发挥了重要作用。东南大学在学习上也给予学生很大的自主空间。学校实行选科制，学生可根据自己的兴趣选择所学科目，打破了原有固定的课程和科目。与此同时，大纲的第九条规定学校学程采用学分制，修满学分则准予毕业。选科制和学分制的推行，给予学生充分的自由，为培养社会需要的多样化人才创造了条件，不仅彰显着民主自由这一先进的办学思想，也体现了中国传统教育中德治精神的以人为本之理念。

　　强调学生的思想道德行为养成，注重传统礼序的发扬是中国近代大学章程精神内涵中的又一重要内容。无论是在大学章程的文本之中，还是在大学章程的实践过程中，都可以看到重道德重礼序的精神。中国近代大学章程的文本在涉及学生和教师之间的关系时，深受中国重礼序传统的影响。如在《钦定京师大学堂章程》堂规一章中规定："所有学堂人等，自教习、总办、提调、学生诸人，有明倡异说，干犯国宪，及与名教纲常显相违背者，查有实据，轻者斥退，重则究办。"[①] 此处着重强调修身伦理一门是培植人才之始基，也从侧面说明了学堂对伦理纲常甚是重视。此外，在第七章堂规中规定："教习、学生一律尊奉圣谕广训，凡开学、散学、每月朔日，由总教习、副总教习、总办各员率诸生到至圣先师位前行礼"，"学生平日见管学大臣、总教习、副总教习、教习、分教习皆执弟子礼"[②]。由此观之，将学生应遵守的礼仪规范在学堂章程中单独列出，足可见当时的学堂对礼序重视程度之高。

　　以蔡元培为代表的大学校长吸取了中国传统教育中的德治礼序精神，同时融合了西方大学教育中的先进理念，逐渐形成独具中国特色的大学章程精神。无论是在制定治校之本的章程时，还是在章程的实践过程中，都可以看到德治礼序精神的发扬。蔡元培在担任北京大学校长时，充分展现了中国传统教育中德治礼序的魅力，为北京大学的师生们营造了一个适合研究高深学问的学术环境。1917年，蔡元培被任命为北京大学校长。此后，蔡元培以其独特的办学理念和治校思

---

　　① 王学珍主编：《北京高等教育史》（上），中国广播电视出版社2010年版，第147页。
　　② 王学珍、张万仓编：《北京高等教育文献资料选编（1861—1948）》，首都师范大学出版社2004年版，第107—113页。

想，对北京大学进行了多方面的改革。不久，将原本官僚习气浓厚的旧北大改造成为一所真正意义上的近代大学。因此，蔡元培被人们誉为"北大之父"。他在就职演讲中，对学生提出了"抱定宗旨、砥砺德行、敬爱师长"的要求，由此可见其对学生自身道德修养之看重。蔡元培上任的第一件事，便是将此前学生的求学目的予以纠正，以端正学生的求学动机。针对当时北大学生间存在的读大学是为升官发财之目的，他在就职演讲中指出："大学学生当以研究学术为天职，不当以大学为升官发财的阶梯。"要求学生"抱定宗旨，为求学而来，入法科者，非为做官；入商科者，非为致富"①。为此，广聘名师以提起学生研究学问之兴趣。"砥砺德行"即是对学生道德品质和修养的要求。让学生加强自身的道德修养，磨炼自己的意志，奋发有为，积极向上。

"德治"是中国大学精神的久远根基②，近代大学章程也将这一精神充分体现。"礼序"是中国古代的道德标准，在近代大学章程中则表现为对敬爱师友的要求，对规则秩序的遵守。德治礼序作为几千年中国传统教育传承下来精神内涵，在近代大学章程的文本中以及大学章程的实践中得到了完美的诠释。

第二节 文化融合

在长期的历史发展进程中，以基督教文明为中心的西方文化和以儒教文明为中心的中国文化交相辉映，成为人类历史上伟大的文化奇葩。在中西方文化交流的过程中，既有冲突，也有融合。中国文化有着其独特的包容性，正所谓："海纳百川，有容乃大。"近代以来，中国文化以其特有的包容性，吸收着西方外来文化之精华，同时继承了中国传统文化之精髓，将中西方文化完美融合。中国近代大学正是

---

① 杨东平主编：《大学精神》，辽海出版社2000年版，第325页。
② 储朝晖：《中国大学精神的历史与省思》，山西教育出版社2006年版，第332页。

在中西方文化交流与融合的背景下产生和发展的,作为学校治校总纲领的大学章程也在这一时期不断模仿、选择和借鉴西方大学的理念与制度,充分体现出中国近代大学章程中所蕴含的文化融合之精神。

中西方文化分别在地球的两端产生和发展,不同的地理环境、迥异的生产方式使其有着截然不同的特点。西方文化中,以人为中心,看重自我的价值,强调个人利益至上,追求自由和平等。中国文化中,集体利益远大于个人利益,强调家族、宗亲、血缘观念,强调个人在家族或群体中的责任。因此,在中国文化中,民族观念、国家意识深入人心。中西方文化是世界文化中两个根本不同的体系,尤其是在1840年鸦片战争后,它们开始正面交锋,开启了近代中西方文化论争与交流的历史。

晚清时期,以洋务派为代表的中国先进分子开始向西方学习,但"中学为体,西学为用"的观念仍植根于大多数人的思想之中,对西方文化的借鉴多停留于表面,仍是以中国传统文化为主导。西方列强凭借其坚船利炮打开中国的大门之后,其思想文化也传入中国。中华民族在现实中被迫踏上了一个充满变革的时代。在教育领域,西方文化不断冲击着中国的传统教育,使其在中国传统文化的基础上,吸收借鉴着西方的先进文化,走上了自身的现代化道路。

对于中国近现代意义上的大学,一般认为肇始于晚清时期并伴随着西方高等教育制度的引进。在兴办学堂之际,从清政府先后颁布的三个大学堂章程的内容中,能够看出中国文化与西方文化的融合。以《奏定京师大学堂章程》为例,其内容构成鲜明地体现了对西方文化的借鉴。《奏定京师大学堂章程》分为7章,涉及大学堂的办学宗旨、人才培养目标、入学标准、课程设置、治理结构、教师职责、学生管理及章程修订等内容。相对于略早颁布的《同文馆章程》和《南洋公学章程》,不失"首善体制",达到了章程建设的新高度。章程中规定大学堂的办学宗旨为:"以谨遵谕旨、端正趋向、造就通才为宗旨。"在培养目标上,"以各项学术艺能之人才足供任用为成效,通儒院以中国学术且有进步，能发明新理以著成书，能制造新器以利民用为成效"；在大学的设立标准上，"经学科、政法科等八门分科大学在京师大学堂须全设"，外省设立大学者"惟至少须置三科"；在课程设置上，如经学科大学设置周易、尚书、春秋左传、周礼等经学11门，格致科大学设置算学、星学、物理学、化学等6门；在入学标准上，"各分科大学应以高等学堂大学预科毕业生升入肄业，但其应升入学人数若逾于各分科大学预定之额数时，则须统加考试，择优取入大学"；在治理结构上，规定了大学堂设有大学总监督、分科大学监督、教务提调、监学官等机构及其责任和相互关系，确立了大学总监督的最高权力，"总管全堂各分科大学事务，统率全学人员"，此外还规定大学堂受制于政府即总理学务大臣；在教师职责上，"正教员分主各分科大学所设之专门讲席，教授学艺，指导研究"，"副教员助正教员教授学生，并指导实验"；在章程修订上，"应由学务大臣博采众议，复加审定"[①]。此时的大学章程虽体现了对西方文化的借鉴，是一种新型学制，其体制结构是在学习日本大学的基础上进行建构的，但事实上它对日本教育模式的效仿，只是着眼于组织架构、专业分类、课程设置等外部框架。从内部结构分析，其依然带有明显的历史局限性，即封建性。如秉持"中体西用"的办学思想，"以忠孝为本，以中国经史之学为基"，这是制定章程之时所奉行的根本原则。又如山西大学堂，虽然西学东渐之风尤为强劲，后期大学堂的中西两斋课程设置已大致趋同，但并不代表山西大学堂全然西化，在两种文化的交流碰撞中，也在试图寻找中西教育的契合点，让中西文化实现融通。伴随着晚清时期的社会变革，西学在中国大学里不断深化是不争的事实，但从另一方面也可看到，中学的根基作用也在进一步被强化。在"中体西用"的时代浪潮中，西学的深入与中学的强化并行不悖，二者之间相互影响、相互交融。

[①] 张国有主编：《大学章程》第1卷，北京大学出版社2011年版，第29页。

1912年中华民国的建立，不仅代表着封建王朝的覆灭，而且预示着整个社会的去旧布新。"社会变革需要有先进思想的引导，同时也需要常态的文化制衡，这似乎是个矛盾的命题，也可以说是一个悖论。"[①] 这一看似新奇的观点，正体现了民国时期中西方文化的冲突、交流与融合。从1911年辛亥革命的爆发到1949年中华人民共和国的成立，近四十余年的时间里，西方文化引领了中国社会的发展潮流却始终受制于中国传统文化。中西方文化在冲突和交流中又不断进行着融合。中国教育也在激烈的中西方文化融合中几经起伏，突出体现在国家教育法令的颁布和各大学章程的变革中。

中华民国建立后，新的国家教育法令陆续颁布，中国高等教育制度变革也随之进入了一个新的历史时期。1912年1月1日，孙中山就任南京临时政府大总统，1月3日即任命蔡元培为民国首任教育总长，1月9日民国教育部成立。在蔡元培的主导下，各大学对晚清以来的教育制度进行了大刀阔斧的改革。中国近代大学在教育制度改革中迎来了新的发展契机。首先，民国教育宗旨颁布，中国大学的办学宗旨和培养目标得以确立。1912年9月，教育部公布教育宗旨令，即注重道德教育，实利主义教育、军国民教育辅之，更美感教育完成其道德。道德教育置于第一位，晚清时期"忠君""尊孔"的教育宗旨随即被取消。实利主义教育、军国民教育虽延续之前"尚实""尚武"的教育宗旨，但同时被赋予了重视自然科学知识、发展资本主义经济、收复国土、抑制军阀割据等新的时代内涵。其中，美感教育是一大创新，其带有明显的西方文化色彩，首次被列入教育宗旨，反映了新的教育制度中含有新的价值取向。其次，颁布"壬子癸丑学制"，中国高等教育制度逐渐完善。1912年9月，教育部制定《学校系统令》（"壬子学制"）并颁布施行，之后又陆续颁布了《小学校令》《中学校令》《师范教育令》《大学校令》《专门学校令》等一系

[①] 刘梦溪：《传统的误读》，河北教育出版社1996年版，第2页。

列学校规程。这些学校规程与"壬子学制"共同构成一个新的学制系统，即"壬子癸丑学制"。经过重新修订后的新学制，已大大不同于晚清时期的"癸卯学制"。以《大学令》为例，第一条即明确大学的教育宗旨："大学以教授高深学术，养成硕学闳才，应国家需要为宗旨。"[①] 以学术、人才、国家为大学教育立志，尽去晚清时期"谨遵谕旨，端正趋向"之言。"高深学术"首次进入了中国高等教育制度文本并列于大学教育宗旨之首。第二条规定大学教育设七科之学："大学分为文科、理科、法科、商科、医科、农科、工科。"[②] 以西方大学学科制度为依据，尽废晚清时期经学科独立的学科地位。此外，"壬子癸丑学制"还取消了各类高等教育机构毕业生奖励出身的政策，提出建立评议会、教授会等组织。

与晚清时期确立的"癸卯学制"简单效仿日本的学制相比，"壬子癸丑学制"博采众长，不仅借鉴了西方大学的制度层面，而且开始探寻其精神层面。1919年，北京大学校长蔡元培在《修正大学令》的基础之上组织修订北京大学章程。次年，《国立北京大学现行章程》获教育部批准施行。从章程制定的过程来看，反映了近代大学章程建设的民主化、规范化要求。

1922年11月，北京政府颁布《学校系统改革案》，为区别于"壬子癸丑学制"，又称"新学制"或"壬戌学制"。《学校系统改革案》列有7条标准：①适应社会进化之需要；②发挥平民教育精神；③谋个性之发展；④注意国民经济力；⑤注意生活教育；⑥使教育易于普及；⑦多留各地方伸缩余地。[③] 此7条标准，很大程度上受五四运动时期的平民教育、实用主义教育、职业教育等西方教育文化思潮

---

① 教育大辞典编纂委员会编：《教育大辞典10卷：中国近现代教育史》，上海教育出版社1991年版，第19页。

② 教育大辞典编纂委员会编：《教育大辞典10卷：中国近现代教育史》，上海教育出版社1991年版，第19页。

③ 中国第二历史档案馆编：《中华民国史档案资料汇编（第3辑）教育》，江苏古籍出版社1991年版，第102—103页。

的影响。个性发展、生活教育等西方词汇首次进入中国教育的话语体系,而伦理、道德之类的话语逐渐在中国的教育体系中淡化。"壬戌学制"作为继"壬子癸丑学制"之后的第二个民国学制颁布施行。两年后,《国立大学校条例》取代了民国初期的《大学令》和《大学规程》。该条例再次申明了国立大学的办学宗旨:"国立大学以教授高深学术、养成硕学闳才、应国家需要为宗旨。"条例还规定了国立大学增设董事会,董事会决议事项由教育总长核准施行;实行选科制;保留评议会,恢复"教授会";设教务会议;调整修业年限;设事务科等内容。《国立大学校条例》既保持了中国传统教育的特征,又有着西方大学的印记。

在中西方文化相互融合的过程中,西方大学制度与中国近代大学制度也在不断地交流与融合。抗日战争时期的大学经过了迁移、恢复、提高和巩固等几个发展阶段。令人欣慰的是,中国近代大学虽然经历了抗日战争,但中国高等教育事业在战争结束后未废反兴,其主要原因就在于大学有效地融合了中西方文化间的矛盾,并形成了自己的特色。抗日战争时期,中西方文化由表面的对抗制衡转入相对平衡的融合发展期。中国文化作为相对于西方文化的传统精神,西方文化作为相对于中国文化的现代标志,二者相互补充。中国大学融传统精神与现代标志于一身,有效地融合了中西方文化,创造了逆境中的辉煌。

综观中国近代大学章程的发展,可以说近代大学章程是中国文化与西方文化融合的产物,充分彰显了文化融合的精神。主要体现在以下几个方面。

中国近代大学章程产生的背景即中西方文化正式交锋。中国现代意义上的大学是近代"向西方学习"的结果,是"移植型产物"。现代意义上的中国大学与历史上国子监、太学等都没有直接的历史承接关系。[①] 之所以这样说,是因为从根本上而言大学是知识发展到一定

---

① 张斌贤:《现代大学制度的建立和完善》,《国家教育行政学院学报》2005年第11期。

阶段形成的产物，其产生和发展是知识管理的组织化、制度化过程。无论是大学里的知识类型或体系，还是系所、学科或课程等大学组织形式，西方大学制度的引入极大地推动了中国高等教育现代化进程。"先立章程，再建学校"，中国近代大学章程随着新式学堂的建立应运而生。从晚清到民国，中西方文化交流不断增多，大学章程也在此过程中不断融合发展，主要体现在民国时期颁布的大学章程中。民国时期，无论是公立大学还是私立大学，基本上都有了属于本校的章程。这些章程从文本结构到要素内容上，都已具备了西方现代大学章程的基本特征。如《国立北京大学现行章程》《清华学校组织大纲》规定了"教授治校"制度，《东南大学组织大纲》规定设立校董会、推广部，等等。由此可见，中国近代大学章程充分体现了中西方文化融合的精神。

中国近代大学章程的制定深受国内先进知识分子的影响，他们或是大力倡导向西方学习先进文化，或是自己有着在西方求学的经历，学贯中西。鸦片战争后，国内一批先进的知识分子就开始觉醒。魏源等人率先提出向西方学习，"师夷长技以制夷"，引领西学东渐之风。以李鸿章、奕䜣等为代表的洋务派发起了救亡图存的洋务运动，以"自强""求富"为目的，创办了新式工业和新式学堂。清末新政期间，张之洞、梁启超等人提出从制度层面向西方学习，而西方先进的教育制度就是其中之一，新式高等学堂开始涌现，并颁布了一系列的学堂章程。民国时期的知识分子，通过留学深造的机会，学习了西方先进的教育思想，回国后将西方文化与中国文化进行了有益的融合。他们高谈阔论、著书立说，或激进而反叛怒斥孔子之学，或保守而忠信力保传统文化，抑或理智而同情致力于中西方文化之融合。如蔡元培等人通过建章立制，承担了传统教育向现代教育转变的职责。作为中国第一个教育学博士，郭秉文更是将美国大学的先进理念借鉴到东南大学的办学过程中。在他们身上，充分展现了中西方文化融合的精神。

中国近代大学章程从无到有，从为封建秩序保驾护航到逐步兼具现代大学章程的形式与内容，这一演变过程同样反映了一些思想者、改革者、实践者的引领和推动。在京师大学堂的创建过程中，代表着当时进步力量的洋务派和维新派发挥了主要推动作用，期间梁启超、张百熙、张之洞等人制定修订了《京师大学堂章程》，标志着中国大学章程建设的起始。[①] 深受德国高等教育影响的蔡元培主持制定了《大学令》，在其担任北京大学校长期间组织修订了《国立北京大学现行章程》。蔡元培曾在德国莱比锡大学学习，德国大学教授们在教学和科研上享有充分的自由权，学生在学习上拥有自主的选择权，这些都深深地影响了蔡元培后来主持的北京大学改革。如《国立北京大学现行章程》中确立的教授治校制度就是保障教授群体的最直接的体现。蒋梦麟主持重新颁行的《国立北京大学组织大纲》，更是一步步推动着北京大学从传统走向现代。东南大学校长郭秉文曾在哥伦比亚大学学习，并获得了教育学博士学位。郭秉文治理东南大学的理念深受美国教育模式的影响，同时又立足于中国教育传统，兼顾中国社会的实际需要。在其担任国立东南大学校长期间，组织制定了《东南大学组织大纲》。该大纲以美国大学制度为蓝本，开创了在中国大学创立董事会制度的先河，郭秉文采取的一系列举措是在吸收美国现代大学理念的基础之上，结合中国国情，适应中国大学实际发展需要而进行的。如成立学校董事会、设立推广部、实行学生自治制度等一系列措施，使东南大学成为中国第一所现代意义上的大学。除此之外，曹云祥、梅贻琦领导了《清华学校组织大纲》和《国立清华大学规程》的制定，都反映了在中国近代大学章程的制定过程中，众多拥有西方先进教育思想的国内知识分子发挥的巨大作用。

中国文化之所以能够源远流长，博大精深，其中一个重要原因便是其海纳百川的包容性。近代的中国在西方列强的侵略下备受压迫，

---

① 张继明：《从清末到民国：我国大学章程建设的历史探微》，《济南大学学报》（社会科学版）2014 年第 5 期。

落后的科学技术和封建文化显然已经难以适应时代变革的需要。正是在这样特殊的背景之下,中国近代大学人借鉴和吸收了西方文化中的先进理念、先进思想和先进制度,同时继承了中国文化中的精华,将二者进行了有机地融合。正是基于这种文化融合的精神,使得中国近代大学章程中所蕴含的办学理念和制度实践,直至今天都在中国高等教育史上熠熠生辉。

第三节 爱国救国

在五千多年的历史长河中,中华民族在开发建设祖国大好河山、创造灿烂的中华文明的同时,形成了以爱国主义为核心的团结统一、爱好和平、勤劳勇敢、自强不息的伟大民族精神。[①] 爱国精神是千百年来固定下来的对自己祖国的一种最深厚的感情。它同为国奉献、对国家尽责紧紧地联系在一起。爱国精神是一种崇高的思想品德。在中国古代历史上曾涌现出许多著名的爱国人士和民族英雄,他们的爱国精神至今仍具有巨大的感召力。近代以来,中国遭到帝国主义列强的疯狂侵略,出现了亡国危机,中华儿女的爱国主义精神更是越发不可动摇,愈加显示出它的战斗锋芒与精神力量,尤其是中国近代大学人更是以爱国为使命担当,谱写了一段教育救国的历史。

在中华文明的历史长河中,爱国精神从无到有,从初步形成到最终成熟,此期间涌现出无数的爱国历史人物。经过长期的发展,爱国精神成为中华民族精神的核心,激励着无数中华儿女保卫国家的决心。爱国精神产生的历史悠久,影响之大,同时也贯穿于学校的教育活动中。中国古代具有高等教育性质的书院,其中一个重要特点就是重视爱国教育。古代书院并非教育生徒志于"学而优则仕",求得功名利禄,而是倡导对国家的尽责之心,把"爱国"作为"为民"之

---

① 吴潜涛:《论弘扬和培育民族精神》,《求是》2003年第19期。

德来强调，形成了有关爱国教育的优良传统，即动之以情、晓之以理与导之以行相结合。① 儒家倡导"仁者爱人"，认为人不仅应该加强自身的道德修养，更要推己及人，以博爱的心胸对待他人。书院继承了这一思想并进一步提出"仁民爱物"，作为书院生徒的学习内容。在"仁民爱物"教育内容的熏陶之下，学子们逐渐形成了仁的观念，爱人利人的思想又为爱国教育奠定了情感基础。后又提出"经世致用"的思想，以务实的精神来进行爱国教育，"士子读书明理，原期实用，如兵刑、钱谷、礼乐、律历、河渠、水利、农田等等，必须一一究心，考验应试，则对策详明，胸中了了。观者自然沐目，临事则考求有素，措注有方，国家倚以为重"②。由此可见，书院提出"经世致用"的思想，就是为培养学生掌握对国计民生有用的实际知识和能力，以达到促进国家和民族利益的目的。书院不仅注重"笃于务实"的教育，而且特别注重"精忠报国"的献身精神培育。③ 书院大师不仅言传，更是身教，以自己舍身为国的高尚品格感召学生。正是在这种强烈的爱国教育之下，使书院师生在国家危亡之际敢于身先士卒，挺身而出，为保卫国家而奉献自己。宋有岳麓师生操戈上阵、勇击元兵，明有书院大师顾炎武、黄宗羲等英勇抗清、失败后拒不投降而隐居山林，明朝东林书院门前的"风声雨声读书声声声入耳，家事国事天下事事事关心"至今广为传颂。他们将个人生死置之度外，舍身为国的行为深刻地体现了古代书院教育中所涵盖的爱国精神。

近代鸦片战争后，中国的大门在西方列强的坚船利炮之下被迫打开。中国沦为半殖民地半封建社会，已经到了生死存亡之际。在中华民族遭遇巨大危机之时，爱国精神成为时代主题。为挽救民族国家于

---

① 唐亚阳、杨果：《中国古代书院爱国教育传统及其现代价值》，《高校理论战线》2011 年第 4 期。

② 邓洪波编：《中国书院学规》，湖南大学出版社 2000 年版，第 254 页。

③ 唐亚阳、杨果：《中国古代书院爱国教育传统及其现代价值》，《高校理论战线》2011 年第 4 期。

危难之中，实现国家独立和民族富强，众多爱国志士成立了一批批爱国团体。在此期间，众多爱国志士相继提出通过发展科技、教育、文化、实业以及改革制度等来挽救民族危亡。其中，发展教育以救国便是许多爱国志士提出的一种观点。

第二次鸦片战争后，一些开明的爱国志士已经意识到中国社会的落后，提出了向西方学习的主张。随着洋务运动、维新运动的兴起，兴办教育也被提上改革的日程，一批新式学堂先后建立。相继地，甲午中日战争的惨败使国人逐渐意识到仅学习西方的科学技术远远不够，改革教育、培养人才也十分关键。于是，计划效仿日本"明治维新"之举着力兴办教育，提出应救国强国之急而创建一所实用主义的新式学堂——北洋大学堂。1895年，盛宣怀在《拟设天津中西学堂章程禀》的序言中写道，"伏查自强之道，以作育人才为本""制造枪炮开矿造路诸工，亦皆取材于机器工程科、地学、化学科矣"[①]，由此可见，盛宣怀十分看重人才对于国家富强的价值，并意识到实用科对国家发展的重要性。北洋大学堂产生于"救国强国"之急务中，自创办者萌发设想之日起，其便带有浓厚的实用主义色彩，虽萌芽于时局动荡的战乱中，却充分体现了爱国救国之精神。1896年，刑部侍郎李端棻向皇帝上奏《时事多艰，需才孔亟，请推广学校，以励人才而资御侮折》，正式向清政府提出创办京师大学堂的主张。同年，孙家鼐上奏，再次提出设立京师大学堂。1898年，康有为在变法纲领《应诏统筹全局折》中再提此设想。同年7月，《奏拟京师大学堂章程》正式颁布。1902年，《钦定京师大学堂章程》颁布，在全学纲领中提到"激发忠爱""振兴实业"等词汇，将京师大学堂的设立与救国强国紧密地联系在一起。

辛亥革命后，中华民国正式成立，此时中国仍然是一个半殖民地半封建社会的国家，落后的局面仍未改变。振兴中华、争取民族独立和解放仍是这一时期的时代主题。一批爱国志士依旧将救国图强作为

---

① 王杰主编：《学府史论》，天津大学出版社1999年版，第89页。

自己的使命，挽救中华民族于水深火热之中。在教育领域，则表现为以培养国家需要的人才为目的。1912年颁布的《大学令》规定："大学以教授高深学术，养成硕学闳才，应国家需要为宗旨。"此规定为中国近代大学制定了为国育才的标准。之后，各大学在此宗旨的指导下，制定了符合学校实际的治校章程，并在章程的实践过程中，充分发扬了爱国救国之精神。

北京大学的前身是京师大学堂，即使在辛亥革命之后，北京大学的发展仍趋于保守，官僚气息浓厚。蔡元培出任北京大学校长之后，抱着教育救国的思想，全身心地投入北京大学的改革和发展中。蔡元培曾在写给友人汪兆铭的信中写道："吾人苟且实从教育着手，未尝不可使吾国转危为安。"由此可见，蔡元培正是抱着教育救国的决心进行着北京大学的改革。在他领导制定的《国立北京大学现行章程》中，保障了"教授治校"的权利，为其研究高深学问提供了宽松的环境，为培养国家需要的人才奠定了坚实的基础。蔡元培发表就职演讲时曾提出："方今风俗日偷，道德沦丧，败德毁行之事触目皆是，非根基深固，鲜不为流俗所染""然国家之兴替，视风俗之厚薄，流俗如此，前途何堪设想"[①]。在蔡元培看来，只有发展好个人，才能发展好社会，而后才能报效国家。因此，他非常重视学生健全人格的塑造，以此来改变社会的风气，从而进一步推动社会的进步、国家的发展。"欲副爱国之名称，其精神不再提倡革命，而在养成完全之人格。"[②] 此观点从个人层面出发，以塑造学生健全人格为目标，以改良社会风气为最终目的，这是蔡元培提出的独特的德育观，意图使北京大学的学生在此思想的指导下，将个人发展与国家命运联系起来。蒋梦麟担任北京大学校长后，坚持学术自由的办学理念。他认为，学术发展的使命就是改造社会，拯救国家，而救国的首要问题就是发展

---

① 沈善洪主编：《蔡元培选集》（上卷），浙江教育出版社1993年版，第491页。
② 沈善洪主编：《蔡元培选集》（上卷），浙江教育出版社1993年版，第493—494页。

学术。后来，蒋梦麟将其"学术救国"的观点付诸实践，在他组织制定的《国立北京大学组织大纲》中确立了"校长治校、教授治学"的原则。张岱年将北大精神概括为："为了振兴中华而追求真理的传统，亦即以爱国主义为主导的学术自由的传统。"[①] 马寅初曾在一次演讲中提到："回忆母校自蔡先生执掌校务以来，力图改革，五四运动，打倒卖国贼，作人民思想之先导。此种虽斧钺加身毫无忌之精神，国家可灭亡，而此精神当永久不死。既有精神必有主义，所谓北大主义者，即牺牲主义者。服务于国家社会，不顾一己之私利，勇敢直前，以达其至高之鹄的。"

清华大学始于由"庚子赔款"设立的"游美肄业馆"，其成立就与国家和民族的命运密切相联系。1923年11月，清华校务会议通过的《清华大学总纲》中指出："希望能成为造就中国领袖人才之试验学校""清华大学教育应特别奖励创造学力、个人研究，及应付中国世纪状况及需要之能力。"该总纲明确了清华大学为培养国家需要之人才的目的。1925年，清华大学颁布了《北京清华学校大学部章程》，将大学部的办学宗旨规定为"以在国内造就今日需用之人才为目的，不为出洋留学之预备"。由此可见，此时的办学宗旨较之以前发生了重大转变，大学部的办学方向定位在培养国内所需的各类人才，而且十分重视学生的通识教育。梅贻琦担任清华大学校长期间，致力于将学校建设成为一所研究型大学。在此期间，清华大学增设了工学院，注重发展理工的同时，也发展了文科院系。到1934年，清华大学已发展成为兼有理、工、文、法4个学院16个学系的综合性大学。梅贻琦曾在《大学一解》中系统阐述了他的通才教育思想。他指出，"无通识之准备者，不能取得参加社会事业之资格"，并主张"通识为本，而专识为末"[②]。梅贻琦认为，学生进入大学学习"是为研究学问，将来能为国家社会作些事业"，大学应该将学术研

[①] 张岱年：《我与北大》，《光明日报》1998年2月28日。
[②] 梅贻琦：《中国的大学》，北京理工大学出版社2012年版，第9页。

究和人才培养作为自己的办学目标。梅贻琦告诫清华学子莫忘国耻，志于报国。他提出："中国现在的确是到了紧急关头，凡是国民一分子，不能不关心的。不过我们要知道的救国方法极多，救国又不是一天的事。我们只要看日本对于图谋中国的情形，就可以知道了。日本田中的奏折，诸位都看过了，你看他们那种处心积虑的处在，就该知道我们救国事业的困难了。……我们做教师做学生的，最好最切实的救国方法，就是致力学术，造成有用人才，将来为国家服务。"① 在梅贻琦校长爱国救国精神的感召下，清华学子们身先士卒，毅然决然地投入抗日救亡运动的洪流之中。

在中国近代内忧外患的时代背景下，一大批教育家极力宣扬爱国救国的精神，并努力将其固化于各大学章程之中。南开大学校长张伯苓、复旦大学校长李登辉就是其中杰出的爱国教育家。张伯苓看到国家处于危难之中，苦心思索着救国之道。受当时社会上流行的教育救国思想的影响，张伯苓也决定通过这条途径来挽救中华民族的危亡。1919年，张伯苓以他热忱的爱国救国之心创立了南开大学。在教育救国思想的指导下，张伯苓把培养"爱国爱群之公德，与夫服务社会之能力"作为南开大学的教育目标。1928年，张伯苓着手制定了《南开大学发展方案》，提出"知中国、服务中国"作为南开之志。"知中国"意味着要了解中国的历史、现状以及未来的发展。"服务中国"即成为一个对国家和社会有用之才，服务于国家的发展、社会的建设。此外，在《南开大学应用化学研究所章程》中明确说明："本所目的，在研究我国工商业实际上之问题，利用南开大学之设备，辅助我国工商界改善其出口之质量，俾收学校与社会合作之实效。"② 1934年，张伯苓提出了南开大学的校训，即"允公允能，日新月异"，这里所说的"允公"是大公，意

---

① 梅贻琦：《中国的大学》，北京理工大学出版社2012年版，第34页。
② 王文俊等选编：《南开大学校史资料选 1919—1949》，南开大学出版社1989年版，第358页。

在发扬南开学子的爱国精神，"允能"是努力学习科学文化知识，从而为社会的进步贡献力量。张伯苓还十分重视德育的力量，德育中最重要的便是爱国主义教育，希望培养爱国人才来达到救国的目的。他将爱国主义教育贯穿于学校治理的过程中，广泛宣传爱国主义精神，用自己的经历向学生展示中国近代以来的屈辱历史，以激起学生的爱国之心，担起民族复兴的重任。正是在张伯苓强烈的爱国教育影响下，激发了南开大学师生强烈的爱国精神。在日本发动侵华战争之后，南开大学便展开了轰轰烈烈的抗日救亡运动，曾被誉为"抗日堡垒"。

复旦大学校长李登辉也是一名爱国教育家。他认为，国家的兴盛与人才的培养紧密联系。为此，他一生奉献教育，致力于为国家培养人才。1911年，辛亥革命爆发，复旦公学的学生大都参与革命军，后因经费缺乏、校舍被占用，学校一度停办。1913年，复旦大学重新开学，该校董事会聘李登辉为校长。此后，他长期担任复旦大学校长，并尽心尽力地促进学校发展。李登辉认为，国家之所以落后，是由于过去实行的片面化教育，过于重视智育，而忽略了其他方面的发展。为改变这种局面，他认为教育应该使人在德、智、体、美、心理、精神等方面得到全面发展，激发人的潜能，并提出教育的真谛就是让学生在德、智、体等各个方面均得到发展，从而成为一个身心发展健全之人，进而可以成为一个为社会谋福利、为国家发展服务的人。正是看到了教育与社会发展的密切关系，李登辉才如此重视教育，并把发展教育作为自己的使命。他曾经讲道："'今日之学生，乃明日之领袖。'是故无论在政治上、实业上、商业上，或教育意义上，学生将为未来之领导者，若然，则国家民族之前途，均维尔等是赖。胥知国家之伟大及其繁荣，均视乎具有权威者及负责任者之品性如何而定，设国家之领导人物，道德高尚，诚实而不自私，并富有真爱国心，则国家蒙其利，而人民被其福；反之，设国家之领导人物，为腐败而自私者，贪得无厌，只知个人之利禄，而忽视国家与人民之福利，则此民族必日即于衰弱，而人民受其殃矣。"① 可见，他是将培养德才兼备的领导者作为人才培养的目标。这里的领导者，对于国家的发展与繁荣是有着决定性力量的，而只有富有爱国之心，能为国家和人民谋福利的领导者才能带领国家走向富强。在他担任复旦大学校长期间，制定了许多学校规章制度，以求实现学校管理的法制化。其中，1920年颁布的《复旦大学章程》内容详备，规定了学校内部的各项管理细则。《复旦大学章程》的第一章既是对学校办学宗旨的阐述，"以研究学术、造就专科人才为宗旨"，充分体现了李登辉校长教育救国的决心。该章程在实践的过程中，学校特别重视对学生爱国之心和革命精神的培养。一方面，积极动员和指导学生参与爱国运动；另一方面，聘请一批革命者来复旦大学给学生授课和讲学。在李登辉校长的支持下，复旦大学一度成为上海抗日救国运动的中心。

爱国救国精神是中华民族精神的核心。无论是古代以身报国的忠烈之心，还是近代以来为挽救民族国家于危难之中的救国之心，爱国救国的精神在中华儿女身上都得到了充分的体现。中国近代大学在动荡的社会时局中产生，其命运和国家的命运紧紧地联系在一起。在各大学章程的文本和大学校长的管理实践中，都深深地体现了浓厚的爱国救国之精神，也为中国近代大学精神增添了浓墨重彩的一笔。

第四节 大学自治

自欧洲中世纪大学诞生之日起，大学自治便成为西方大学所追求的精神理念和价值旨归。正如美国高等教育家布鲁贝克所言："自治是高深学问最悠久的传统之一。无论它的经费来自于捐赠还是国家补

---

① 复旦大学校史编写组编：《复旦大学志（第1卷）1905—1949》，复旦大学出版社1985年版，第269页。

助,也不管它的正式批准是靠教皇训令、皇家特许状,还是国家或省的立法条文,学者行会自己管理自己的事情。"① 然而,大学自治还是一个相对的概念,无论是在理论上还是在实践中,大学自治都是有其限度的,绝对的大学自治是不存在的。"大学一方面受学术自由的严格限定;另一方面受作为研究经费主要供给者、公共利益和安全捍卫者的政府的限制"②。因此,大学自治并不意味着要彻底摆脱政府的干预和控制,而是应与政府之间保持合理的权力边界。

大学自治的内涵即界定学校与政府的关系和大学内部实行自治。③英国学者罗伯特·伯达尔将大学自治分为两类,即实质性自治与程序性自治。其中,实质性自治与大学自主决定自身目标和制订发展计划的权力有关,处理的是大学与外部组织(主要是政府和社会)之间的关系问题;程序性自治则是与大学通过何种方式追求自身目标和计划的权力有关,处理的是大学内部的权力分配问题。美国学者爱德华·希尔斯认为,大学自治是指大学作为一个法人团体,享有不受国家、教会及任何其他官方或非官方法人团体或企业干预的自由。④ 总体而言,大学自治是以学术自由为核心的大学精神的组织保障,既是大学作为学术组织的基本特性和内在逻辑,也是大学处理其与外部组织之间关系的根本准则。换言之,大学自治意味着大学在追求学术自由的过程中,既需要协调好其与外部组织之间的关系,也需要保持大学内部学术权力与行政权力之间的平衡。

与西方大学不同,中国近代大学并未经历欧洲中世纪大学与政府恪守一定距离、在世俗权力与宗教权力之间保持中立的过程,而是自诞生时起便背负着挽救民族危亡和实现国家自强的使命,这就奠定了

---

① [美]约翰·S.布鲁贝克:《高等教育哲学》,王承绪等译,浙江教育出版社2001年版,第31页。
② [美]德里克·博克:《走出象牙塔:现代大学的社会责任》,徐小洲、陈军译,浙江教育出版社2001年版,第27页。
③ 宋景华编:《高等教育哲学概论》,河北教育出版社2009年版,第61页。
④ 陈学飞:《当代美国高等教育思想研究》,辽宁师范大学出版社1996年版,第76页。

中国近代大学由政府兴办、拨款和管理，隶属于政府的传统模式。[①] 中国近代大学也不是古代传统教育的自然延伸，而是被迫在西方列强打开国门的社会背景下，伴随着"西学东渐"，从西方移植并与古代传统教育进行融合后的产物。

晚清时期，伴随着"西学东渐"的热潮，一批留学海外的知识分子回国后纷纷担任各大学要职，他们引入西方"大学自治"的理念，并在高等教育领域进行了一系列改革，推动了大学与政府之间关系的变化。大学在追求自治的过程中开始反映自身的需求，试图摆脱政府的严格控制。[②] 换言之，中国近代大学自治精神的生成过程与大学和政府之间的关系变化紧密相连。这一过程大致可以分为三个阶段，分别是：1895—1911年的政府完全支配阶段；1912—1927年的大学独立发展阶段；1928—1948年的政府再次控制阶段。

第一阶段，政府完全支配着大学的创办。在"教育救国"的特殊背景下创办的中国近代大学自诞生之日起就是政府支配的产物。政府的支配与控制完全淹没了大学应有的自治权及其本身固有的学术权，晚清时期创办的大学堂实际上成为政府延续和强化自身封建统治的工具。因此，这一阶段大学与政府的关系是一种极端的、典型的支配与控制的关系，清政府集大学的举办权、管理权以及具体办学权于一身。一方面，晚清时期大学的举办权为政府所控制，具体表现为以下两点：其一，清政府于1898年建立的京师大学堂既是晚清时期的最高学府，也是全国最高的教育行政管理机关；其二，1905年，清政府成立了统管全国教育事务的中央教育行政机构——学部。随后，各省、各厅州县也分别设立了提学司和劝学所，最终建立起了一套从中央到地方的集权式教育管理体系。在此体系中，各级各类学校都必须

[①] 苏明：《现代大学制度建设：理论与实践探索》，上海大学出版社2017年版，第236页。

[②] 彭未名、赵敏、杜建华等：《大学的边界》，华南理工大学出版社2013年版，第84页。

在清政府的统一管理下从事兴学和办学活动,在高等教育领域,政府拥有绝对的支配权(教会大学除外)。另一方面,晚清时期大学的管理权和具体办学权也受到了政府控制。特别是晚清时期京师大学堂前后颁布的三个章程内容的变化,反映了当时清政府既想变法维新,又担心自己皇权受到威胁的心态。① 由于晚清时期大学堂直接受朝廷及其官吏管辖并隶属于政府,因此,大学堂章程中从学校的办学宗旨到学科及课程设置、从教师聘用到招生办法等的规定都受到了政府的影响。总而言之,晚清时期大学堂从政府那里得到的只是代办权,而不是自治权。

第二阶段,大学开始谋求自身的独立发展。辛亥革命的胜利推动着中国近代高等教育进入了一个崭新的发展期。一方面,北京政府时期特定的社会政治因素,使得大学与政府的关系总体上处于一个宽松状态,大学获得了较多的自治机会和较大的自治空间;另一方面,在西方"大学自治""学术自由"等理念的影响下,民国初期的北京政府制定了一系列全国统一的教育法令,为各大学实现自治提供了制度保障。在思想理念方面,中国近代第一个提出"大学自治"理念的是严复,他在《论治学治事宜分二途》一文中对大学与政府管理进行了专门讨论,这对蔡元培产生了很大的影响;在制度实践方面,蔡元培借鉴德国大学的经验,主持制定了《大学令》,该法令基本具备了大学自治的轮廓,也为大学追求自治提供了宪法保障。② 1917年,政府颁布的《修正大学令》在贯彻蔡元培所倡导的"学术自由"等原则基础上,进一步推动了"大学自治"精神在中国近代大学的传播与发展。这一阶段的显著特征就是大学自治制度的构建和大学自治精神的生成得到了来自大学章程的法律保障。尤其是在20世纪二三十年代,各大学纷纷出台了本校章程,如《国立北京大学现行章程》

---

① 张金辉:《大学章程的功能及其实现》,河北人民出版社2013年版,第127页。
② 曾祥志、高国赋:《民国时期的"大学自治"》,《中国电力教育》2011年第28期。

《国立清华学校组织大纲》及《东南大学组织大纲》等。然而，这一阶段政府也在努力试图对大学进行干预。1924年，教育部颁布的《国立大学校条例》就明确规定大学应设立董事会，这就使教育部能够以参与各大学董事会的方式介入大学的内部管理中。此外，教育部同年颁布的《大学规程》也反映了政府对大学自治的干预已经从宏观立法向微观学系建制的转变，体现了政府对大学进行控制的企图。[①]然而，与晚清时期的大学堂章程相比，国颁典章和各大学章程的颁布实施客观上促进了西方"大学自治"的精神在中国近代大学的进一步发展。总体而言，北京政府时期堪称中国高等教育史上大学自治程度最高的时期，此时的中国才真正开始致力于建立一种具有大学自治精神的近代大学。大学自治的精神不仅在近代高等教育的发展中形成了共识，而且在国颁典章和各大学章程等法律文本中得到了具体体现，获得了思想上的认可与制度上的保障。

第三阶段，南京政府教育部的恢复以及"训育政策"的施行，再次加强了政府对大学的控制。这一阶段，蔡元培模仿法国大学区制的改革遭到了失败，南京政府教育部的恢复使得中央集权的高等教育管理体制又重新建立，南京政府趁机加强了对国立大学的控制和对私立、教会大学的监督。[②] 当时，政府主要采取了公布一系列法令的措施，开始对大学的学术事务进行干预。抗日战争时期，"战时须作平时看"教育方针的提出又使近代大学成为国民党压制民主与控制思想的工具。[③] 然而，在当时特定的社会政治、经济等因素的共同作用下，政府对大学的控制基本上趋于理性。总体来看，此时政府控制大学的权力虽然主观上在强化，但客观上受到了来自近代大学自治精神的抵

[①] 蔡连玉、宁宇：《民国时期大学治理：基于立法与章程的研究》，《高教探索》2015年第4期。

[②] 韩骅：《学术自治 大学之魂 中外高等教育管理的比较研究》，中国文史出版社2005年版，第167页。

[③] 孙培青主编：《中国教育史》，华东师范大学出版社2000年版，第419—420页。

制,使得政府控制大学的权力存在着一定的边界。① 概言之,中国近代大学不仅在此阶段获得了较大的自治空间,而且形成了大学自治的精神。

中国近代大学虽没有彻底实现西方大学所追求的"大学自治",但也与政府之间形成了相对融洽的关系模式。在特殊的时代背景下生成的中国近代大学自治精神,除了来自大学人对近代大学进行的改革,还来源于近代大学章程对大学自治的理论构建和制度实践。作为西方大学发展史上的重要理念,"大学自治"从一开始就伴随着大学章程的确立而不断发展,最终成为大学章程的价值旨归。一方面,大学自治的实现需要大学章程的保障,其内涵与外延会随着大学章程的实践得到新的诠释与发展;另一方面,大学章程则以大学自治为重要内容。在中国近代"先立典章,后建大学"的特殊背景下,大学章程早于近代大学的诞生,是大学诞生之前绘制的办学蓝图,能够反映出一所大学的办学理念和治理模式。中国近代大学自治精神的形成是通过"外部立法"和"内部建章"来获得保障的。特别是中国近代大学章程所体现出的新旧文化之间的继承或断裂关系,所反映的中西方文化之间的冲突与融合趋势,直接影响着西方大学自治精神是否能够在中国近代大学得到发扬。

从中国近代高等教育的国颁典章来看,政府颁布的教育法令在一定程度上为中国近代大学自治的制度实践和精神生成提供了外部法律保障。民国初期,由教育部制定并颁布了包括《大学令》《专门学校令》《大学规程》及《专门学校规程》等在内的一系列法令,初步勾画了高等教育的制度框架。其中,在《大学令》的要求下,中国近代大学模仿德国大学设置了评议会和教授会等组织。因此,该法令从国家层面,赋予了大学自主管理和教授治校的合法性,使西方大学自

---

① 蔡连玉、宁宇:《民国时期大学治理:基于立法与章程的研究》,《高教探索》2015年第4期。

治的核心理念第一次较为全面的被国人所认识和接受。① 1917年，教育部颁布了《修正大学令》，该法令虽使学校的组织管理模式发生了一些变化，例如，废止了"各科教授会"、保留了评议会等，但总的来说，《修正大学令》基本贯彻了此前《大学令》倡导的"教授治校"等原则，间接推动了大学自治精神在中国近代大学的进一步普及与落实。1924年，随着《国立大学校条例》的颁布，蔡元培发起了"教育独立"运动，目的在于使"教育官僚化"转变为"教育学术化"，并且力图使大学摆脱官僚主义和政治干预，成为具有相对独立性的自治团体。虽然该尝试由于过于理想化而以失败告终，但却使大学自治精神在大学外部管理体制上进行了渗透。② 1929年，南京政府公布了《大学组织法》《专科学校组织法》，其后教育部又先后公布了《大学规程》《专科学校规程》等法规。这些法令除了废止董事会制度外，基本上进一步发展和完善了此前的《大学令》和《国立大学校条例》，从法律上改进和实施了大学自治制度。③ 除了针对国立大学外，国颁典章也涉及一系列以私立大学为规约对象的法令和规范。例如，1912年的《大学令》就承认了私立大学的地位，1926年的《私立学校规程》则进一步认可了包括教会大学在内的私立大学在中国的平等地位。1929年，政府又公布了《私立学校规程》，该规程在经过1933年、1943年和1947年的三次修改后渐趋完善，对私立大学的发展起到了规范作用。此外，国颁典章中有关私立学校在招生、课程设置以及人员聘任等方面的规定，给予较国立大学更多的自主权，加之私立大学在资金和师资等方面较少依赖政府，故大学自治精神在私立大学得到了更好的实现。④ 总体而言，中国近代的大学自治理念已经在整个国家达成共识并获得了法律的认可，具有了制度上

---

① 茹宁：《中国大学百年模式转换与文化冲突》，知识产权出版社2012年版，第68页。
② 李福华编著：《大学治理的理论基础与组织架构》，教育科学出版社2008年版，第202页。
③ 黄和平：《从民国教育法规看民国的大学自治》，《大学教育科学》2006年第2期。
④ 黄和平：《从民国教育法规看民国的大学自治》，《大学教育科学》2006年第2期。

的保障。

从中国近代大学章程的制定及其实践来看，民国时期的各大学章程都将其功能指向了大学自治。在国颁典章《大学令》的影响下，大学自治成为中国近代大学章程的核心精神，体现出近代大学章程在制定和实践过程中追求自治的历史逻辑。蔡元培担任北京大学校长期间，于1920年主持制定并颁布了《国立北京大学现行章程》。该章程以确立学校的治理结构为根本，规定学校设置评议会、教务会议和行政会议，实际上确立了教授治校的组织基础，推动学校构建起了对外独立的精神围墙，从而削弱了来自外部政府、社会等力量的干预，促进了大学自治精神的形成。1921年《东南大学组织大纲》颁布，东南大学形成了校长领导下的"三会制"。1926年，东南大学又修订了组织大纲，强化了教授会与评议会的职权。1927年颁布的《清华学校组织大纲》被认为是当时实施"教授治校"最好的一部大学章程。该章程规定学校设立评议会和教授会，评议会虽为学校的最高权力机构，但章程赋予教授会的权力更为广泛，使教授会对评议会产生了有效的制衡。因此，该章程通过构建学校内部治理体系和运行机制，有效保障了民主治校，为当时清华大学实现自治提供了有力的保障。[1]除了近代国立大学章程之外，近代私立大学章程中有关董事会制度的规定，也赋予和保障了学校的自我管理权。私立大学的校董会作为大学最高机关，决策学校的重大事项。[2] 在中国近代大学章程的实践过程中，一个显著的特点就是章程制定主体由清末"政府主导"逐渐向后来的"大学主导"转变。这一时期，对高等教育法令中未明确禁止的事项，大学基本可以依据各自的办学章程进行自主管理。[3] 由

---

[1] 马陆亭、范文曜主编：《大学章程要素的国际比较》，教育科学出版社2010年版，第315页。

[2] 邹晓红、张鹏莉：《我国大学章程历史演进的逻辑探析》，《南阳师范学院学报》2014年第1期。

[3] 马洪正：《我国近代大学章程的历史存在及其价值目标》，《江苏高教》2017年第11期。

此可见，尽管当时政府试图以各种方式对大学进行控制或干预，然而，各大学都有着自己的办校章程和治校原则，"大学自治"也成为此时大学治理的主旋律。

第五节　学术自由

在大学精神的诸多要素中，学术自由是最根本和最关键的。一方面，学术自由是大学发挥其探究真理、追求高深知识和培育人才等核心价值的第一要义[①]，既能体现出一所大学的独立精神，也能反映出一所大学独特的学术风气；另一方面，学术自由也是一种理想的状态，自由本身是一个相对的概念，因而大学的学术自由是有一定的条件和边界的，换言之，大学在追求学术自由的同时也需要履行一定的学术责任。

从理论角度对学术自由进行分析，存在一个与学术自由密切相关的概念——学术权力。同时，学术自由不仅是一种信念和价值，也是一种制度环境，西方国家基本上都有一套完备的法律制度来保障学术自由，并针对学术自由内涵的法律解释形成了不同的观点。总体而言，学术自由的内涵十分广泛，不仅主体多样，而且内容丰富。从主体层面来讲，学术自由既是团体的权利，也是个体的权利，包括教师、学者、研究人员以及学生等大学成员。从内容层面来讲，对教师而言，学术自由除了教学和研究等权利层面的自由之外，还包括精神层面的思想的自由；对学生来说，学术自由的精神体现为学习的自由。学术自由的历史渊源最早可以追溯到古希腊时期的理性自由。随着希腊城邦和民主政治的出现，智者们孕育并萌发了自由探索真理、自由发表言论的思想。哲学的诞生标志着神话思维的没落与理性思维的开启，古希腊哲学家

---

① 杨移贻：《学术是大学的逻辑起点》，中国经济出版社2015年版，第41页。

苏格拉底、柏拉图以及亚里士多德的哲学都涵盖了学术自由的精神。当时，学术自由的思想与高等教育活动的实践密不可分，在柏拉图创办的阿卡德米学园、亚里士多德开办的吕克昂学校中就开始倡导自由研究与发表言论。[1] 然而，由于最初的学术自由的思想并没有得到具体制度的保障，因此是不稳固的。与古希腊时期主要作为一种思想观念相比，中世纪的学术自由在大学自治的制度保障中得以实现，为此后欧洲学术自由的形成奠定了现实基础。但是，这一时期的学术自由主要是由中世纪大学中教师的独立性原则发展而来，因此，学术自由实际上属于大学自治的范畴。由于经常受到来自世俗政府和教会的束缚，中世纪大学的学术自由在观念上仍是模糊的，在大学中的实践也是有限的。[2] 总体来看，萌芽时期的学术自由只能以中世纪大学的自治为制度保障和前提，在权力的斗争中和对宗教的依附中艰难发展，从而形成了一种不完全的学术自由。

19世纪以前，欧洲启蒙思想家就提出了有关人权自由和言论自由的观点，但是，这些思想家更多的是从政治而非教育的角度来阐释其思想自由的主张，对大学中学术自由精神的产生其影响是有限的，而将学术自由真正作为一种基本原则并付诸实践的是1810年洪堡创建的柏林大学。早在1694年，德国哈勒大学作为最早倡导学术自由的学校，就影响了其他德国大学的发展。[3] 19世纪以后，洪堡将实现大学的学术自由作为改革德国高等教育的重要任务之一。在柏林大学的带动下，德国大学将西方大学传统的"学术自由"精神发展成了一种深刻而丰富的大学理念，使其有了相对宽泛的内涵，主要包括教学、研究和学习的自由。此外，为了确保学术自由的真正实现，德国首次将学术自由写入了宪法，从而在人类历史上第一次以法律的形式

---

[1] 陈列：《关于西方学术自由的历史演进》，《世界历史》1994年第6期。
[2] 单中惠主编：《外国大学教育问题史》，山东教育出版社2006年版，第306页。
[3] 单中惠主编：《外国大学教育问题史》，山东教育出版社2006年版，第307页。

为学术自由提供了制度保障与合法性说明，实现了学术自由的法律化。①

到19世纪中叶，美国的大量留德归国学者不仅将德国大学中学术自由的办学理念介绍到国内，而且引进了其经典的讲座制等教学组织形式。德国的学术自由传统在美国经历了宗教自由、思想自由后，形成了以制度保障为主要内容的且具有美国特色的学术自由。②1876年，霍普金斯大学将英国古典大学的文科传统与德国近代大学的科研职能进行了融合，开创了美国大学学术自由的新纪元。同时，随着学术自由的理念不断深入，学术自由的制度也获得了法律层面的认可。1915年，美国大学教授协会发表了关于学术自由与终身聘任制的原则声明，即著名的《1915宣言》。美国大学除了保护教授个人的权力外，也逐渐把教育政策方面的自由权纳入了学术自由的概念范畴。③但美国大学的局限性在于教授协会倡导的学术自由更多地强调教师的教学自由，而忽视了学生的学习自由。第二次世界大战后，学术自由逐渐发展为西方国家大学教育中的一条明确而普遍的基本原则，④并得到了来自政府、专业团体及学术机构的政策、案例和宣言等各种形式的法律保障。美国大学在继承英国古典大学和借鉴德国近代大学的基础上，最终形成了一个与本国社会文化和大学内部治理实际相吻合的、独具美国特色的学术管理新模式，⑤为学术自由的实现提供了有力的制度保障，促进了学术自由精神内涵的丰富与发展。

在中国，学术自由最早可以追溯到春秋战国时期，当时的诸子百

---

① 王建华：《从理念到制度：对"大学自治、学术自由"的再思考》，《青岛化工学院学报》（社会科学版）2001年第3期。

② 谢俊：《大学的学术自由及其限度》，重庆大学出版社2012年版，第71页。

③ [美]德里克·博克：《走出象牙塔：现代大学的社会责任》，徐小洲、陈军译，浙江教育出版社2001年版，第6页。

④ 单中惠主编：《外国大学教育问题史》，山东教育出版社2006年版，第309—310页。

⑤ 韩延明：《大学理念论纲》，人民教育出版社2003年版，第245页。

家竞相开办私学，形成了"百家争鸣"的局面，极大地影响了后来学术自由的发展。与当时私学所形成的自由开放的学术风气相比，齐国的稷下学宫作为一所官办大学，其"自由讲学"和"不治而议论"的特征不失为中国古代教育史上学术自由的典型。唐宋时期，文化的多元与教育的发展为学者们提供了自由论辩的空间。南宋哲学家陆九渊认为，从事"道问学"的学者就像孟子所说的"先立乎其大者"一样。这里的"大"即指人的自由精神，体现了古代学者对自由人格的追求。作为古代著名的教育机构，书院在南宋时期迎来了繁荣的发展。宋代书院提倡自由论辩，对不同学派的学术观点兼容并蓄，不仅培养了自由讲学和自由学习的学术风气，也为中国近代大学学术自由精神的形成奠定了坚实的基础。

随着"西学东渐"带来的学术自由的精神，对中国近代大学的创立和发展起到了重要的推动作用。晚清时期，受"皇权至上"传统观念的影响，各大学在创办之初，其学术自由的精神生长空间是十分有限的，但仍有学者勇敢地表达了自己对学术自由的向往。例如，近代著名学者王国维在继承严复学术思想的基础上，大胆提出了学术研究"三无说"，即学无新旧、学无中西、学无有用无用之分。该学说摆脱了"中体西用"的传统学术观，创造性地提出了"学术独立"的主张，改造了中国学术界的学术传统，指明了此后百年中国学术的发展路径。[①] 与此同时，梁启超在《饮冰室自由书》中指出，"思想自由、言论自由、出版自由，此三大自由者，实惟一切文明之母"[②]。此外，他还提出了"不中不西、即中即西"的新学术传统。在他看来，人类历史发展进程中渗透着自由精神的发展。[③] 总体而言，晚清时期的有识之士纷纷提出了"学术独立"和"思想自由"的观点，为西方大学学术自由理念的引入提供了机会，而将该理念在近代大学

---

① 邓和平：《论现代大学》，武汉大学出版社2010年版，第104页。
② 梁启超：《饮冰室合集·文集》第1册，中华书局2015年版，第49页。
③ 邓和平：《论现代大学》，武汉大学出版社2010年版，第108页。

付诸实践的教育家当属蔡元培。①

民国初期,蔡元培亲自主持制定了《大学令》,确立了"教授治校"的大学内部管理制度,开创了近代大学追求学术自由的新征程。蔡元培在国立北京大学推行了一系列改革,为学术自由的精神在中国近代大学的生根发芽播下了种子。随着近代资本主义经济的发展和新文化运动的兴起,中国近代高等教育的发展迎来了新的历史契机。特别是新文化运动的开展,进一步引入了西方大学的先进理念,中国近代大学开始以学术自由的精神为指导。在抗日战争期间,西南联合大学所形成的学术自由传统,是20世纪三四十年代中国大学精神中学术自由的缩影。② 作为当时的思想文化中心,西南联合大学在继承"教授治校"制度的基础上,组成了一支以教授为骨干的科研队伍③,保障了学校在战乱的环境中能够开展学术活动,最终维护了学术第一、讲学自由和兼容并包的学风。

学术自由除了表现为内隐于精神层面的自觉意识之外,还外显为制度层面的规约与保障,其中,大学章程无疑充当着学术自由制度保障的核心角色。在学术自由精神的制度化过程中起着重要的推动作用,特别是中国近代以来颁布的一系列国颁典章与大学章程。

中国近代大学章程学术自由的精神内涵通过"国家外部立法"和"大学内部建章"来完成。在国家外部立法上,民国政府教育部颁布了一系列高等教育法令。例如,1912年颁布的《大学令》在第一条即明确指出大学"教授高深学问,养成硕学闳才,应国家之需要",不仅促成了近代大学的办学宗旨从"忠孝为本"向"学术为本"的转变,而且标志着近代大学的职能从培养官员向钻研学问的转变。该

---

① 周光礼:《学术自由与社会干预:大学学术自由的制度分析》,华中科技大学出版社2003年版,第144页。
② 高天明:《学术自由与近代中国大学精神》,《中国地质大学学报》(社会科学版)2007年第1期。
③ 南开大学校史编写组编:《南开大学校史(1919—1949)》,南开大学出版社1989年版,第289页。

法令明确了大学是研究高深学问的场所，表明中国近代大学是为追求学术而存在的，而非封建统治和官僚阶级的附属品。此外，该法令还引发了大学内部管理体制的变化，由"官员治校"向"教授治校"的变革开启了中国近代大学内部管理体制民主化先河，第一次指明了近代高等教育应具备的以学术自由为核心的大学精神。[1] 1917年颁布的《修正大学令》对《大学令》作了补充和完善，承续了《大学令》中大学设评议会的有关规定，取消了"大学各科设教授会"的规定。[2] 这一修改并非对教授权力的制约，而是针对当时"教授治校"制度运行中所存在的弊端进行的有效改革，既减少了大学机构的重叠，也使大学的行政管理与发挥教授作用相结合，为大学内部的学术自治提供了基本的制度保障，使其真正符合了学术自由的精神。1924年颁布的《国立大学校条例》在借鉴美国大学的基础上孕育了具有中国特色的近代大学治理模式。美国大学治理模式的典型特征是以学术自由为中心，运用制度加以保障。基于此，当时该条例的立法者为了满足教育界关于学术自由的期望，设计了保障教授参与大学治理的两条路径，即评议会和教授会。同时，为了兼顾政府和社会的需求，该条例也对美国大学治理模式进行了修改，形成了由董事会、评议会、教授会及教务会组成的"四会共治"模式，使得大学内部权力相互制衡、互为补充。[3] 这种多元化的治理理念和民主化的治理模式进一步促进了学术自由精神的生成。1929年颁布的《大学组织法》规定，大学校长除政府特许外不得担任其他兼职，从而阻止了政治等非教育因素介入大学治理，破坏学术自由的氛围。[4] 由此可见，国颁

---

[1] 杨旭婷：《民初〈大学令〉在高等教育发展中的历史作用》，《法学教育研究》2016年第1期。

[2] 董宝良主编：《中国近现代高等教育史》，华中科技大学出版社2007年版，第119页。

[3] 鲁幽、周安平：《民国时期现代大学治理模式的移植与本土化——基于〈国立大学校条例〉的法律表达》，《高教探索》2017年第11期。

[4] 曾祥志、高国赋：《民国时期的"大学自治"》，《中国电力教育》2011年第28期。

典章的颁布与实施，为近代大学中评议会、教授会等机构的成立以及"教授治校"的制度实践提供了法律保障。

与国颁典章相比，大学章程与学术自由有着更为密切的联系，这种联系表现在宏观和微观两个层面。在宏观层面，大学章程更为具体地明确了近代大学的合法地位，构建了近代大学的内部治理结构，并规范了自身与政府之间的权力关系。1920年，蔡元培根据《修订大学令》主持起草了《国立北京大学现行章程》，明确了大学内部组织机构的设置及其权责分配，确立了国立北京大学"教授治校"的内部治理结构。该章程不仅赋予了教授制定和修改大学章程的权力，而且将学术事务和行政事务的管理权给予了教授群体，保证了学术自由不受侵犯。[①] 1926年，梅贻琦为清华学校制定了《清华学校组织大纲》，确立了学校以教授会、评议会和校务会议为组织基础的"教授治校"制度。尽管《国立北京大学现行章程》与《清华学校组织大纲》对学校治理结构的设置有所不同，但其所蕴含的学术自由的精神与价值取向是一致的，"教授治校"制度的理念支撑即是学术自由。在微观层面，大学章程还具体规定了学术权力在学校事务中的作用及运行规则，这也能够反映出一所大学内部开展学术活动的自由程度。综观民国时期的大学章程，一方面，近代国立、私立大学章程的理念和宗旨均以"研究高深学术"和"人才培养"为己任，其共同点就是以学术研究为宗旨；另一方面，近代大学几乎都是通过制定和实施章程的方式，对学校评议会、教授会等学术机构的成员组成及其权责范围进行明确的规定，从而为学术人员行使学术权力并参与大学治理提供了制度保障。

作为近代大学制度的重要组成部分，大学章程的制定和实施都以学术自由和大学自治等大学核心精神为价值导向，为中国近代大学的发展提供了重要的制度保障。此外，蔡元培等一批近代教育家通过创

---

① 刘强：《民国初期国立北京大学内部治理结构研究——基于〈国立北京大学现行章程〉与〈国立北京大学组织大纲〉的分析》，《教育与考试》2015年第3期。

办和改革近代大学，贯彻了各自的先进办学理念，营造了宽松且自由的学术氛围，保障了学术自由的精神能够在近代大学的办学实践中得到继承与弘扬。

第六节　依章治校

大学章程历来就享有"大学宪章"之美誉，其可"上承"国家法律法规，"下启"大学内部具体规章制度，同时也是承载大学精神的制度化载体。[①] 从大学的本质来看，依章治校的精神源于大学内在的发展规律和基本逻辑。大学是以追求大学自治和学术自由为价值取向的社会组织。大学的发展不仅需要隐性的价值层面的办学理念，而且需要显性的制度层面的法律规章。一方面，大学需要依章治校。依章治校既是大学协调其内外部权力关系的前提，也是保障自身学术权力的基础。若没有追求学术的自由，大学或将趋于世俗，或将随波逐流，丧失探求高深知识的理想；若没有制度的约束，大学的发展将因脱离实际而无法摆脱"合法性危机"。另一方面，大学必须依章治校。作为学术组织，大学需要构建保障大学自治和学术自由的制度，同时，作为法治框架下的大学章程，必须体现法治精神、遵循法治逻辑。因此，真正意义上的大学既应沿袭大学精神的历史传统，保持对大学自治和学术自由的追求，也应遵从法治的原则，通过依章治校开展科学民主的办学实践活动。

从法律的视角来看，依章治校的精神所具有的重要意义源于大学章程本身具有的三种法律价值。其一，大学章程的根本价值和逻辑起点是公平，即指章程作为一种法律规范具有公正性，章程的制定和实施能够保证大学利益相关主体在具有平等地位的基础上享有权利并承担义务。其二，大学章程具有自由的价值，即在法律规定的范围内，

---

① 侯佳：《大学章程研究》，九州出版社2019年版，第1页。

能够保障大学在与政府博弈的过程中实现相对的自治,在维持大学内部学术权力与行政权力平衡的基础上实现相对的自由。其三,大学章程还拥有规范价值,即指章程能够保障大学办学活动的顺利开展和管理活动的有序进行。由此可见,大学章程的规范价值优于公平和自由的价值,因为有序的教育环境是大学实现公平和自由等价值的前提。总之,依章治校精神的生成与大学章程所具有的法律价值具有密切的联系。这一价值既是依章治校精神形成的基础,也是依章治校精神发挥作用的动力,只有发挥依章治校的精神,才能使大学章程的法律价值得以实现,从而丰富大学章程的精神内涵。

依章治校的精神与大学章程的创立和实践密不可分。伴随着大学章程的诞生,依章治校的精神逐渐开始产生。因此,考察依章治校的精神形成过程可以通过梳理大学章程的演变历程来进行。回溯西方大学的发展史,基本上都可以看到作为大学根本"宪法"的大学章程,但在不同的国家,大学章程的法律渊源或权力来源是不同的。据此,可将西方大学章程的演变历程大致分为三个时期,即欧洲中世纪的萌芽期、宗教改革后的变革期以及启蒙运动后的发展期。

西方早期的大学经历了一个从行会自治团体到大学的缓慢演变过程,在此过程中,大学章程始终扮演着重要的角色并发挥着关键的作用。西方大学章程的起源最早可以追溯到欧洲中世纪大学诞生之前。当时,欧洲城市存在具有一定教育性质的行会以及较为详细的行会内部规章,并依据自律原则开展专业性活动,[①] 这为此后大学章程的制定提供了范式。12世纪,意大利和法国等地诞生了欧洲早期的大学。为了争取生存的自由,大学通过与政府、教会等权力机构进行抗争的方式获得了特许状、敕令或诏书。这些法律文本的出现标志着国家最高统治者对大学合法地位的认可,赋予了大学一定程度的自治权和学术自由权,由此开启了西方大学制定章程的先河。到中世纪后期,西

---

① 张磊:《欧洲中世纪大学》,商务印书馆2010年版,第85页。

方大学章程的内容日益完备，并且经常由大学根据自身的办学目标和现实情况进行修订和完善，在大学章程的制度保障下，欧洲中世纪大学的创立与发展逐渐迈上了制度化道路。从形式和内容上来看，当时的特许状或章程已经具有了现代大学章程的基本特征，可以视作大学章程的雏形。[1] 但从本质上来看，西方大学及其章程的合法性仍以神权为依据，章程包含的关键内容都是自上而下进行制定和实施的。因此，这一时期西方大学章程的性质仍属于一纸可单方面改变的授权书。[2]

宗教改革之后，原来由教会传授和研究专门知识的职能开始转向世俗大学。教权的淡出和王权的确立，使特许状的授予成为一项皇家特权。此时，大学世俗化的进程逐渐加速，西方国家创办大学及制定章程的权力几乎都经历了从宗教机构到王室或代议机构的转变。例如，英国的大学章程是依据特许状或国会法案制定的，不仅规定了政府和社会等参与大学治理的范围与程度，而且保持着大学在适应社会发展和实现大学自治之间的平衡。德国的大学在获得教育机构许可后，都必须制定各自的章程作为办学的"基本法"，并且章程的修改也要根据严格的程序来进行。[3] 美国的大学章程是由英国或殖民地议会颁发的特许状演变而来的，在建立殖民地学院时期得到了进一步巩固，最终发展成为连接国家、教会或殖民地政府教育立法的纽带，以及学校确立和存在的法律依据。由上观之，西方的大学在追求学术自由的过程中也逐渐意识到，制定章程不仅是进行内部治理的一种有效途径，而且是保持自身与政府或社会间沟通的法定桥梁，更是外界对办学活动进行监督的重要依据。[4] 与中世纪大学的特许状或诏令相比，

---

[1] 柯文进、刘业进：《大学章程起源与演进的考察》，《清华大学教育研究》2012年第5期。

[2] 湛中乐、苏宇：《西方大学章程的历史与现状》，《中国高校科技与产业化》2011年第5期。

[3] 马陆亭：《大学章程的法治精神与要素内容》，《国高等教育》2011年第9期。

[4] 袁春艳、张东：《大学章程的历史回溯与思考》，《重庆邮电大学学报》（社会科学版）2013年第3期。

殖民地时期的大学章程具有更加明显的法律地位和效力，因而更具现代性。

启蒙运动之后，大学为了维护自身的利益，不断寻求王室、世俗政权代议机构或行政当局的认可，提高其在国家和社会发展中的地位。19世纪，德国柏林大学在章程中提出了"学术自由"和"教授治校"等理念，建立了适应德国高等教育发展的现代大学制度。就大学外部治理而言，德国大学章程的形态从教皇颁布的特许状演变成国家文件，由此，政府治理大学的模式得到了法律的认可；就大学内部治理而言，研究所和研讨班在章程的保障下成为大学中最具权力的基层组织，最终推动德国的大学发展为世界研究型大学的典范。[①] 美国建立后，州议会的立法权逐步取代了殖民地时期英王室的特许权，达特茅斯学院案的胜诉则进一步以法律的形式确保了特许状的合法地位，标志着美国大学章程的初步形成，并开始与大学自治相结合。美国内战结束后，为了适应工业化步伐，社会上出现了一批赠地学院。1862年，美国联邦政府颁布的《莫雷尔法案》以及国会的补充条例是美国大学章程的法律渊源。随着西方大学的不断发展，大学章程逐渐被纳入法治化轨道，具有明确的法律性质，彻底摆脱了与国家或地方政府教育法规混合的状态，发展成为大学自治、学术自由及依法治校的总纲领。

中国高等教育发展历史源远流长，在现代大学诞生之前，传统高等教育机构的存在和发展已有几千年的历史，并始终注重通过规章制度来进行对学校的教学和管理。中国的大学章程发展历程可以分为三个阶段，即古代的高等教育机构章程、晚清时期的大学堂章程及民国时期的大学章程。

中国的大学章程最早可以追溯到战国时期稷下学宫的《学生守则》和宋代书院的院规或揭示。作为中国古代高等教育的典范，稷下

---

① 王海莹、王大磊：《西方大学转型与章程创新》，《教育研究》2016年第11期。

学宫虽实行自由式的师生管理制度,但仍有严格约束教学和学生的规章制度,如制定了明确的《学生守则》,即《管子》中的《弟子职》。① 作为中国古代独特的文化教育形式,书院在其发展过程中较为重视制度建设。宋代的书院普遍订立了一系列揭示、学规,如朱熹的《白鹿洞书院揭示》和吕祖谦的《丽泽书院学规》等。② 虽然书院并非现代意义上的大学,书院学规也更多地表现为内部的管理规章,但其在一定程度上保障了书院的自治和学术自由,这与大学章程是一脉相承的。

晚清时期,清政府开展了一系列意在维护其封建统治的改革,客观上促进了近代高等教育的发展。洋务运动时期,洋务派兴建了一批新式洋务学堂,取代了旧式书院,其中,最早建立的京师同文馆就先后出台了一系列章程。维新变法期间,在"中体西用"办学宗旨的指导下,近代大学开始借鉴国外先进大学制定办学章程并开展办学活动。在此过程中,逐步形成了"先立典章,后建大学"的依章治校精神。1895年,盛宣怀在创办中国第一所近代大学——北洋大学堂之前,就向清政府呈递了《拟设天津中西学堂章程禀》。该章程被认为是中国在借鉴西方先进大学的基础上制定的第一部近代大学章程。③ 由于当时仍处于中国近代高等教育的发轫阶段,因此,从内容和形式来看,诸多新式大学堂章程更像是一份筹备办法和创建规划,其意义主要在于"创制"而非"规范"。④ 戊戌变法期间,光绪帝于1898年批准了梁启超草拟的《奏拟京师大学堂章程》,正式开办了中国历史上第一所国立综合性大学——京师大学堂。在晚清动荡的局势和曲折

---

① 李才栋、谭佛佑、张如珍等主编:《中国教育管理制度史》,江西教育出版社1996年版,第81页。
② 邹晓红、张鹏莉:《我国大学章程历史演进的逻辑探析》,《南阳师范学院学报》2014年第1期。
③ 柯文进、刘业进:《大学章程起源与演进的考察》,《清华大学教育研究》2012年第5期。
④ 张国有、胡少诚:《中国大学章程建设的历程与形态》,《北京大学教育评论》2012年第2期。

的教育改革中,京师大学堂先后颁布了三部章程,这三大章程相互继承,涉及了办学宗旨、课程设置、管理体制、章程修改程序等现代大学章程的基本内容。与古代的书院学规相比,晚清时期的大学堂章程框架更为清晰,内容也较为丰富,并由权力阶层所颁布,因而在晚清高等教育法令中处于引领地位。当时,全国仅有几所大学堂,又以京师大学堂为最,京师大学堂章程也是晚清时期全国的高等教育法。总体而言,与西方大学章程或现代大学章程相比,虽然晚清时期的大学堂章程都是在政府的指导下制定、颁布并施行的,具有较为明显的官僚化和行政化色彩,但不可否认的是,当时的大学堂学习国外先进大学所采取的主要方式之一就是借鉴国外的大学章程。例如,1910年,时任上海高等实业学堂监督的唐文治以《咨出使美国大臣请检寄各大学章程》呈文清政府:"本监督查英、德、法国大学林立,所有各校章程及所授学科均足以参考。"[1] 由此可见,晚清时期的大学堂章程所蕴含的独特价值,与中国传统高等教育的发展特点相统一,反映出中国近代大学章程中依章治校的精神。

民国初期,北京政府教育部颁布了包括《大学令》《专门学校令》《大学规程》及《修正大学令》等在内的一系列高等教育法令。这些由国家层面颁布的法令,对各大学的创立及其章程的制定进行了规范并提供了法律保障。其中,1912年《大学令》的颁布具有划时代的意义。该法令引进了德国近代大学的评议会、教授会等保障学术权力的基本制度,并用法律的形式固定了下来,[2] 为后来国立北京大学和国立清华大学等学校章程中有关"教授治校"制度的确立奠定了法律基础,客观上促进了大学依章治校。在政府教育法令的引导下,近代大学的数量不断增加,几乎每一所学校都制定有章程并将其作为核心法规。自1920年国立北京大学颁布《国立北京大学现行章

---

[1] 上海交通大学校史编纂委员会编:《上海交通大学纪事(1896—2005)》,上海交通大学出版社2006年版,第62页。

[2] 米俊魁:《大学章程价值研究》,中国海洋大学出版社2006年版,第121页。

程》之后，各校相继开始了章程的制定与实施，具有代表性的有《清华学校组织大纲》《复旦大学章程》《交通大学大纲》及《东南大学组织大纲》。近代大学章程地出现在中国大学章程发展史上具有里程碑式的意义，标志着大学自己制定章程的开端。① 与国家颁布的教育法令相比，大学章程充分考虑了其自身的办学需要，促进了章程在实践中的作用发挥，彰显出其依章治校的精神。

民国中后期，在美国大学办学模式的影响下，1924年，北京政府教育部颁布了《国立大学校条例》，重新规定了大学教育的培养目标及有关制度。1929年，南京政府公布了《大学组织法》和《专科学校组织法》，呈现出立法基础多元化、层次体系化及内容稳定化的特点。② 在特殊的时代背景与政治环境中，中国近代高等教育领域颁布的一系列"法令""条例"及"规程"，在一定程度上既是高等教育的法律法规，又是近代大学进行办学和治理的重要依据。

由上可知，从古代稷下学宫的规章到书院的学规再到近代的大学章程，中国大学章程的建设历程与中国高等教育的发展趋势相契合。中国古代的高等教育机构十分注重制定规章制度来维持教学秩序并维护学术自由，近代的大学也都秉持着学术自由和"凡事有章法"的原则，在借鉴西方大学章程的基础上制定了各自的大学章程。由于中西方大学章程在制定与实施过程中所面临的境遇不同，最终使其依章治校的精神在生成逻辑、作用方式和实现程度等方面产生了明显的差异。

首先，中西方大学依章治校的精神具有不同的历史渊源与生成逻辑，而这根源于中西方传统文化中治理理念的差异。古今中外一直有着关于"精英治国"和"依法治国"的争论，其结果是形成了"人治"与"法治"两种典型的治理理念。

在西方，人治与法治之争肇始于古希腊时期。柏拉图是西方最早

---

① 张金辉：《大学章程的功能及其实现》，河北人民出版社2013年版，第129页。
② 张国有、胡少诚：《中国大学章程建设的历程与形态》，《北京大学教育评论》2012年第2期。

的人治论者，但他在晚年又转而提倡法治，并承认了法律在城邦政治生活中的重要作用。他的弟子亚里士多德在其《政治学》中提出了法治优于人治的观点，由此，西方形成了以追求法治为主流的传统文化。到了中世纪，西方开始实行神权之下的专制统治。神学家对法律进行了神学改造，法律被安排在一个新的机制体系中，成为一个更高的存在，① 表现为"国王站在一切人之上，但需站在上帝和法律之下"。② 随着文艺复兴和宗教改革运动的开展，人们从神学的桎梏中解脱了出来，罗马法的复兴促成了"以正义的法律捍卫个人权利"观念的再次回归，为近代法治思想的最终形成创造了必要条件。启蒙运动爆发后，西方启蒙思想家在反封建的斗争中提出了近代意义上的法治。例如，英国法治论者洛克在《政府论》中，论述了法律对个人权利与自由的保护作用，认为政治权力必须受法律的限制和支配。法国的法治论者卢梭认为，法治是民主共和国的一种特征和标准，而孟德斯鸠则更为注重法的精神，强调法律中的自由和权力。③

在中国，受君主专制体制和"皇权至上"封建观念的影响，形成了"重人治、轻法治"的传统思想，因而采取的治国方式主要是人治。中国最早的人治学说是儒家提出的，《礼记》中写道："文武之政，布在方策，其人存则其政举，其人亡则其政息。"④ 表达的是儒家对国家治理方式的看法。此外，中国古代也存在法治思想，典型代表人物是法家的韩非子。《韩非子·有度》中记载："依法治国，举措而已矣。法不阿贵，绳不挠曲。"⑤ 可见，在治国策略上，法家与儒家最大的争论在于，法家主张"以法为本"，将法令作为人们言行的唯一标准。但这并非是反对儒家的"道德为本"，而是主张用法律

---

① 吴大华主编：《八十回首与法治教育》，中国法制出版社2017年版，第460页。
② 王勇主编：《法理学》，大连海事大学出版社2013年版，第241页。
③ 毛昭晖主编：《行政法》，对外经济贸易大学出版社2014年版，第5—6页。
④ 段秋关：《中国现代法治及其历史根基》，商务印书馆2018年版，第46页。
⑤ 高华平、王齐洲、张三夕译注：《韩非子》，中华书局2010年版，第50页。

的形式来进行约束。① 儒家则认为"为政在人",并将君主的德行视为国家治乱、法令立废的决定性因素,但这并不意味着儒家没有法治的意识和精神;相反,儒家也是主张法治的,其倡导的"礼"就蕴含着法治的功能。作为社会生活中民众自发生成的规则体系而非统治阶级颁布的命令,"礼"就是一种规则,可以协调和保护个体的利益。此后,儒家的这种法治思想在秦汉之际得到了普及,并经过西汉董仲舒的改造,成为中国古代社会正统的法律思想,指导着国家的治理。② 由此观之,中国古代的治理逻辑一直是以"礼"为手段来进行的人治,法治与人治之间是一种相互融合而非对立的状态。晚清时期,西方的法治理念开始传入中国,并引导着中国知识分子从制度方面寻求救亡图存之道。起初,严复翻译了孟德斯鸠的《论法的精神》,他在接受法国的法治思想的基础上提出了替代人治的法治思想。随着人们对西方法治认识的逐步深入,康有为和梁启超等人发起了维新变法运动,试图用西方代表民主、法治和自由理念的政治制度挽救中国。与此同时,封建统治者们也认为法治有利于巩固其统治、缓解社会矛盾,于是纷纷效仿西方进行立法。由此,中国历史上第一批具有现代意义的法典诞生了。民国时期,中西方的法治理念开始进入重构与融合阶段,集中体现在这一时期各种形式化的法律文本上。其中,最重要的是1912年颁布的《中华民国临时约法》,该法律在宣传西方法治方面发挥了十分重要的作用。1919年,"五四"运动的爆发进一步推动了法治思想的传播。当时,陈独秀提出了"尊重民权、法治、平等的精神",并得到了李大钊、鲁迅等学者的响应。1927年南京政府成立后,以胡适为首的一批自由民主人士开始主张通过改良的办法来推行法治。③ 1947年,南京政府颁布了《中华民国宪法》。经过近一个世纪的实践探索,中西方的法治理念已经实现了从观念到制

---

① 谢海定:《学术自由的法理阐释》,中国民主法制出版社2016年版,第177页。
② 郭建主编:《中国法律思想史》,复旦大学出版社2018年版,第26页。
③ 苗延波编:《苗延波法学文集》,知识产权出版社2012年版,第11页。

度上的融合，中国自古以来的法治理念发生了根本性的改变。

　　由上观之，西方的法治是基于西方传统文化所内生的一种治理观念，经过了西方社会和文化的自然演进后由下而上的发展成了一种社会思想意识。[①] 在社会普遍重视法治的背景下，西方国家在高等教育领域形成了大学依章治校的传统。而中国传统的法治是伴随着古代"道德本位"的人治传统而发展的，到了近代，现代意义上的法治则是在外力的作用下，通过引进和移植西方的法治而形成的。因此，中国的法治走过了一条自上而下的主观建构之路。在近代中西方法治观念不断融合的背景下，中国近代大学也开始注重通过制定章程的方式来指导学校的办学活动。然而，受中国传统法治理念的影响，近代大学在依章治校的过程中过多地受到了来自外部政府和社会的限制，影响了章程在保障大学自治和学术自由等方面法律效力的实现和发挥。

　　其次，中西方大学依章治校的精神在实践过程中存在着不同的作用方式，由此产生了中西方大学治理模式及法治化程度的差异。作为法治社会的产物，大学章程以获得外部的法律授权并发挥自身法律效力的方式，对大学治理产生了重要的影响，逐渐成为大学治理的制度载体。然而，大学章程所具有的法律功能并非与生俱来，而是通过大学依章治校实践活动的展开逐步形成的。此外，由于中西方所秉持的法治理念不同，大学治理模式及法治化程度也存在明显的差异。

　　一方面，西方大学章程中有关治理模式等内容的形成经历了一个漫长的历史过程，深受西方法律文化发展的影响。伴随着中世纪古罗马法的复兴，大学逐渐获得了行会的地位与特许状。当时，西方发达的法律教育使法治观念深入人心，大学章程文本的起草和修订也完全是基于大学教育活动的需要。文艺复兴运动后，松散的章程内容被不断修订，从大学章程的制定、核准、颁布到施行已经形成了一套完整的程序，在文本中开始出现大学权力结构与治理模式的内容。至此，

[①] 柯卫：《中西方法治意识生成因素的比较》，《河北法学》2007年第8期。

大学章程已经成为大学内外部组织之间进行博弈的角力场，以法律权威的力量不断地调整着大学内外部之间的权力关系。启蒙运动之后，经过重新修订后的大学章程打破了过去大学治理的权力格局，从而挽救了古典大学。新兴大学在理性主义思潮的推动下建立，启蒙思想家与世俗君主也建立了政治与法律上的契约，并以法权的形式建构了初具现代意义的大学。[①] 反观中国近代大学章程的创立和发展过程，与西方伴随法治理念的变革而自发演进的生长逻辑不同，在"西学东渐"的时代背景下，具有"外发移植型"特征的中国近代大学，其章程是在模仿西方大学的基础上创立的。与西方大学章程相比，在构建大学治理模式和保障学术权力等方面，中国近代大学章程虽没有完全发挥出自身的法律效力与价值，但总体而言，中国近代大学章程经历了从晚清到中华民国几十年的发展过程，协调了近代大学的内外部治理模式和权力关系，在一定程度上推动了近代大学的辉煌发展。

另一方面，中西方大学在依章治校的过程中形成的治理模式的法治化程度也有所差异。大学作为一种制度化的社会组织，其治理模式的形成必定会受到外部社会的法治理念以及内部章程的法律效力的影响。西方的大学治理模式大致可以分为两类，即以法德为代表的欧洲大陆模式和以英美为代表的英美模式，而这两类治理模式及其所蕴含的法治理念都与中国的大学有所不同。其一，在理性主义法治理念的影响下，欧洲大陆模式中的大学形成了教授治校的内部治理传统。理性主义的哲学方法推动了法治精神和法律原则的确立，生成了欧洲大陆法系通过制定成文法典来调整人们生活的主要特征。在这样的法律环境中，欧美大陆国家的大学形成了以章程来调节大学内外部治理的传统，社会萌生了对专业权威的崇拜，从而为教授治校这一内部治理模式的形成奠定了法律基础。其二，英美模式的大学更多受到个人主义法治理念的影响。与欧洲大陆模式的国家相比，在大学外部治理

[①] 尹建锋、吕晓燕：《变迁中的大学知识范式和权力：西方大学章程的历史演变及其启示》，《高等教育研究》2016年第8期。

上，英美两国的政府对大学治理所采取的是一种谨慎的态度和间接管理的方式[1]，逐渐形成了法治而非人治的治理传统。因此，英美模式中的大学，其外部治理的权力较少受到政府的限制，政府与大学的治理边界较为清晰。由此观之，无论是哪种大学治理模式，因其蕴含的法治理念都与中国有所不同，中西方大学章程在外部法治环境与内部法治理念方面的区别，成为大学治理模式及其法治化程度存在差异的重要原因。

中国近代大学治理模式的演变经历了从效仿日本到借鉴德国，再到学习美国的过程，是中国传统高等教育与国外大学在理念和制度上进行"碰撞"之后的历史选择。由于中西方在传统教育理念、制度以及大学章程的作用方式等方面存在较大差异，因此，即使是在大学治理理念和制度得到快速发展的民国时期，中国近代大学治理模式的构建及法治化程度仍与西方大学存在差距。与古代高等教育机构或晚清时期的大学堂相比，民国时期的大学较为独立，政府对大学的治理存在着一定的合理边界，并未对大学的内部治理进行过多的干涉。同时，近代大学的内部学术权力拥有"外部立法"和"内部建章"的双重保障，[2] 外部的政府法令明确了大学评议会和教授会的职权，内部的大学章程则保障了职权的进一步落实，推动了民国时期大学内部治理的法治化。但是，在近代大学的外部治理上，政府仍进行了一定程度的宏观干预。从一系列国颁典章的内容来看，政府并未彻底放弃对近代大学治理的法制建设。例如，1924年颁布的《国立大学校条例》就反映出了民国政府试图加大对大学外部治理的力度，同年公布的《大学规程》则更表明了政府对大学治理从宏观立法向微观的院系设置的深入。受历史背景、文化传统与法律制度等外部环境的影

---

[1] 胡娟：《西方大学两大治理模式及其法治理念和思想传统》，《清华大学教育研究》2018年第3期。

[2] 蔡连玉、宁宇：《民国时期大学治理：基于立法与章程的研究》，《高教探索》2015年第4期。

响，无论是从章程的制定依据、制定主体，还是制定程序来看，中国近代大学章程都属于"软法"的范畴，与西方大学章程的"硬法"属性相比，其强制力和约束力都较弱，加之近代大学主要根据政府教育行政部门的意志和指令行事，这就容易使政府的行政管理逻辑取代大学自治的逻辑，最终影响大学治理的法治化进程。

由上观之，大学治理模式依托于社会的法律架构和治理环境，中西方大学在治理模式上存在的差异，反映了不同地域和国家法治环境与理念的差异，从而影响了中西方大学依章治校实践的开展与依章治校精神的生成。从本质上讲，中国大学与西方大学最大的区别在于，中国的大学是政府主导和控制的，大学治理也被纳入政府管理的范围内。近代以来，无论是晚清时期的北洋大学堂，还是京师大学堂，这些中国第一批具有现代意义的大学从诞生之日起就带着政治的烙印[①]，不仅制约了大学章程对中国近代大学发展需求的满足，而且导致了大学章程对于协调大学内外部关系、构建内外部治理模式等功能的退化，进而影响了依章治校的精神形成。

最后，中西方大学依章治校的精神在大学进行具体实践过程中的作用力度与实现程度不同，这种差异的产生主要有两个原因，包括中西方大学章程所具有的法律地位与效力的差异，以及在此影响下章程执行模式的差异。

一方面，在中西方大学章程的发展历程中，不同的法律渊源赋予了大学章程不同的法律地位与效力，导致中西方大学依章治校的精神作用力度的不同。西方大学章程具有深厚的法律渊源，即欧洲中世纪国王或教皇颁布的特许状，正是这些具有法律效力的特许状，赋予了中世纪大学一定的自治权，使其凌驾于法律之上。因此，西方大学章程在起始阶段就与依章治校的精神相伴而生。到了殖民地时期，西方大学章程以法案的形式获得批准，具有了明确的法律地位，从而成为

[①] 孙秀成、汪业周：《大学精神与大学治理逻辑起点的文化观照》，《湖北社会科学》2018年第12期。

西方国家或地方法律的一部分[①]。从制定依据来看，英国大学章程与美国殖民地时期的大学章程是依据特许状或国会法案制定的，而美国建国后的大学章程制定的法律依据及其效力则来源于联邦或州立法。从制定主体来看，西方大学章程一般都是由大学的决策机构（董事会、理事会或评议会）制定的。从制定程序来看，西方大学章程获得法律效力的途径是自下而上的，先由教师团体制定并向权力机关申请，再由权力机关以特许状的形式回执给大学。总之，作为高等教育立法的主要表现形式，西方大学章程在制定依据、制定主体及程序等方面都具有明确的法律规定，既是国家法律的下位法，也是大学内部的根本法。在西方大学依章治校的过程中，大学章程以其所具有的法律地位指导着大学内外部治理模式的构建，保障了西方大学自治和学术自由等理念的充分实现。

中国近代大学章程的法律渊源来自政府或教育部门的批准或授权。虽然中国古代也有很多繁荣发展的高等教育机构，但西方现代意义上的大学则是在晚清时期背负着"救亡图存"的国家使命而诞生的。由于缺乏西方自治的文化土壤，加之学校的出资者为政府，使得中国近代大学在创办之初就完全由政府控制。晚清时期京师大学堂颁布的三大章程均为当时的最高学务当局制定，其实行也必须得到政府的批准，这就意味着三大章程具有了国家教育法律的性质。民国时期，政府教育部颁布了几部教育法规，作为大学章程制定基础的高等教育法律体系逐步形成。在《大学令》《大学组织法》及《私立大学规程》等法令颁布后，各类大学都结合各自的办学实际制定或修改了大学章程。从制定依据来看，中国近代大学章程基本都是根据政府教育部颁布的各类教育法令来制定和颁行的；从制定主体来看，中国近代大学章程基本都是由各大学的举办者或最高权力机构（国立大学一般为评议会、私立大学一般为董事会）制定的。在特殊的时代背景

---

① 袁春艳、张东：《大学章程的历史回溯与思考》，《重庆邮电大学学报》（社会科学版）2013 年第 3 期。

下，近代大学的举办者往往与政府教育部门的任职者具有密切的联系，使得章程的制定主体难免会受到政府意志的影响。由此观之，近代中国大学章程获得法律效力的途径是自上而下的，先由政府主导大学制定，再由政府颁布名为章程实为教育法令的法律。中国近代大学章程的这种法律渊源与地位将受益对象指向了政府而非大学，导致了大学治理模式的构建总是以强制命令而非协商为手段，大学依章治校依靠的也是政府的强制力而非大学各主体的自觉性。这在客观上使得中国历史上第一部现代意义的大学章程在出现之初便具有了教育法律的性质，换言之，中国大学初创时期就已经出现了依章治校的精神萌芽。

另外，中西方大学章程在实践过程中存在不同的执行模式，造成了中西方大学依章治校的精神在实现程度上的差异。大学章程的生命力在于执行，在大学依章治校的过程中，章程的作用能否得到充分的发挥，与章程执行模式的科学程度休戚相关。由于中西方大学章程具有不同的法律渊源，因此，中西方大学章程的执行主体、程序、过程及环境等均存在明显的差异。西方大学章程的执行模式可以分为两种，即以政府为主导的行政外推模式，以及以大学自治为主的组织内生模式。其一，行政外推模式主要分布在以法德为代表的欧洲大陆传统大学中。该模式强调政府的行政力量对大学章程制定和实施工作的主导作用，政府作为大学的执行主体，拥有大学章程的制定权、执行权和监督权。[1] 例如，《德国洪堡大学章程》规定，联邦各州对大学的内部事务享有法律监督权。法国一些大学的内部治理也受国家的控制，其章程是基于统治者的要求制定和执行的。从本质上看，行政外推模式下的大学章程执行模式凸显了行政干预的力量，政府的权力色彩浓厚。[2] 其二，组织内生模式主要运行于以英美为代表的盎格

---

[1] 石连海：《国外大学章程执行力的模式、运行机制与启示》，《教育研究》2014年第1期。

[2] 袁春艳、石连海：《大学章程执行力：模式、动因及路径选择》，《当代教育科学》2013年第13期。

鲁·撒克逊传统大学中。该模式源于中世纪大学的特许状对大学自治的法律保证，后来，1819年的达特茅斯学院案使大学真正获得了章程保障下的自治权。① 由此可见，大学章程的执行模式强调多元主体的共同参与和大学享有的自治权以及学术自由。其中，大学执行主体的多元化在一定程度上既能够避免政府力量过度干预大学的治理，也能够对各主体的行为进行监督，确保章程效力的发挥。

与西方大学章程的执行模式相比，中国大学章程的执行模式出现时间较晚，大学章程的执行也没有形成固定的模式，主要源自对政府行政执行模式的借鉴。晚清时期的大学堂基本上由清政府负责管理，学堂章程自然也是在政府的主导下制定的。到民国时期，政府开始下放大学的办学自主权，并通过颁布一系列高等教育法规的方式，主张大学制定自己的办学章程，从而将一部分内部管理权交给了大学。抗日战争时期，国立西南联合大学在外部治理上与政府的行政干预保持了一定的距离，在内部治理上则采用了教授治校制度，设立了校务委员会与教授会。具体来讲，各项会议决策的执行主要是通过各行政部门、众多的临时专门委员会以及学员来完成的，而各行政部门作为第二层权力主体则依据学校决策制定具体的、可操作的规章制度，并向教师和学生等群体施加作用和影响。② 由此观之，与其他近代大学相比，国立西南联合大学的章程执行模式具有较强的组织内生性特征。

综上所述，中国近代大学依章治校的实践程度与西方大学存在差距，但不可否认的是，从中国传统文化和时代背景中孕育出的依章治校的精神，既保障了大学章程价值目标的实现和制度功能的发挥，也为中国近代大学提供了实现大学自治和学术自由的契机。特别是在"先立典章，后建大学"的历史背景中，中国近代大学章程在创立和

---

① 湛中乐、苏宇：《西方大学章程的历史与现状》，《中国高校科技与产业化》2011年第5期。

② 王蔚清：《西南联大的权力结构及其运行研究》，《浙江师范大学学报》（社会科学版）2010年第2期。

实践的过程中生成了依章治校的精神,从而为中国近代大学的创立和发展产生了重要的影响。

"先立典章,后建大学"是中国近代大学初创时期的典型模式,其所确定的国家与大学的关系、大学的精神趋向和文化特点等,都为后来大学的发展产生了深远的影响,表明了中国近代大学是制度文化的产物。从北洋大学堂的建校章程——《天津中西学堂章程》的颁布开始,随后的京师大学堂和山西大学堂等新式高等学堂均是按照这一模式,创立于获得清政府批准的章程之后。早在《奏定京师大学堂章程》拟定期间,管学大臣张百熙就曾呈奏:"天下之事,人与法相维,用法者人,而范人者法。今学堂图始之时,关系于学术人才者甚大;法之既立,非循名责实,则积习所狃,既不能返之一朝,而粉饰相因,且滋无穷之弊。"[1] 强调了依法治教和依章治校的重要性。晚清时期大学堂的依章治校,一方面,确定了政府与大学之间的关系,体现了国家对高等教育的控制权,反映了晚清时期的大学堂由"国家治理"的基本原则;另一方面,发挥了章程维护近代大学自主办学权的制度价值。换言之,维护大学自治的权力并实现大学自治才是中国近代大学依章治校精神出现的本质原因。[2] 到民国时期,近代大学在追求自治与学术自由的同时,仍然遵循"凡事有章法"的原则,在借鉴西方大学经验的基础上,制定了各自的大学章程。例如,国立北京大学和国立清华大学针对学校的内外部治理模式分别制定了《国立北京大学现行章程》和《清华学校组织大纲》,继承了各自建校之初通过章程来规范大学权力运行的制度传统和依章治校的精神。

中国近代大学在按照章程办学的过程中促进了依章治校精神的形成和发展,而依章治校精神的形成又进一步促进了近代大学章程功能

---

[1] 陈元晖主编:《中国近代教育史资料汇编:学制演变》,上海教育出版社2007年版,第242页。
[2] 马璐瑶:《论我国清末高校"先建章程,再兴学校"的办学模式》,《教育文化论坛》2015年第3期。

的发挥与价值的实现，呈现出一种从实践到认识再到实践的规律性特征。在此过程中，依章治校的精神所发挥的影响基本上是大学章程自身所具备的制度价值和法律效力所带来的。

一方面，作为大学制度的载体，中国近代大学章程推动了近代大学制度的建设和完善。如果以大学为界将大学制度分为外部制度和内部制度，那么大学章程就是连接大学内外部制度的纽带[①]，具有承上启下的重要作用。从总体上看，中国近代高等教育领域基本上形成了一套包括大学章程在内的初步完备的法规体系，从而为近代大学制度的构建提供了较为充分的法律依据。这一体系大致分为四个层次。第一层次是起"母法"作用的一系列国颁典章，如晚清时期的《京师大学堂章程》、民国时期的《大学令》《大学组织法》及《大学法》等，这些国颁典章规定了近代大学建立的基本准则和办学的基本框架。第二层次是"母法"下的"子法"，即将国颁典章所规定的准则和框架进行具体化后，转化成可操作的具体条例，如《大学规程》《国立大学校条例》和《私立大学规程》等。第三层次则是对以上规程或条例进一步具体化后的《大学行政组织补充要点》《大学研究院暂行组织规程》等行政命令和规定。第四层次是近代大学自主制定的章程或大纲，具体规定了各校的校名、办学性质、办学目的、学制、院系建制、组织机构以及管理体制等条目，如《国立北京大学组织大纲》《东南大学组织大纲》等。[②] 由此观之，中国近代大学章程的法律效力既来源于政府颁布的一系列宏观教育法令，也来源于政府以教育立法的形式对大学章程的认定权。基于对内外部治理的需要，中国近代大学在遵守并执行各部国颁典章有关规定的基础上制定了各自的办学章程，并将其作为根本性规章。各大学依据具有一定法律效力的章程开展办学活动，厘清了自身与政府之间的权力边界、明确了自治的空间和范围，确立了大学治理模式和权力运行机制，推动了近代大学的制度建设。

---

① 刘香菊、周光礼：《大学章程的法律透视》，《现代教育科学》2004年第11期。
② 周川：《中国近代大学建制发展分析》，《北京大学教育评论》2004年第3期。

另一方面，作为大学自治与教授治校的基本法律依据，近代大学章程保障了大学对学术自由的追求。其一，中国近代大学章程在创立和实践的过程中，构建了合理的外部治理模式，协调了大学与政府及社会之间的权力关系，促进了大学依章治校的精神生成。民国初期，国立北京大学和国立东南大学通过颁布各自的办学章程，确立了大学的外部治理模式和内部自治的法律基础。此后，在几所著名大学的带动下，其他大学都纷纷采取制定章程并依章治校的实践方式，构建了大学自身的外部治理模式并努力争取了自治权。当时的大学具有强烈的自治意识，有的大学甚至根据校长的办学理念和自身的办学实际"先于"或"背于"政府教育法令制定了大学章程。例如，蔡元培在1917年就任国立北京大学校长之时，就另立章程执行。1920年颁布的《国立北京大学现行章程》也对国颁典章《修正大学令》的有关条款进行了"修正"。此外，在抗日战争期间，西南联合大学也出现了部分章程先于政府教育法令而制定的情况。[①] 与近代国立大学追求自治的努力程度相比，近代私立大学在依章治校的过程中则是通过设置董事会的方式，充分利用社会力量进行办学。作为一种特殊的大学制度，董事会滥觞于清代的传统书院，在晚清时期美国大学董事会制度的影响下，曾一度成为民国时期私立大学进行治理的重要制度。与评议会、教授会以及校务委员会相比，董事会具有其独特的制度特征。作为一种社会多元主体参与大学治理的制度模式，董事会制度不仅促进了大学与社会建立广泛的联系与合作，而且打破了中国传统的教育管理模式，从而推动了近代大学主动适应中国当时经济与社会的发展需求。[②] 其二，中国近代大学章程在创立和实践的过程中，确立了教授治校的内部治理模式，有效的制衡了大学内部行政权力与学术权力之间的关系。从章程的创立来看，受蔡元培"教授治校"教育

[①] 马洪正：《我国近代大学章程的历史存在及其价值目标》，《江苏高教》2017年第11期。
[②] 邵泽开：《法律依据、治理基础与文化意蕴：论大学章程对建立现代大学制度的意义》，《中国人民大学教育学刊》2014年第4期。

理念的影响，不论是公立大学章程还是私立大学章程几乎都明确规定了教授参与学校管理的模式。不仅如此，近代大学章程还具体规定了各职能部门的职责，从而确立了教授在学务管理中的地位和话语权，保障了教授的学术权力不受行政权力的侵犯。从章程的实践来看，大学在依章治校的过程中非常重视发挥教授的作用，学校许多重要的管理机构以及重大的决策都要注意吸收教授代表参加，特别是在学术事务的管理方面，教授群体起着决定性的作用。[①] 因此，近代大学章程既保障了大学评议会、教授会等机构的设立，也推动了大学以教授为主体的学术人员积极投身学术研究活动，最终促成了大学依章治校的精神生成。

中国近代大学章程所蕴含的依章治校的精神，是在特殊的历史背景下应运而生的，既与中国传统高等教育的发展趋势相契合，又与中国近代大学对大学自治和学术自由等精神的追求相适应。中西方依章治校的精神差异不仅体现在其历史进程中，而且体现在其迥异的生成逻辑、作用方式和实现程度上。在"西学东渐"的时代背景下，中国近代大学开始了对西方大学的借鉴与模仿，开展了大学自治和教授治校等一系列实践活动，而近代大学章程的出现则为这些实践活动的开展提供了重要的制度依据和法律保障。近代大学通过依章治校，不仅实现了自身的价值目标，而且为大学自治提供了充分的制度空间，最终丰富了中国近代大学章程的精神内涵。

---

① 庞慧、罗继荣：《民国时期大学章程的特点分析》，《赣南师范学院学报》2010年第2期。

参考文献

著作

《复旦大学百年纪事》编纂委员会编：《复旦大学百年纪事（1905—2005）》，复旦大学出版社2005年版。

《交通大学校史》撰写组编：《交通大学校史资料选编1827—1949》第2卷，西安交通大学出版社1986年版。

《交通大学校史》撰写组编：《交通大学校史资料选编1896—1927》第1卷，西安交通大学出版社1986年版。

《南大百年实录》编辑组编：《南大百年实录中央大学史料选》（上），南京大学出版社2002年版。

《儒家思想经典一百句》编写组：《儒家思想经典一百句》，河北人民出版社2015年版。

《十八届中央纪委历次全会文件资料汇编》编写组编：《十八届中央纪委历次全会文件资料汇编》，中国方正出版社2017年版。

（清）孙希旦：《礼记集解》，中华书局1989年版。

北京大学校史研究室编：《北京大学史料》第1卷，北京大学出版社1993年版。

北京高等教育志编纂委员会编：《北京高等教育志》（上），华艺出版社2004年版。

北洋大学—天津大学校史编辑室编：《北洋大学—天津大学校史资料

选编》第 1 卷，天津大学出版社 1991 年版。

陈明、邓中好：《国学经典 200 句》，长江文艺出版社 2013 年版。

陈明远：《那时的大学》，山西人民出版社 2011 年版。

陈生元、田磊编：《盛宣怀与上海交通大学》，山西教育出版社 1999 年版。

陈学飞：《当代美国高等教育思想研究》，辽宁师范大学出版社 1996 年版。

陈学恂主编：《中国近代教育史教学参考资料》（上册），人民教育出版社 1986 年版。

陈学恂主编：《中国近代教育史教学参考资料》（中册），人民教育出版社 1987 年版。

陈元晖主编：《中国近代教育史资料汇编：教育思想》，上海教育出版社 2007 年版。

储朝晖：《中国大学精神的历史与省思》，山西教育出版社 2006 年版。

储朝晖：《中国近代大学精神史》，人民教育出版社 2013 年版。

单中惠主编：《外国大学教育问题史》，山东教育出版社 2006 年版。

邓洪波编：《中国书院学规》，湖南大学出版社 2000 年版。

邓洪波主编：《中国书院学规集成》第 2 卷，中西书局 2011 年版。

东南大学高等教育研究所编：《郭秉文与东南大学》，东南大学出版社 2011 年版。

杜霞、张芃编：《高等教育法概论》，中国社会出版社 2018 年版。

段秋关：《中国现代法治及其历史根基》，商务印书馆 2018 年版。

樊艳艳：《双重起源与制度生成：中国现代大学制度起源研究》，华中科技大学出版社 2011 年版。

方惠坚、张思敬主编：《清华大学志》（上），清华大学出版社 2001 年版。

方明、谷成久主编：《现代大学制度论》，安徽大学出版社 2007

年版。

冯友兰：《冯友兰自述》，中国人民大学出版社2004年版。

复旦大学校长办公室编：《复旦大学》第3版，浙江大学出版社2002年版。

高华平、王齐洲、张三夕译注：《韩非子》，中华书局2010年版。

高平叔编：《蔡元培教育论著选》，人民教育出版社1991年版。

高占祥、周殿富：《礼记新编六十篇》（白文版），北京时代华文书局2016年版。

顾明远：《中国教育的文化基础》，山西教育出版社2004年版。

郭贵春、倪生唐主编：《山西大学百年校史》，中华书局2002年版。

韩大元主编：《外国宪法》，中国人民大学出版社2000年版。

韩骅：《学术自治 大学之魂 中外高等教育管理的比较研究》，中国文史出版社2005年版。

何炳松：《三十五年来中国之大学教育》，商务印书馆1931年版。

侯佳：《大学章程研究》，九州出版社2019年版。

侯伍杰主编：《山西历代纪事本末》，商务印书馆1999年版。

霍益萍：《近代中国的高等教育》，华东师范大学出版社1999年版。

季啸风主编：《中国高等学校变迁》，华东师范大学出版社1992年版。

教育部教育年鉴编纂委员会编：《第二次中国教育年鉴》（2），商务印书馆1948年版。

教育大辞典编纂委员会编：《教育大辞典10卷：中国近现代教育史》，上海教育出版社1991年版。

李福华编：《大学治理的理论基础与组织架构》，教育科学出版社2008年版。

李化树编：《建设高等教育强国 美国实证研究》，西南交通大学出版社2012年版。

李建军：《跨文化交际》，武汉大学出版社2011年版。

李景文、马小泉主编：《民国教育史料丛刊 中国教育事业》，大象出版社 2015 年版。

李茂盛主编：《民国山西史》，山西人民出版社 2011 年版。

李士群主编：《拼搏与奋进百年回顾与思考》2006 年版。

李相佑、冯朝军、郝建新编：《中国大学制度变迁机制与共同治理研究》，北京理工大学出版社 2013 年版。

李义丹主编：《天津大学（北洋大学）校史简编》，天津大学出版社 2002 年版。

李占萍：《清末学校教育政策研究》，河北人民出版社 2014 年版。

梁启超：《饮冰室合集》，中华书局 1989 年版。

梁启超：《饮冰室合集文集》第 1 册，中华书局 2015 年版。

梁漱溟：《中国文化之要义》，河北教育出版社 1996 年版。

林代昭、陈有和、王汉昌：《中国近代政治制度史》，重庆出版社 1988 年版。

刘超：《学府与政府：清华大学与国民政府的冲突及合作（1928—1935）》，天津人民出版社 2015 年版。

刘骥等编：《郭秉文 教育家、政治家、改革先驱》，上海远东出版社 2015 年版。

刘岚：《国立大学的角色与职能》，上海三联书店 2013 年版。

刘伦编：《政治学视阈下的中国现代大学制度建设研究》，光明日报出版社 2017 年版。

刘少雪、张应强主编：《高等教育改革理念与实践》，上海交通大学出版社 2007 年版。

刘少雪：《中国大学教育史》，山西教育出版社 2007 年版。

吕林编：《北京大学》，河南教育出版社 1989 年版。

马陆亭、范文曜主编：《大学章程要素的国际比较》，教育科学出版社 2010 年版。

梅贻琦：《中国的大学》，北京理工大学出版社 2012 年版。

米俊魁：《大学章程价值研究》，中国海洋大学出版社2006年版。

苗延波：《苗延波法学文集》，知识产权出版社2012年版。

南开大学校史编写组编：《南开大学校史（1919—1949）》，南开大学出版社1989年版。

潘懋元、刘海峰编：《中国近代教育史资料汇编：高等教育》，上海教育出版社2007年版。

潘懋元主编：《中国高等教育百年》，广东高等教育出版社2003年版。

彭荣础：《理性主义与大学发展：大学演进的哲学与文化审读》，厦门大学出版社2016年版。

彭未名等：《大学的边界》，华南理工大学出版社2013年版。

秦孝仪编：《国父思想学说精义录》，正中书局1976年版。

清华大学校史研究室编：《清华大学史料选编》（第3卷）上，清华大学出版社1994年版。

清华大学校史研究室编：《清华大学史料选编》（第1卷），清华大学出版社1991年版。

清华大学校史研究室编：《清华大学史料选编》（第2卷），清华大学出版社1991年版。

清华大学校史研究室编：《清华大学史料选编》（第4卷），清华大学出版社1994年版。

清时、李传玺主编：《现代大学校长文丛·蔡元培卷》，安徽教育出版社2015年版。

茹宁：《中国大学百年模式转换与文化冲突》，知识产权出版社2012年版。

山西大学纪事编纂委员会编：《山西大学百年纪事（1901—2002）》，中华书局2002年版。

山西大学校史编纂委员会编：《山西大学史稿（1902—1984）》，山西人民出版社1987年版。

山西省史志研究院编：《山西通志》（第37卷 教育志），中华书局1999年版。

商丽浩：《走向一流的历史轨迹（中国卷2）中外著名大学校长治校理念与办学制度文献选编》，浙江大学出版社2018年版。

上海交通大学校长办公室编：《上海交通大学》，浙江大学出版社1999年版。

上海交通大学校史编纂委员会编：《上海交通大学纪事（1896—2005）》，上海交通大学出版社2006年版。

邵汉明主编：《中国文化研究二十年》，人民出版社2003年版。

沈善洪主编：《蔡元培选集》上卷，浙江教育出版社1993年版。

盛懿、孙萍、欧七斤编著：《三个世纪的跨越：从南洋公学到上海交通大学》，上海交通大学出版社2006年版。

舒新城编：《中国近代教育史资料》（上、中、下），人民教育出版社1961年版。

舒新城编：《中国近代教育史资料》，人民教育出版社1981年版。

舒新城编：《中国近代教育史资料》（第1卷），人民教育出版社1981年版。

宋景华编：《高等教育哲学概论》，河北教育出版社2009年版。

苏云峰：《从清华学堂到清华大学（1911—1929）》，生活·读书·新知三联书店2001年版。

孙培青主编：《中国教育史》，华东师范大学出版社2000年版。

汤广全：《教育家蔡元培研究》，山东人民出版社2016年版。

唐振平：《中国当代大学自治管理体制研究》，国防科技大学出版社2006年版。

田正平、商丽浩主编：《中国高等教育百年史论：制度变迁、财政运作与教师流动》，人民教育出版社2006年版。

涂又光：《中国高等教育史论》，湖北教育出版社1997年版。

王杰、祝士明编著：《学府典章——中国近代高等教育初创之研究》，天津大学出版社2010年版。

王杰编：《学府探赜：中国近代大学初创之史实考源》，天津大学出版社2015年版。

王杰主编：《津大学志》（综合卷），天津大学出版社2015年版。

王杰主编：《学府史集》，天津大学出版社2017年版。

王杰主编：《学府史论》，天津大学出版社1999年版。

王凌皓主编：《中国教育史纲要》，人民教育出版社2013年版。

王文杰编：《民国初期大学制度研究（1912—1927）》，复旦大学出版社2017年版。

王学珍、郭建荣主编：《北京大学史料》第2卷，北京大学出版社2000年版。

王学珍、张万仓编：《北京高等教育文献资料汇编（1861—1948）》，首都师范大学出版社2004年版。

王学珍主编：《北京高等教育史》（上），中国广播电视出版社2010年版。

王勇主编：《法理学》，大连海事大学出版社2013年版。

吴惠龄、李壑编：《北京高等教育史料》（第1辑），北京师范大学出版社1992年版。

吴丕、刘镇杰编：《北大精神》，现代出版社2015年版。

夏曾佑：《中国学术：中国古代史》，江西教育出版社2018年版。

萧超然编：《北京大学校史（1898—1949）》，上海教育出版社1981年版。

萧超然等编：《北京大学校史（1898—1949）》，北京大学出版社1988年版。

肖东发等主编：《风骨：从京师大学堂到老北大》，北京图书馆出版社2003年版。

谢海定：《学术自由的法理阐释》，中国民主法制出版社2016年版。

谢俊：《大学的学术自由及其限度》，重庆大学出版社2012年版。

行龙：《山大往事》，商务印书馆2017年版。

熊明安编：《中国高等教育史》，重庆出版社1983年版。

薛明扬、杨家润主编：《复旦杂忆》，复旦大学出版社2005年版。

杨移贻：《学术是大学的逻辑起点》，中国经济出版社2015年版。

姚金菊：《转型期的大学法治——兼论我国大学法的制定》，中国法制出版社2007年版。

于语和、庚良辰主编：《近代中西文化交流史论》，山西教育出版社1997年版。

余敏、付义朝主编：《走向法治大学章程读本》，华中师范大学出版社2016年版。

湛中乐主编：《通过章程的大学治理》，中国法制出版社2011年版。

张国有主编：《大学章程》（第1卷），北京大学出版社2011年版。

张继明：《学术本位视域中的大学章程研究》，山东人民出版社2015年版。

张金辉：《大学章程的功能及其实现》，河北人民出版社2013年版。

张磊：《欧洲中世纪大学》，商务印书馆2010年版。

张轩：《中国高等教育制度变迁研究》，现代出版社2016年版。

赵为民主编：《北大之精神》，世界图书出版公司北京公司2008年版。

郑登云编：《中国高等教育史》（上），华东师范大学出版社1994年版。

中国蔡元培研究会编：《蔡元培全集》（第十八卷·续编），浙江教育出版社1998年版。

中国蔡元培研究会编：《蔡元培全集》（第十七卷），浙江教育出版社1998年版。

中国第二历史档案馆编：《中华民国史档案资料汇编第3辑（教育）》，凤凰出版社1991年版。

周祖翼、裴钢主编：《探索中国大学治理之道 同济大学章程建设的思考与实践》，同济大学出版社 2015 年版。

朱斐主编：《东南大学史（1902—1949）》（第 1 卷），东南大学出版社 2012 年版。

朱一雄主编：《东南大学校史研究》，东南大学出版社 1989 年版。

朱有瓛主编：《中国近代学制史料 第 1 辑》（上）（下），华东师范大学出版社 1983 年版。

朱有瓛主编：《中国近代学制史料 第 2 辑》（下），华东师范大学出版社 1989 年版。

邹晓红、于川、张鹏莉：《大学章程研究》，吉林大学出版社 2013 年版。

左惟等编：《大学之道：东南大学的一个世纪（1902—2002）》，东南大学出版社 2002 年版。

期刊

蔡连玉、宁宇：《民国时期大学治理：基于立法与章程的研究》，《高教探索》2015 年第 4 期。

陈宝红：《中国古代"法治"思想与西方法治理论比较研究》，《中共山西省委党校省直分校学报》2003 年第 3 期。

陈立：《西方大学自治理念的变迁——从中世纪行会自治到"有条件的自治"》，《高等理科教育》2006 年第 3 期。

陈利民：《西方大学自治传统的演变》，《现代教育科学》2004 年第 11 期。

陈列：《关于西方学术自由的历史演进》，《世界历史》1994 年第 6 期。

陈鹏、苏华锋：《略论民国高等教育立法的特点》，《理论导刊》1999 年第 6 期。

储朝晖：《何为中国大学精神之源》，《江苏高教》2004 年第 4 期。

储朝晖：《辛亥革命与中国近代大学精神发展》，《河北师范大学学报》（教育科学版）2011年第9期。

崔平生、周伟躬：《山西大学堂西学专斋与中学专斋教育考》，《山西高等学校社会科学学报》2003年第8期。

董雅华：《大学章程的精神建构》，《复旦教育论坛》2017年第1期。

高天明：《近代我国大学精神透视》，《中国地质大学学报》（社会科学版）2008年第3期。

高天明：《名校长与近代中国大学精神》，《深圳大学学报》（人文社会科学版）2003年第6期。

高天明：《学术自由与近代中国大学精神》，《中国地质大学学报》（社会科学版）2007年第1期。

韩延伦、孙承毅：《大学自治的历史解读及其文化价值论析》，《内蒙古师范大学学报》（教育科学版）2006年第7期。

郝树侯：《山西大学史话（二）（1912—1937）》，《山西大学学报》（哲学社会科学版）1980年第3期。

郝树侯：《源远流长的山西大学——略述明清的晋阳书院》，《山西大学学报》（哲学社会科学版）1981年第2期。

侯怀银：《简评〈中国近代大学创立和发展的路径〉》，《中国高等教育》2009年第1期。

侯佳：《中国近代大学章程文本的基本要素分析——以〈交通大学大纲〉和〈复旦大学章程〉为例》，《山西大学学报》（哲学社会科学版）2018年第3期。

胡娟：《西方大学两大治理模式及其法治理念和思想传统》，《清华大学教育研究》2018年第3期。

胡萍、胡诚：《中西方大学理念比较研究》，《长春工业大学学报》（高教研究版）2004年第3期。

胡仁东：《大学学院制度：生成与变革》，《中国人民大学教育学刊》2017年第2期。

黄和平：《从民国教育法规看民国的大学自治》，《大学教育科学》

2006年第2期。

纪孝庆：《山西大学八十五年（1902年—1987年）》，《山西大学学报》（哲学社会科学版）1987年第3期。

季凌燕、陆俊杰：《大学章程的历史生长逻辑与价值预期》，《教育学术月刊》2009年第7期。

江涌：《我国大学制度的变迁与发展》，《学术交流》2007年第12期。

金一超：《大学自治视野中的大学章程》，《浙江工业大学学报》（社会科学版）2008年第3期。

康全礼：《刍论清末大学教育理念》，《现代大学教育》2008年第6期。

柯文进、刘业进：《大学章程起源与演进的考察》，《清华大学教育研究》2012年第5期。

蓝劲松：《大学办学理念：东西方文化的比较》，《清华大学学报》（哲学社会科学版）2002年第6期。

李剑萍：《百年来中国的大学自治与社会干预》，《河北师范大学学报》（教育科学版）2005年第1期。

李昕欣：《我国大学章程历史演进与内涵分析》，《辽宁教育研究》2006年第11期。

李学永：《西方大学自治的法治化演变探析》，《教育评论》2010年第6期。

李玉胜：《大学校长与中国近代大学精神的本土化》，《长安大学学报》（社会科学版）2014年第1期。

李玉胜：《中国近代大学精神的本土化——以民国名校长为视角》，《山西师大学报》（社会科学版）2014年第5期。

李泽彧、陈昊：《关于我国大学学院制的若干思考》，《江苏高教》2002年第5期。

凌安谷、司国安、冯蓉：《中国高等教育溯源——论北洋西学学堂、南洋公学和京师大学堂的创建》，《西安交通大学学报》（社会科学版）2003 年第 2 期。

刘庆昌：《"仁""智"范畴与中国教育精神》，《教育发展研究》2020 年第 10 期。

刘绍军：《论清末新政中的教育改革——以〈中国近代教育史资料〉来考察》，《北京科技大学学报》（社会科学版）2010 年第 4 期。

刘香菊、周光礼：《大学章程的法律透视》，《现代教育科学》2004 年第 11 期。

刘亚敏、姜胜封：《大学精神的制度根基》，《北京教育》（高教版）2006 年第 Z1 期。

陆俊杰：《大学章程的法治品格》，《中国高教研究》2011 年第 8 期。

陆懋德：《清华之改革问题》，《清华周刊》1926 年第 4 期。

罗桂友：《清末岑春煊评述》，《学术论坛》1989 年第 3 期。

罗继荣：《民国时期大学章程的特点分析》，《赣南师范学院学报》2010 年第 2 期。

马洪正：《我国近代大学章程的历史存在及其价值目标》，《江苏高教》2017 年第 11 期。

马陆亭：《大学章程的法治精神与要素内容》，《中国高等教育》2011 年第 9 期。

马璐瑶：《论我国清末高校"先建章程，再兴学校"的办学模式》，《教育文化论坛》2015 年第 3 期。

孟洁然：《1902—1912 年山西大学堂的科学教育及其特点》，《山西大同大学学报》（社会科学版）2009 年第 5 期。

牛力：《分裂的校园：1920—1927 年东南大学治理结构的演变》，《中山大学学报》（社会科学版）2017 年第 1 期。

欧涛：《大学章程的价值与作用研究》，《教育理论与实践》2018 年第 6 期。

潘懋元：《蔡元培教育思想》，《辽宁高等教育研究》1982 年第 1 期。

钱志刚、祝延：《大学自治的意蕴：历史向度与现实向度》，《高等教育研究》2012 年第 3 期。

秦惠民、付春梅：《20 世纪二三十年代清华大学"教授治校"制度及其文化意蕴》，《高等教育研究》2013 年第 3 期。

任小燕：《"自治"抑或"他治"？——民国时期公立大学董事会制度性质的历史考察》，《南京师大学报》（社会科学版）2015 年第 5 期。

邵泽开：《法律依据、治理基础与文化意蕴：论大学章程对建立现代大学制度的意义》，《中国人民大学教育学刊》2014 年第 4 期。

石连海：《国外大学章程执行力的模式、运行机制与启示》，《教育研究》2014 年第 1 期。

史降云、申国昌：《李提摩太与山西大学堂》，《山西师大学报》（哲学社会科学版）2006 年第 4 期。

史晓宇：《西南联合大学内部治理中的"委员会治理模式"》，《高等教育研究》2017 年第 1 期。

斯日古楞：《中国国立大学近代化的宏观考察》，《高教探索》2011 年第 3 期。

孙杰：《论大学自治的文化之维》，《江苏高教》2011 年第 6 期。

孙玉祥：《山西大学堂译书院》，《新闻出版交流》1994 年第 4 期。

谭晓玉：《西方大学自治的辨与变》，《天津市教科院学报》2018 年第 3 期。

唐克军：《论我国大学学院制的发展》，《大学教育科学》2004 年第 1 期。

田明、岳谦厚：《中国近代高等教育与中国近代化道路问题——兼评〈中国近代大学创立和发展的路径〉》，《山西大学学报》（哲学社会科学版）2009 年第 3 期。

王海莹、王大磊：《西方大学转型与章程创新》，《教育研究》2016 年第 11 期。

王建华：《从理念到制度：对"大学自治、学术自由"的再思考》，

《青岛化工学院学报》（社会科学版）2001年第3期。

王杰：《北洋大学堂与中国近代高等教育的缘起》，《高教探索》2008年第6期。

王杰：《关于北洋大学的几点考证》，《天津大学学报》（社会科学版）2004年第3期。

王李金、段彪瑞：《李提摩太的教育主张及参与创建山西大学堂的实践》，《高等教育研究》2011年第3期。

王李金：《对中国大学教育近代化的几点反思》，《高等教育研究》2007年第4期。

王李金：《山西大学堂对中国近代大学教育的贡献》，《高等教育研究》2003年第6期。

王李金：《山西大学堂与壬寅大学堂的兴衰》，《山西大学学报》（哲学社会科学版）2006年第2期。

王明明、周作宇、施克灿：《德治礼序与中国大学治理》，《北京师范大学学报》（社会科学版）2017年第1期。

王蔚清：《西南联大的权力结构及其运行研究》，《浙江师范大学学报》（社会科学版）2010年第2期。

王文杰：《"松控"与"自治"：论民国初期（1912—1927年）大学与政府关系》，《北京联合大学学报》（人文社会科学版）2015年第1期。

王晓秋：《京师大学堂的成立》，《北京大学学报》（哲学社会科学版）1978年第3期。

王晓秋：《戊戌维新与京师大学堂》，《北京大学学报》（哲学社会科学版）1998年第2期。

魏志荣：《大学章程：历史、现状与未来》，《现代教育科学》2016年第11期。

吴锦旗：《民主与自治的典范：民国大学中的教授治校制度——从北京大学到清华大学的历史考察》，《高教发展与评估》2011年第

1 期。

吴立保、吴芝青：《论中国近代大学的文化性格及其现代意义》，《江苏高教》2020 年第 2 期。

吴潜涛：《论弘扬和培育民族精神》，《求是》2003 年第 19 期。

吴云香：《民国时期我国的大学章程分析及其启示》，《重庆高教研究》2014 年第 5 期。

萧超然：《京师大学堂创办述略》，《北京大学学报》（哲学社会科学版）1985 年第 1 期。

忻福良：《中华民国时期的高等教育立法》，《华东师范大学学报》（教育科学版）1988 年第 2 期。

徐颖、赵为：《盛宣怀教育思想的独特性辨析》，《沈阳师范大学学报》（社会科学版）2007 年第 5 期。

薛传会：《论大学章程从文本到实践的理念和路径探析》，《高等理科教育》2015 年第 6 期。

寻舒珊、邓李梅：《盛宣怀教育思想的剖析及其启示——以北洋大学堂和南洋公学教育模式为视角》，《湖北师范学院学报》（哲学社会科学版）2016 年第 2 期。

阎光才：《西方大学自治与学术自由的悖论及其当下境况》，《教育研究》2016 年第 6 期。

杨建国、李茂林：《论大学精神、大学章程与大学治理》，《大学》（研究版）2014 年第 12 期。

杨旭婷：《民初〈大学令〉在高等教育发展中的历史作用》，《法学教育研究》2016 年第 1 期。

伊鑫：《论大学自治与学术自由之关系》，《当代教育科学》2011 年第 13 期。

尹建锋、吕晓燕：《变迁中的大学知识范式和权力：西方大学章程的历史演变及其启示》，《高等教育研究》2016 年第 8 期。

袁春艳、石连海：《大学章程执行力：模式、动因及路径选择》，《当代教育科学》2013 年第 13 期。

袁春艳、张东：《大学章程的历史回溯与思考》，《重庆邮电大学学报》（社会科学版）2013 年第 3 期。

曾祥志、高国赋：《民国时期的"大学自治"》，《中国电力教育》2011 年第 28 期。

张斌贤：《现代大学制度的建立和完善》，《国家教育行政学院学报》2005 年第 11 期。

张昉、王莉、张泽英：《"北洋大学堂"若干史实百年新考》，《天津大学学报》（社会科学版）2007 年第 6 期。

张国有、胡少诚：《中国大学章程建设的历程与形态》，《北京大学教育评论》2012 年第 2 期。

张洪萍：《教育改革与政治制约——张百熙与京师大学堂的重建》，《北京大学教育评论》2009 年第 3 期。

张继明：《从清末到民国：我国大学章程建设的历史探微》，《济南大学学报》（社会科学版）2014 年第 5 期。

张继明：《论中世纪大学章程的源起与生发逻辑》，《高校教育管理》2014 年第 3 期。

张建奇、杜驰：《民国前期中国现代大学制度的确立》，《大学教育科学》2005 年第 6 期。

张民省、关多义：《山西大学：创中西教育合璧之路》，《中国高等教育》2002 年第 5 期。

张民省：《山西大学堂的创建》，《党史文汇》2002 年第 5 期。

张希林、张希政：《恢复重建京师大学堂的张百熙》，《北京大学学报》（哲学社会科学版）1998 年第 2 期。

张希林：《张百熙与两个〈章程〉——20 世纪初中国近代教育改革辨析》，《新疆师范大学学报》（哲学社会科学版）2004 年第 2 期。

赵蒙成：《"教授治校"与"教授治学"辨》，《江苏高教》2011 年第 6 期。

赵清明：《从山西大学堂看山西教育近代化的起步》，《高等教育研究》2010 年第 5 期。

钟伟良：《近代大学"学术自由"的形成、发展与新思考》，《高等农业教育》2007 年第 4 期。

钟云华、向林峰：《中外大学治理结构变迁方式比较》，《现代教育管理》2010 年第 2 期。

周川：《中国近代大学建制发展分析》，《北京大学教育评论》2004 年第 3 期。

周谷平、张雁：《中国近代大学理念的转型——从〈大学堂章程〉到〈大学令〉》，《高等教育研究》2007 年第 10 期。

周详：《〈京师大学堂章程〉与清末教育制度的变迁》，《中国人民大学教育学刊》2013 年第 4 期。

周作宇：《大学治理行动：秩序原理与制度执行》，《清华大学教育研究》2020 年第 2 期。

祝士明、王世斌、王杰：《清末国立大学章程的差异性及其影响》，《天津师范大学学报》（社会科学版）2013 年第 6 期。

宗文举、张宝运：《中国近代教育史上的创举——北洋大学的建立及其历史意义》，《天津大学学报》（社会科学版）2005 年第 5 期。

学位论文

崔玉娈：《制度精神初探》，博士学位论文，复旦大学，2011 年。

邓璐：《清末基础教育课程政策决策研究》，博士学位论文，华东师范大学，2018 年。

李涛：《"教授治校"在我国 20 世纪上半叶引进的回顾与反思》，硕士学位论文，山西大学，2005 年。

李学丽：《中国大学模式移植研究》，博士学位论文，山东师范大学，2014 年。

秦凌：《民国时期教育立法研究（1912—1949 年）》，博士学位论文，湖南师范大学，2014年。

任小燕：《博弈中的生存：晚清民国大学董事会制度变迁研究》，博士学位论文，南京师范大学，2016年。

申国昌：《守土经营与模范治理的双重变奏》，博士学位论文，华中师范大学，2007年。

王李金：《从山西大学堂到山西大学（1902—1937）》，博士学位论文，山西大学，2006年。

王丽娟：《民国国立大学学科价值取向流变研究（1912—1937）》，博士学位论文，东北师范大学，2016年。

王务均：《大学学术权力与行政权力的包容机制研究》，博士学位论文，南京农业大学，2014年。

王瑜：《近代高等教育法研究》，博士学位论文，西南政法大学，2015年。

吴云香：《复旦大学章程的历史考察（1905—1949）》，硕士学位论文，复旦大学，2013年。

夏兰：《民国时期现代大学制度演变研究》，博士学位论文，复旦大学，2012年。

许小青：《从东南大学到中央大学》，博士学位论文，华中师范大学，2004年。

张雪蓉：《以美国模式为趋向：中国大学变革研究（1915—1927）》，博士学位论文，华东师范大学，2004年。

周文佳：《北洋政府时期高等教育政策研究》，博士学位论文，河北大学，2013年。

译著

[德] 卡尔·雅斯贝尔斯：《大学之理念》，邱立波译，上海人民出版社2007年版。

[德] 马克斯·韦伯：《学术与政治》，冯克利译，生活·读书·新知

三联书店 1998 年版。

［加］许美德：《中国大学——一个文化冲突的世纪》，许洁英译，教育科学出版社 2005 年版。

［加］约翰·范德格拉夫等编著：《学术权力——七国高等教育管理体制比较》，王承绪等译，浙江教育出版社 2001 年版。

［美］德里克·博克：《走出象牙塔：现代大学的社会责任》，徐小洲、陈军译，浙江教育出版社 2001 年版。

［美］克拉克·克尔：《高等教育不能回避历史》，王承绪译，浙江教育出版社 2001 年版。

［美］约翰·S. 布鲁贝克：《高等教育哲学》，王承绪等译，浙江教育出版社 2001 年版。

［日］多贺秋五郎：《近代中国教育史资料（民国编中）》，文海出版社 1976 年版。

［瑞士］希尔德·德·里德—西蒙斯主编：《欧洲大学史（第 1 卷）中世纪大学》，张斌贤等译，河北大学出版社 2008 年版。

［西］奥尔特加·加塞特：《大学的使命》，徐小洲等译，浙江教育出版社 2001 年版。

［英］迈克尔·夏托克：《高等教育的结构和管理》，王义端译，华东施丹大学出版社 1987 年版。

［英］麦考密克·魏因·贝格尔《制度法论》，周叶谦译，中国政法大学出版社 1994 年版。

［英］约翰·亨利·纽曼：《大学的理想》，徐辉等译，浙江教育出版社 2001 年版。

英文文献

Alfonso Borrero Cabal, *The University as an Institution Today: Topics for Reflection*, Ottawa: International Development Research Center, 1993.

B. Guy Peters, *Institutional Theory in Political Science*, London and New

York: Wellington House, 1999.

Clark B. R. , Guy N. , *The Encyclopedia of Higher Education*, Oxford: Pergamon Press, 1992.

Dael Wolfle, *The Home of Science: The Role of the University*, McGraw – Hill Book Comnpany, 1972.

David Smith, Anne Karin Langslow, *The Idea of a University*, Jessica Kingsley Publishers, 1999.

J. Bald ridge, *Power and Conflict in the University*, New York: John Wiley, 1971.

Jan De Groof & Guy Neave, *Democracy and Governance in Higher Education*, Boston: Kluwer Law International, 1998.

J. N. Kawl, *Governance of Universities: Autonomy of the University Community*, Abhavan Publications, 1988.

Karl Jasper, *The Idea of the University*, London: Peter Owen Ltd, 1965.

Lester F. Goodchild and Harold S. Wechsler, *The History of Higher Education*, Pearson Custom Publishing, 1997.

Louis Jousting, *Academic Freedom and Tenure*. Madison, Milwaukee, and London: The University of Wisconsin Press, 1967.

Neave, Guy, *The Universities' Responsibilities to Society: International Perspectives*, Oxford: Persimmon, 2000.

Olga B. Bain, *University Autonomy in the Russian Federation Since Perestroika*, New York & London: Routledge Falmer, 2003.

Peter Scott, *The Crisis of the University*, Kent: Croom Helm Ltd, 2001.

Ronald Barnett, *The Idea of Higher Education*, London: Society for Research into Higher Education, 1990.

R. Hofstadter, *Academic Freedom in the Age of the College*, Columbia University Press, 1969.

Smith D. , Langslow A. K. , *The Idea of a University*, London: Jessica

Kingsley Publishers Ltd, 1999.

Tony Bush, *Theories of Educational Management*, Paul Chapman Publishing Ltd, 1995.

Walter P. Metzger, *Academic Freedom in the Age of the University*, Columbia University Press, 1978.

William W. Van Alstyne, *Freedom and Tenure in the Academy*, Durham and London: Duke University Press, 1993.

后　　记

中国近代大学起源于制度文化，无论是创建于 1895 年的北洋大学堂、创建于 1898 年的京师大学堂，还是创建于 1902 年的山西大学堂，都是先立典章制度而后创建大学。因此，中国近代大学的文化基础是制度。制度文化所体现出的对中国传统文化的继承，对西方文化的吸收和借鉴，以及中西方文化的碰撞与融合，都在近代大学制定的章程和国家颁布的典章中能够反映出来。作为近代大学的制度性规范，章程在近代大学不同的发展时期，既发挥了重要的功能和作用，也体现出不同的价值与意义。章程的文本分析即是从文本的表层深入到内部，进而发现那些不能为简单阅读所把握的深层含义。

从制度理念到制度文本只完成了理念向实践的半程转化。制度如果不能体现为行为，制度建设就没有实现。制度执行是制度建设的重要环节，也是常常被忽视的环节。中国近代大学章程的实践是将静态的大学章程文本转化为动态的大学章程实践的具体过程。大学章程作为中国近代大学制度的重要载体，不是抽象的理论文本，而是在不同的政治、经济、文化和教育背景下形成的具体实践。探究中国近代大学章程固然离不开对文本的分析，这是研究的依据，但仅研究章程文本是远远不够的，还应注意大学章程是如何进行实践的。章程的文本规定是一回事，具体实践又是另一回事。社会现实与大学章程之间往往存在着一定的差距，如果只注重章程文本，而不注意实践情况，只能说是条文的、形式的、表面的研究，而不是活动的、功能的研究。

后　记

　　本书从典章制度的视角考察了中国近代大学章程的实践过程，可以发现国家与大学的关系始终是决定近代大学发展的关键问题。中国近代大学为"兴学强国"而创建，大学在创建之初就将自己的命运与国家的兴衰紧密联系在一起。北洋大学章程章程写道："自强之道，以作育人才为本；求才之道，尤宜以设立学堂为先。"京师大学堂章程写道："国家图治之时，以激发忠爱，开通智慧，振兴实业设立大学堂。"山西大学堂章程写道："方今士习浮嚣，危言日出，全赖昌明正学，救弊扶颠"为念，成立山西大学堂。由是观之，大学是国家利益所在，为国家服务是大学的责任。大学又是一个特殊的团体，其核心是"大学自治、学术自由"。随着时代的发展，以制度形式来规范和协调国家与大学之间的权责边界，形成和谐发展的互动关系将是一个长期的命题。

　　在本书付梓之际，我不由自主地又将刘庆昌教授的序文从头到尾细心品读了一番。刘庆昌教授是我崇仰已久的教育学名师，学问专精，为人厚道，待人和善。我当时请刘教授作序，一是景仰先生笃厚的学问根底，二是景仰先生诗性的童真心灵，三是仰慕先生一贯秉持"爱智统一"的精神法则，畅游于博大精深的中国教育神境而乐而忘忧的创造性胸襟和气度。刘教授欣然应允为本书作序，对于我而言已属喜出望外。序言字字句句呈现出学术前辈对于后来者的热切关怀和真诚勉励，也体现出一位博学多识的学者，对于教育学研究新成果的真正期待。刘教授对于我文中研究视角和研究内容的肯定，不仅仅是对于后学者的一种勉励，也体现出一位融通和大度的学者对于既往教育学研究如何实现新的突破和超越的价值判断与思索。在此，由衷的感谢刘教授对本书给予的大力支持和帮助！感谢山西大学教育科学学院各位同仁对本书给予的关心和鼓励！感谢杨海燕和翟玉洁两位同学为本书所给予的帮助！感谢中国社会科学出版社的王衡老师为本书所付出的努力！

　　期待明日的朝阳，期待未来的梦想。人生俯仰之间，不过一瞬，三更灯火斑斓，黑发勤学卓志。如切如磋，如琢如磨，漫漫长路，上下求索。壮美瑰丽之境在青天云梯之后，及时当勉励，以达远路行。

侯　佳

2021 年 5 月于山西大学